JN301025

●グラフィック［経済学］—3

Graphic

グラフィック
ミクロ経済学
第2版

金谷貞男・吉田真理子 共著

Textbook

新世社

第 2 版へのまえがき

　本書初版の刊行からそろそろ 10 年近く経ちますので，一部内容を改訂，解説を増補して，第 2 版を刊行することになりました。前版と同様に読者の皆さんのご愛顧を賜れればと思います。

　第 2 版では，「国際貿易」を第 7 章として新たに付け加えることにしました。というのは，読んでみればお分かりになると思いますが，国際貿易の議論というのは，実に自然なミクロ経済学の応用になっているので，全体の演習問題としてぴったりなのです。しかも，国際経済学の章があると，教職課程を履修されている方々への経済学の教科書として，この本はさらに使いやすいものになります。

　また，さらなる分かりやすさを図って，部分的な構成の変更や説明の補足も行いました。右頁部分にはミクロ経済学の新しい話題も紹介しています。一方，少しレベルの高いと思われる解説部分については，思い切って割愛しました。

　版が替わりましても，「日本で一番やさしいミクロ経済学の教科書をつくる」という執筆方針は変わっておりません。初版と同様に，ミクロ経済学を理解するために最少のトピックを選び，それをできる限りやさしく解説する，という方針でこの本は書かれています。本書によって，「ミクロ経済学って難しい，ちっとも分からない」という読者の方がいなくなることを願っています。

　2008 年 6 月

　　　　　　　　　　　　　　　　　　　　　　　　　　金 谷 貞 男
　　　　　　　　　　　　　　　　　　　　　　　　　　吉 田 真 理 子

初版へのまえがき

　本書は「日本で一番やさしいミクロ経済学の教科書をつくる」目的で執筆されました。なにぶんこの分野には数多く類書がありますので，この目的が高いハードルであることは十分認識しております。しかし，少なくとも私たちがその方向に精一杯努力したことだけは，読者の方に認めていただきたく思います。

　このような目的を掲げた理由は他でもありません。かつて私たち著者が初めてミクロ経済学に接したとき，現今の学生さんたちと同様に，修得にたいへん苦労した，というのが偽らざる感想だからです。教壇の上の世界というところは不思議なところで，「実は，私も昔はミクロ経済学がよくわからなかったんです」などと放言しようものなら，たちまち聴講している学生さんの信用を失って，「この教官の講義を聴いていて自分は平気だろうか」と不安感をかきたててしまいます。それを知っている教師たちは「君たち，こんな簡単なことさえわからないのかね」と言わんばかりな顔をして講義をしていますが，率直な感想を言えば，それは立派な偽善に属する，と思えなくもありません。少なくとも私たちに限って言えば，学生として初めてミクロ経済学に接したとき，その難解さに顔が引きつる思いがした，というのが，はるかに事の真相に近かったと言えると思います。

　私たち著者自身の経験によれば，ミクロ経済学の全容を理解したと断言できたのは，講義を聴き，入門書・中級書・上級書の3つを読了したあたりでようやくのこと，というのが偽らざるところだったように思います。つまり，ミクロ経済学を完全に理解するには，それだけの莫大な時間と学習が要求されてしまうのです。その事実を思い起こすとき，ならばミクロ経済学の「すべて」の理解を求めるのではなく，むしろ「最小限知っていなくてはならないこと」の解説をおこないましょう，という，より現実的な目標を採用した結果が本書である，とご理解ください。

さて，以上の事情から，本書ではできるだけ内容を理解しやすくするために，編集段階からいくつかの工夫をこらしました。以下にそれを書き並べておきます。

（1）本書を読むのに予備知識はいっさい要りません。
（2）数式はほとんど使用していません。基本的にはグラフを使って説明するようになっています。わずかに使った数学の知識といえば，文字式と直角三角形の傾きだけです。どちらも中学校1年生の数学水準です。また，記号・略語のたぐいも最小限にとどめました。
（3）本書では，見開き両ページのうち左ページ側に本文を置き，右ページ側に図表をえがくという構成をとりました。図と本文の両方を見るためにページを何度も繰る，という操作をなくすためです。さらに，右ページ側にある図表には，丁寧な説明をつけておきました。あまりお勧めする読書法ではありませんが，右ページ側の図の説明を追うだけでも，ある程度まで左ページ側の内容を理解できるようになっています。
（4）しかし，この構成の目的はそれだけにとどまりません。この構成によって，左ページ側の本文の内容を，必要最小限の水準にとどめることができました。左ページ側の本文に関連するより高度な内容は，対応する右ページ側に「クローズアップ」という名称のコラムをもうけ，そこで読み切り方式で解説しました。したがって，どこまで詳しく読むか，を読者の方が自分で選択できるようになっています。
（5）「クローズアップ」の他にも，いくつかの項目が右ページ側に置かれています。「コーヒーブレイク」というタイトルでいわゆる余談をところどころに挿入いたしましたし，「例題」もいくつか入れてあります。要暗記のチェックポイントでは「キーポイント」として，右ページ側に内容を繰り返しました。
（6）公務員試験の受験を希望されている方のために申し上げますと，本書がいかに平易とはいえ教科書である以上，地方公務員試験程度の水準の試験には十分な内容は書き込んであります。各章ごとに「公務員試験の出題について」を簡単に述べておきました。

（7）本書が教科書として使用される場合に備えて，各章はいくつかのレッスンに分かれています。レッスンの長さは，90分の講義1回の分量に対応するようにまとめられています。なお，4単位通年の講義と2単位半期の講義では，講義で解説できる内容量が違ってきます。そこで，2単位の講義や，読者の方が最小限の知識のみを修得したい場合に備えて，各章で省略可能なレッスンを指定してあります。これらのレッスンは各章の後ろにまとめてあり，タイトルの文字がうすくなっています。これらのレッスンは適宜省略なさっても，以降の議論の理解には差し支えありません。

（8）これが一番肝心なことですが，本書の章立てはミクロ経済学の教科書としては最小限のものです。つまり，「これ以下にしたらもうミクロ経済学の教科書とは呼べない」というところまで，章立てを減らしてあります。

実に当たり前のことですが，初めてミクロ経済学を学ばれる読者の方には，ミクロ経済学のどの章が重要で，どの章が重要でないのか，予備知識がありません。そこで，「重要でない」と私たち著者側が判断した内容は思い切って省略し，「重要である」と判断した章のみを残す，という方法を敢えてとらせていただいたのです。実際のところ，本文のページ数は300ページ強とはいえ，本文は左ページ側に限られていますので，事実上は半分の長さしかありません。

（9）最後に，本書の各章の性格を簡単に述べておきましょう。

第1章の「市場の理論」は，本書の一つの中心です。ここは「一番やさしいくせに，一番役に立つ」という意味で重要な章なのです。読者の方が実社会でミクロ経済学の知識が役立つとしたら，ここの部分ですので，もし読者の方たちがどうしても1つの章しか読む時間がないとしたら，この章をお読みになることをお勧めします。第2章「家計の理論」・第3章「生産の理論」・第4章「費用の理論」はいわばこの第1章の基礎になっています。その意味で理論のための理論の性格があり，あまりおもしろくないかもしれません。しかし，もしあなたが将来「国際貿易論」・「財政学」・「経済成長論」などの応用分野を学ばれる場合には，これらの章の知識が必須になります。

第5章の「独占の理論」は，現実のさまざまな独占現象への基礎的な視野を養ってくれます。

　そして，最後の第6章「厚生経済学」が本書のもう一つの中心になります。ここを完全に理解すると，経済学的な視野から社会の病根を見破ることができるようになります。その意味で，第6章は「役に立つ」というよりは，「あなたの人生観・社会観を形作る」という性格の章であるということができます。

　本書を読み切るのにどれほどの時間が必要でしょうか？　もし，読者の方が朝から晩まで本書を読み続けるだけの時間と熱意があれば，そして左ページ側の本文のみに限れば，たぶん5日で内容を読み切れるのではないでしょうか。逆に言えば，読者の方がどれほど本書を一生懸命に読まれても，1日では完全な理解は無理でしょう。これは試験を明日に控えた学生さんには微妙なポイントです。いくらなんでもミクロ経済学の試験前日に数時間だけ勉強して単位を取ろうというのは，本書に限らずすべての良心的な入門書が絶対に保証できないことの一つに属してしまいます。たった5日間あらかじめ勉強しておけば，基礎的なミクロ経済学の知識を一生身につけてしまえるのです。試験のためならずとも，進んで本書を読了してしまった方が御自分のためにお得と言えるのではないでしょうか。

　本書は共著者であります金谷と吉田が執筆した原稿を，お互いに添削しあった上で成立いたしました。編集にあたりましては，新世社の小関清・御園生晴彦・稲田久美子の皆さんを煩わせました。あらためてお礼を申し上げます。

　1998年10月

金 谷 貞 男
吉田真理子

目　次

序　章　はじめに　1
レッスン0.1　歴史・定義・理論モデル　2

1　市場の理論　11
レッスン1.1　完全競争市場・需要　12
　　　　1.2　供給曲線・市場均衡　24
　　　　1.3　均衡分析の初歩　40
　　　　1.4　均衡分析の応用　50
　　　　1.5　価格弾力性　62
　　　　1.6　蜘蛛の巣定理　72

2　家計の理論　79
レッスン2.1　無差別曲線　80
　　　　2.2　最適消費点　92
　　　　2.3　個別需要曲線　100
　　　　2.4　家計の理論の応用　108

（うすい文字のタイトルは省略可能なレッスンを表しています。）

3 生産の理論　127

レッスン 3.1 　企業の分析　128
　　　　3.2 　限界生産性逓減の法則　138
　　　　3.3 　等量曲線　148

4 費用の理論　155

レッスン 4.1 　総費用曲線　156
　　　　4.2 　限界原理　170
　　　　4.3 　長期の分析　184

5 独占の理論　193

レッスン 5.1 　独占市場　194
　　　　5.2 　その他の不完全競争の話題　202

6 厚生経済学　213

レッスン 6.1 　パレート最適　214
　　　　6.2 　完全競争の最適性　226
　　　　6.3 　公共財　240
　　　　6.4 　消費者余剰　256
　　　　6.5 　独占産業と公益産業　274

7 国際貿易　287

レッスン 7.1　開放経済　288

7.2　貿易の利益　294

7.3　リカードの比較生産費説　300

■索　引　313

序章

はじめに

レッスン
0.1 歴史・定義・理論モデル

本章では、経済学の歴史・定義や、理論モデルの説明など、ミクロ経済学を勉強する上でのいわば予備的な知識を述べます。本章の内容を知らなくても、次章以降の理解に差し支えはありません。

レッスン 0.1　歴史・定義・理論モデル

経済学の歴史

　経済学は図 0.1 のような歴史をもって、発展してきました。重商主義は経済学というより経済思想といわれています。真に経済学的な分析を最初におこなったのは、重農主義学派のケネーです。古典派はアダム・スミスを筆頭とします。リカードの比較生産費説など現代に至る多くの経済理論を生み出しました。古典派の継承者が近代経済学とマルクス経済学です。

　マルクス経済学は、カール・マルクスの 1867 年の『資本論』によって確立されました。労働価値説に基づいて、資本主義の崩壊を予言し、計画経済を提唱します。しかし、社会主義国家であったソビエト連邦が 1991 年に崩壊してから、マルクス経済学は衰退しました。

　近代経済学は 19 世紀末に起きた限界革命によって誕生しました。3 人の創始者（ジェボンズ、ワルラス、カール・メンガー）がそれぞれ独立に限界概念を発見して、近代経済学を創始したのです。これらの経済理論の一つの頂点が後の英国のケンブリッジ学派（新古典派）です。ケンブリッジ学派の理論の多くはミクロ経済学として現代に至っています。

　1936 年に英国のケインズは、『雇用・利子および貨幣の一般理論』を著してケンブリッジ学派を批判し、新しい経済分析の分野を作り出しました。これをケインズ革命と呼び、作り出された分野をマクロ経済学といいます。現代の近代経済学は、このミクロ経済学とマクロ経済学の 2 分野から構成されています。

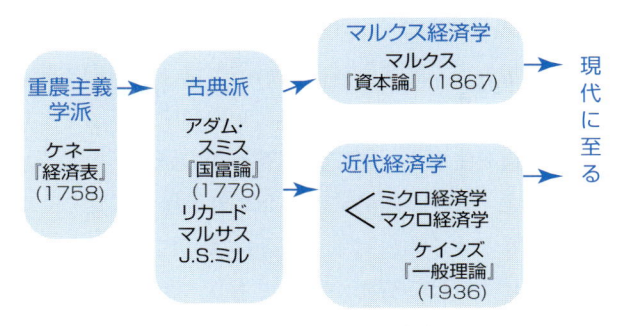

```
重農主義        古典派              マルクス経済学
学派     →    アダム・      →    マルクス          →   現
ケネー         スミス              『資本論』(1867)      代
『経済表』     『国富論』                                  に
(1758)       (1776)                                    至
              リカード                                   る
              マルサス              近代経済学
              J.S.ミル        →   ＜ ミクロ経済学      →
                                   マクロ経済学
                                   ケインズ
                                   『一般理論』
                                   (1936)
```

図 0.1　経済学説の系譜

例題 0.1

以下のうちで，正しい文を選びなさい。
① 重商主義学派は金銀を富であると主張しました。
② ケネーの経済表は経済循環を叙述したものです。
③ マルクスは『帝国主義論』を著しました。
④ アダム・スミスは「レッセ・フェール」という言葉で「大きな政府」を提唱しました。
⑤ リカードは比較生産費説によって自由貿易を主張しました。

[解答]
①正答。重商主義学派は経済学というより経済思想にとどまり，1 国の中に**金銀**を蓄積することがその国を富ますことになると主張しました。②正答。**ケネーの経済表**は経済を 3 部門に分け，貨幣と財がその部門間をどう流れるかを示しました。これは現代の産業連関表分析の先駆けとみなせます。③誤答。マルクスの後継者の**レーニン**が，『帝国主義論』を著しました。④誤答。「レッセ・フェール」とは「なすがまま」というフランス語です。アダム・スミスは「**レッセ・フェール**」の原則に沿って，自由放任主義的市場を提唱し，経済における政府の役割を最小限にとどめようとしました。これは「**小さな政府**」の思想と呼ばれます（**クローズアップ 6.6** 参照）。⑤正答。リカードは比較優位という考えを提唱して，自由に貿易することが世界の富を増すことを証明しました（第 7 章参照）。

経済学の定義

（近代）経済学の定義はおおまかにわけると2つあります。第1は比較的古典的な経済学の定義です。これによれば，経済学とは「財貨の生産と交換の活動の研究」です。第2の定義は，より近代的なものです。経済学とは「希少な資源を用いて，どの財貨を生産し，誰に分配するかの研究」とします。

2つの定義の違いは，前者が経済学の研究対象を狭く限定し，いわゆる経済現象のみを分析しようとするのに対し，後者はより広く研究対象を広げている点です。後者の定義によれば，資源が希少であり，選択が必要とされる状態は何でも経済分析の対象となります。たとえば，現在の経済学では「教育の経済学」，「家族の経済学」，「医療の経済学」など従来では経済分析の対象とは考えられなかった分野にまで経済分析が広げられつつあります（**クローズアップ1.5**参照）。

しかし，どのような定義を用いるにせよ，定義を書くと，「では，（定義の中に出てきた）財貨とは何か，希少とは何か」という形でさらに定義が次々と必要となっていきます。このように定義を延々と連ねていけば，結局経済学を全部説明することになってしまいます。このために，「経済学とは経済学者が研究していることである」とシニカルに経済学を定義することもあります。

ミクロ経済学とマクロ経済学

ミクロ経済学のミクロとは「小さい」という意味です。そこでミクロ経済学は，微視的経済学とも呼ばれます。ミクロ経済学は，経済におけるもっとも小さな経済組織である家計と企業とを分析の基礎とし，個々の財貨の市場を調べます。ミクロ経済学の中心的な変数は価格ですので，ミクロ経済学は価格理論とも呼ばれます。

マクロ経済学のマクロとは「大きい」という意味です。そこでマクロ経済学は巨視的経済学と訳されます。マクロ経済学は，経済全体の動きを分析対象とします。マクロ経済学の中心的な変数は所得ですので，マクロ経済学は所得理論とも呼ばれます。

🔍 クローズアップ0.1　近代経済学の主な応用分野

■**計量経済学（econometrics）**
統計的手法を駆使して，実証的な分析をおこないます。マクロ経済学領域の研究が多いですが，ミクロ経済問題もしばしば研究の対象とします。

■**財政学（public finance）**
公共部門の経済行動の影響を研究します。公共財・租税などはミクロ経済学の応用分野ですが，財政政策はマクロ経済学の応用分野に属します。最近では，公共経済学（public economics）と呼ばれることも多くなりました。

■**金融論（money, credit and banking）**
貨幣・信用の経済全体への影響を研究します。マクロ経済学の応用分野です。

■**国際貿易論（trade theory）**
貿易の理論を研究します。ミクロ経済学の応用分野。国際金融論と共に，国際経済学の一分野をなします（第7章参照）。

■**国際金融論（international finance）**
為替レートや国際収支などの国際間の金融取引を研究します。マクロ経済学の応用分野です。貿易論と共に，国際経済学の一分野をなします。

■**数理経済学（mathematical economics）**
数学的手法を経済学に応用します。とくに，一般均衡理論や経済動学を研究します。ミクロ経済学の一分野です。

■**ゲームの理論（theory of game）**
2名あるいはそれ以上の参加者が対立する目的をもとめておこなう競争的状態を研究します。ミクロ経済学の一分野です。

■**経済成長論（economic growth theory）**
先進国の経済成長の理論と実証を研究します。マクロ経済学の応用分野です。

■**経済発展論（development theory）**
発展途上国の経済成長の理論と実証を研究します。主としてミクロ経済学の応用分野です。

■**産業組織論（industrial organization）・労働経済学（labor economics）・農業経済学（agricultural economics）・都市経済学（urban economics）**
これらはミクロ経済学の応用分野に属します。

事実判断と価値判断

　事実判断とは,「……である」という形の,事実についての判断を指します。これに対して,**価値判断**とは「……であるべきだ」という考えをいいます。たとえば,「資源の浪費は避けられている」といえば,これは事実判断です。これに対して,「資源の浪費は避けられるべきだ」といえば,価値判断になります。

　経済学者は,事実判断の正否については研究対象とします。「……である」という命題は,事実と論理に基づいて正しいか否か決定できるからです。これに反して,価値判断については,経済学者はその正否を論じません。価値観の正否は,個々人の内面の問題です。これは哲学の対象ではあっても,社会科学の対象ではありません。したがって,経済学者は価値判断の正当性は議論しないのです。

　しかしながら,経済の状態を評価する際には,原理的に何らかの価値判断を前提せざるをえません。この場合には,「こちらの価値判断を前提にすれば,この状態は望ましくない」,「あちらの価値判断を前提にすれば,この状態は望ましい」という型の議論をおこないます。こうすれば,どの価値判断が正しいかという議論は避けられるからです。

　実際には経済学である価値判断を前提にする場合には,ほとんどすべての人の賛意を獲得するような価値判断を用います。このように誰にでも受け入れられるであろう価値判断を,**弱い価値判断**といいます。

　事実判断をつかさどる経済学を**実証経済学**といいます。本書の第1～5章,第7章は実証経済学を解説します。これに対して,価値判断を使用する経済学は**厚生経済学**と呼ばれます。本書の第6章は厚生経済学の解説にあてられています。

コーヒーブレイク 0.1 「ミクロ経済学」と「マクロ経済学」

今日では常識となっているミクロ経済学やマクロ経済学という用語が，実はいつごろから使われたかは，案外はっきりしていないのです。マクロ経済学を創始したケインズ自身は，自分の理論をマクロ経済学とは呼びませんでした。ミクロ経済学という用語も 1950 年代後半までは，あまり使われた形跡がないのです。

例題 0.2

以下の文のうち，価値判断はどれですか。
① 日本の社会では資源の無駄が生じている。
② 日本の社会では資源の無駄が生じるべきだ。
③ 日本の社会では資源の無駄が生じるべきではない。

[解答]
①は事実判断です。②と③が価値判断です。②と③は相反する価値判断です。経済学はどちらの価値判断が正しいかについては論じません。経済学にとって価値判断は外部から与えられる目標であって，分析の対象とするものではないからです。「もし，③の価値判断が正しいとされるなら，この政策をするのが良いでしょう」という形での意見を述べるだけです。ただ，②の価値判断を支持する人は実際にはほとんどいないでしょう。ほとんどの人は，③の価値判断に賛成すると考えられますので，③は本文でいう「弱い」価値判断です。そこで，経済学では③の価値判断を前提にして，議論することが多いのです。

理論模型(理論モデル)

　船舶を建造するときに，いきなり船舶の本体そのものをつくることはありません。設計者はその船舶の何百分の1かに縮小した模型をまずつくり，これを水槽に浮かべてさまざまな実験を施してその性能を検討した上で，本体の製造に取りかかることでしょう。

　経済学が現実の経済を分析する場合，これと同じような方法をとります。多様な現実の経済そのものを直接分析するのは，能力上不可能です。そこで，現実経済を非常に簡単にした模型を机上につくります。その模型は構造が簡単ですので，どう動くか調べられます。この模型でさまざまな動きを調べることによって，現実の経済の行方を予想します。このような現実経済の模型のことを，理論模型（あるいは理論モデル）と呼びます。

抽象化・演繹・検証

　具体的には理論模型とは次のような過程を指します。まず現実の経済の主要な特徴をみつけて，それを抽象化します。抽象化された現実経済の特徴を仮定と呼びます。この仮定から論理的な演繹操作によって，結論を導きます。この仮定から結論までの手続きを，理論模型（あるいは理論モデル）と呼びます。机上でつくり上げられた現実の経済の模型に他ならないからです。

　さて，理論模型から結論が出ると，これを現実と比較対象してみます。これを検証といいます。もし，結論が現実の経済の動きをよく説明できれば，これはよい理論模型であるといわれます。よく説明できなければ，この理論模型は悪い理論模型であることになります。悪い理論模型であれば，研究者はもう一度仮定を作り直し，結論を導き直します。つまり，別の理論模型をつくるのです。実証科学では，現実が最終的な理論の審判者であって，現実が個々の理論模型の価値を決定します。

　このように同じ経済現象といえども，それを分析する理論模型は多数ありえます。そこで同じ経済現象に対する理論模型間の優劣が競われます。同じ結論を導けるのならば，仮定が少ないほどよい理論模型であるといわれます。

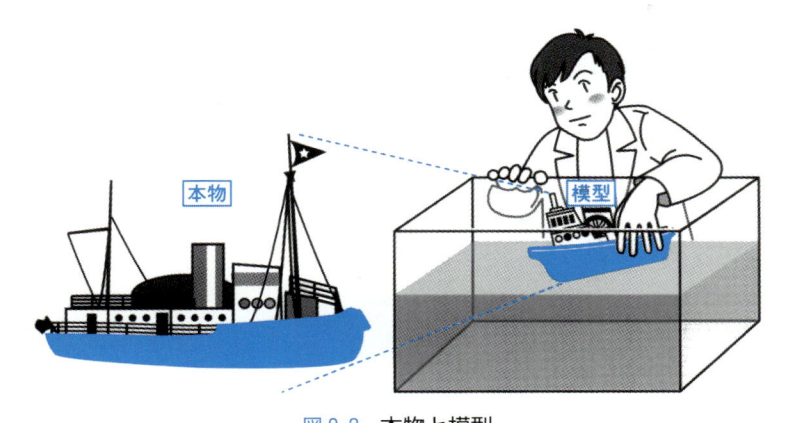

図 0.2 本物と模型
本物を模してつくった模型で実験して，本物の動きを予想します。

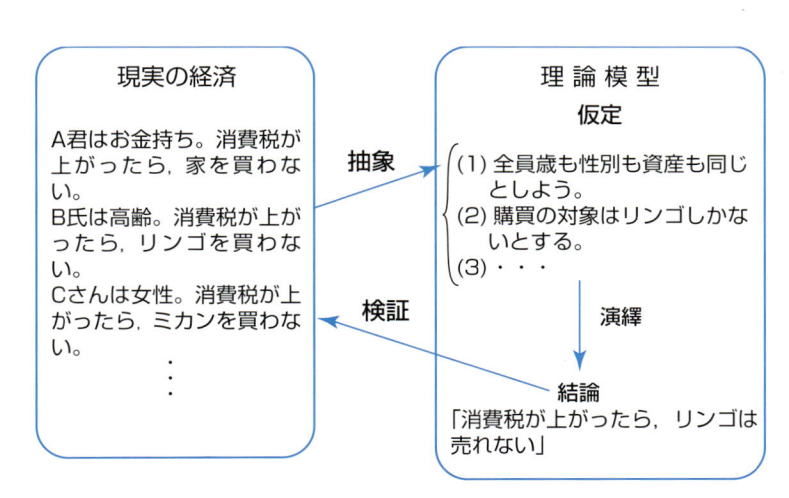

図 0.3 理 論 模 型
現実を抽象化して仮定をつくります。この仮定から演繹によって結論を導きます。結論は現実と照らし合わせて，検証されます。

0.1 歴史・定義・理論モデル

🔍 クローズアップ0.2　キーワード一覧

序章で出てくるキーワードに対応する英語の一覧表を以下にあげておきましょう。

重商主義学派	mercantilism
重農主義学派	physiocrat
古典派	classical economics
マルクス経済学	Marxian economics
限界革命	marginal revolution
ミクロ経済学	microeconomics
マクロ経済学	macroeconomics
厚生経済学	welfare economics
実証経済学	positive economics
理論モデル	theoretical model

第 1 章

市場の理論

レッスン
1.1 完全競争市場・需要
1.2 供給曲線・市場均衡
1.3 均衡分析の初歩
1.4 均衡分析の応用
1.5 価格弾力性
1.6 蜘蛛の巣定理

本章では，財・サービス，市場，需要と供給など，もっとも基本的な概念を説明した後，需要曲線と供給曲線を導き，市場均衡とは何かを解説します。市場均衡の考え方を用いて，現実のさまざまな財の市場価格がどのように定まるのかを示します。もっとも基本的かつ有用な章です。

レッスン 1.1　完全競争市場・需要

財・サービス・市場・価格

　財・サービスとは，私たちの欲望を満たすものをいいます。もしそのものが有形であれば財と呼び，無形であればサービスと呼びます。たとえば，リンゴ・花・エビ・時計・鉛筆・自動車などは有形ですので財です。逆に，映画・歌手公演・医師の診療・労働作業といったものは，無形であるのでサービスです。以下では，財とサービスを区別しないで，「財・サービス」と一括して呼びます。なぜなら，物が有形であろうが無形であろうが，近代経済学では同じ理論で分析できるからです。どの財・サービスも同じ手法で分析できますので，以下ではさまざまな財・サービスの代表として伊勢エビを用いて，市場の理論を説明しましょう。

　世の中には無数の種類の財・サービスがあり，多くは取引されています。ある一種類の財・サービスが取引される過程を，その財・サービスの市場と呼びます。市場には，その財・サービスの買い手と売り手とがいます。買い手のことを需要者といい，売り手のことを供給者といいます。買い手が買おうとする財・サービスの数量のことを需要量，売り手が売ろうとする数量のことを供給量といいます。需要者が供給者から財・サービスを買う際に，財・サービス 1 単位に対して支払われる金額を，その財・サービスの価格といいます。

完全競争の条件

　本章では以下の 4 条件が成立するような財・サービスの市場を考えます。これらの条件が成立すると，市場は後述の完全競争状態になります。

図 1.1 市場・需要・供給者
市場には需要者（買い手）と供給者（売り手）とがいます。

例題 1.1

以下の①から④のうちからサービスを選びなさい。
①塾，②貨幣，③電車の乗車，④コンビニでのアルバイト

[解答]
①は塾講師が受講者に知識を伝える作業であって，無形ですのでサービスです。②の貨幣は非常に特殊な財ですので，むしろマクロ経済学で取り扱われますが，財です。③電車の乗車は，それによって地点を移動し便益をもたらしますので無形であり，サービスといえます。④コンビニでのアルバイトは労働作業をおこなって対価を受け取る行為です。労働作業は無形ですので，これはサービスです。このようなサービスを労働サービスと呼びます。

(1) 財の同質性
　この市場の中で取引される財・サービスはまったく同じものであるとします。たとえば、取引される財・サービスが伊勢エビなら、同じ外観・重さ・味の伊勢エビが取引されるものとします。
(2) 多数の需要者・供給者
　市場に需要者は多数いるとします。供給者についても同様です。たとえば、伊勢エビの場合、買い手は多くいますし、売り手としての漁師も多数います。
(3) 情報の完全性
　市場参加者（需要者・供給者）全員が、現在どのような価格でその財・サービスが取引されているか、わかっているとします。たとえば、伊勢エビの買い手も売り手もすべての店の値札を知っている、とします。
(4) 参入退出の自由
　市場参加者（需要者・供給者）はいつでもこの財・サービスの取引をやめることができるとします。これを（市場からの）退出の自由といいます。また、今までこの財・サービスをまったく取引していなかった市場参加者（需要者・供給者）も、欲すればいつでもこの財・サービスを取引できるとします。これを参入の自由といいます。

　もちろん現実の財・サービスの市場で、これらの4条件を完全にみたす市場はありません。しかし、これらに近い条件をみたす市場は多くあります。そこで、4条件が成立する極端な場合についての結論をまず導き、現実の市場ではこれに近い結論が成立するだろうと予想する、という方法を経済学ではとるのです。

一物一価の法則

　上記の中の第1番目の仮定（財の同質性）と第3番目の仮定（情報の完全性）が成立する市場では、価格は1つしかないことになります。なぜでしょうか。たとえば2つの価格があるとしましょう。これはある供給者はある価格で、別の供給者は別の価格で財・サービスを売ることを意味します。第1の仮定（財

(1) 財の同質性

(2) 多数の需要者・供給者

(3) 情報の完全性

(4) 参入退出の自由

図1.2 完全競争市場の4つの仮定
4つの仮定が成立すると，完全競争市場になります．

1.1 完全競争市場・需要 15

の同質性）から，どちらの供給者が売る財・サービスも同じです。第3の仮定（情報の完全性）から，どの需要者もこれら2つの価格を知っています。だとしたら，どの需要者も安い方の供給者から財・サービスを買うことでしょう。

つまり，高い価格を採用している供給者には，誰も買いに来ません。高い価格を採用している供給者が商品を売るためには，結局価格を安い方の価格にまで引き下げる必要が起きます。こうして，市場における価格は最終的にはただ一つになってしまうことがわかります。これを一物一価の法則といいます。

完全競争

前の第1の仮定（財の同質性）・第2の仮定（多数の需要者・供給者）・第3の仮定（情報の完全性）から，「個々の需要者・供給者は市場の価格を変える力がない」ことが導かれます。これを，「価格の需要者・供給者は価格支配力がない」といい，このような市場の状態を完全競争といいます。

たとえば，伊勢エビの市場で伊勢エビがどの店でも5000円で売られているとしましょう。このとき，「強欲」さんという供給者だけが6000円の伊勢エビの値札をつけたらどうなるでしょうか？　第2の仮定から，伊勢エビの市場には「強欲」さん以外にもたくさん供給者がいます。第3の仮定がありますから，どの需要者も，「強欲」さん以外の供給者が5000円で伊勢エビを売ることを知っています。ですから，需要者は「強欲」さん以外の供給者から伊勢エビを買います。こうして，「強欲」さんは，お客をすべて失ってしまい，まったくもうけを出すことができません。

逆に，「強欲」さんが4000円の値札を出したとしましょう。この場合は，お客は皆「強欲」さんのお店に来ます。しかし，他の供給者が5000円で伊勢エビを売っているので，「強欲」さんも5000円で伊勢エビを売り切ることができるはずです。にもかかわらず，わざわざ4000円で売れば「強欲」さんは損失をこうむります。でしたら，何も値札を4000円に下げず，5000円のままで売りたい数量を売った方が得です。

というわけで，「強欲」さんが商売をしようとしたら，5000円以上でも以下でもなく，他の供給者と同じ5000円の値札をつけることになります。つまり，

図1.3 一物一価の法則
1つの財には1つの価格が成立します。

図1.4 完全競争市場
完全競争市場の場合には，一人一人の市場参加者には価格を変える力がありません。

> **例題1.2**
>
> 以下の産業で，財の同質性がもっともよく成立する商品を取り扱っているものはどれですか。
> レストラン，ガソリンスタンド，理髪店，衣料品店
>
> [解答]
> たとえば，レストランは同じカレーライスでも店ごとにかなり味が違うので，完全に同質的とはいえません。理髪店や衣料品についても店によって相当サービスや財の質について差があります。ところが，ガソリンの場合はどの会社のものでも内容はほぼ同じといえるでしょう。こうして，以上の中ではガソリンは財の同質性がなりたちやすいと考えられます。

1.1 完全競争市場・需要

一人の供給者としての「強欲」さんから見たら，価格を5000円以外につけることは不可能なのです。こうして，一人一人の供給者には，価格を変える力はなく，市場価格を受け入れることができるだけであることがわかります。

一人一人の需要者についても，まったく同じようにして同じことがいえます。このように，市場参加者（需要者・供給者）一人一人が価格を変える力をもたない状態を，完全競争と呼びます。また，そのような状態にある市場を完全競争市場と呼びます。本章は完全競争市場の理論を解説します。

不完全競争

供給者は多数ではないとしてみましょう。たとえば，供給者は1人しかいないとしてみましょう。そのような市場で，供給者が値札を5000円から6000円に上げることは可能でしょうか？ 供給者は1人しかいませんので，価格が上がっても，すべての需要者はやはりこの供給者から伊勢エビを買い続けざるをえません。つまり，価格を変えても供給者は顧客を失いません。この場合供給者には価格を動かす自由が生じます。逆に，同じ論理で，需要者がたった1人しかいない場合にも，その需要者は自分の需要量を変えることによって価格を変える力をもちます。これらの例のように，市場参加者の人数が少ないと，その参加者は価格を変える力をもちます。このような市場の状態を不完全競争と呼びます。そのような状態にある市場を不完全競争市場と呼びます。不完全競争市場の理論は第5章で取り扱います。

個別需要者の行動

伊勢エビの市場の需要者の行動をグラフで表現してみます。シンジ君という需要者が伊勢エビを買おうとしているとしましょう。このシンジ君にいくつか質問をしてみます。「伊勢エビの価格が5000円のときにあなたはどれほど伊勢エビを買いますか？」シンジ君の返答は，「価格が高いので，あまりたくさんは買いません。たぶん，2匹しか買わないでしょう」「もし伊勢エビの価格が3000円だったらどうですか？」「価格が安いので，3匹くらい買うかもしれません」「では，価格が1000円だったら？」「もっとたくさん，たぶん5匹くらい買うで

🔍 クローズアップ1.1　産　業

　同質的な財・サービスを産出する企業の集団を産業と呼びます。産業はさまざまな特徴をもちます。これらの特徴を研究するのが産業組織論です。産業組織論の主たる関心の対象は不完全競争産業で，その研究は産業組織論の中心をなします。

例題1.3

① 日本の自動車産業は財の同質性が成り立つでしょうか。成り立たないでしょうか。
② 日本の医療産業は情報が完全でしょうか。不完全でしょうか。
③ 参入退出の自由が保証されない産業の例をあげなさい。

[解答]
① 自動車産業の場合，日本にかぎらず，企業ごとにその製品（自動車）はデザイン・走行能力・コンセプトなどの点で異なるのが通常です。その結果，価格自体も自動車ごとに異なります。こうして，自動車産業の財は同質性が少ない産業の例といえます。
② 医療産業（病院・医院）の場合，日本にかぎらず，その治療内容の正否を患者（需要者）側が評価することは技術的に困難です。日本は公的保険制度が発達していますので，価格については需要者側は完全に近い情報をもっていますが，それに対応するサービスの内容を評価できないので，情報が完全ではない産業の例になります。
③ 特許で保護された製品の市場については，新たな企業の参入は不可能です。また政府の許認可によって参入が規制された産業の場合にも，新規参入は困難です。具体的には銀行・保険・航空・鉄道・バス・タクシー・電気・ガス・自動車などの産業です。他に，既存企業が独占的な行動をおこなっている場合，参入が困難になります。たとえば，既存企業が新規参入企業に対して，ダンピング（原価以下に価格を切り下げること）競争をしかける政策を表明している場合には，新規参入は非常に困難になります（独占禁止法は既存企業のこのような行為を禁止して，企業の新規参入を促進します）。

しょう」このように，価格に応じてシンジ君の伊勢エビの需要量はさまざまに変わります。

シンジ君の返答をグラフにえがいてみましょう。図 1.5 は，縦軸に伊勢エビの価格を，横軸に伊勢エビの数量をえがいたグラフです。経済学では，Price（価格）の頭文字をとって，P で価格をあらわしますので，縦軸は P と書かれています。また，Quantity（数量）の頭文字をとって，Q で数量をあらわしますので，横軸には Q と書いています（縦軸に P を，横軸に Q を書くことは，世界中の経済学の慣例です。逆に書いたりしないでください）。

個別需要曲線

シンジ君によれば，5000 円なら 2 匹，3000 円なら 3 匹，1000 円なら 5 匹伊勢エビを需要します。この 3 つの価格と数量の組合せを図 1.5 に点として打ちますと，図 1.5 の A_1, A_2, A_3 の点になります。さらに，この 3 つの質問にとどまらず，「では 6000 円だったら？ 4000 円だったら？ 2000 円だったら？」とどこまでも際限なく質問を増やしていきましょう。すると，シンジ君の返答に対応して点の数が無限に増えていきます。最終的にはそれらの点は互いにくっついてしまって，$D_A D_A$ 線のような 1 つの曲線になってしまうことでしょう。

この曲線はシンジ君が各価格に対応してどれほど伊勢エビを需要するかを示しています。そこでこれを，シンジ君の伊勢エビへの個別需要曲線といいます。「個別」というのは，この曲線はシンジ君 1 人だけの需要を示すからです。

シンジ君の個別需要曲線は右下がりになっていることに注意してください。これはシンジ君の需要量が価格が低いほど増えるからです。おそらく，この「安ければたくさん買う」という傾向はシンジ君にかぎらずほとんどの需要者に共通する特徴でしょう。なぜそうなのかの詳細な説明は第 2 章の家計の理論でおこないますが，ここでは，実際の私たち自身の実感として安ければたくさん買う傾向が確かにあるから，これを前提として受け入れてもさほど間違いはあるまい，と考えておきましょう。

さて，伊勢エビの市場にはもう一人レイさんという需要者がいるとしましょう。レイさんは，レイさん自身の好みに基づいて伊勢エビを買おうとします。

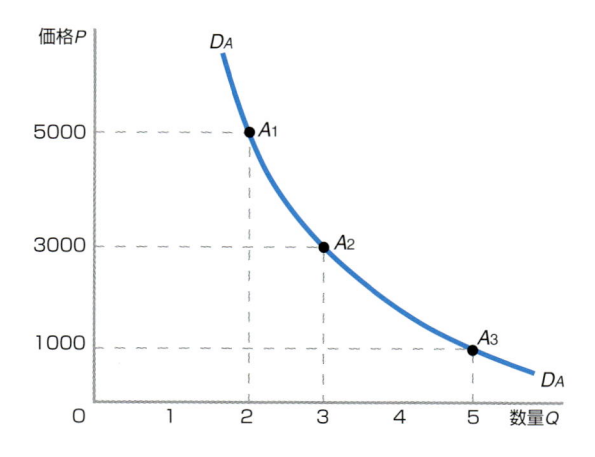

図1.5 シンジ君の個別需要曲線

シンジ君1人だけの需要量の関係を，シンジ君の個別需要曲線といいます。個別需要曲線は右下がりです。

> ☕ **コーヒーブレイク 1.1　公務員試験**
>
> 　「公務員試験を受験するのにはどの程度の経済学の知識がいるのか」という質問をたびたび受けます。公務員試験も難易度がいろいろありますので，一概にはいえません。しかし，もっとも初等的な，教養試験の一部としてのミクロ経済学の問題ならば，本書の内容を「すべて」知っていればほとんど解答できるはずです（「一部」ではありません）。いいにくいことですが，試験に不合格の方が出るのは，少なくともミクロ経済学の範囲では，受験生の方が本書程度の内容さえ知らずに受験するからなのではないでしょうか。
>
> 　ただし，国家一種などの，より専門的な知識を要求する試験になってきますと，本書の範囲では無理です。ラグランジュの未定乗数法を用いた問題が出題されますので，微分を用いて問題を解けるように，中級のミクロ経済学を学んでおかなくてはなりません。本書では，各章に初等的な公務員試験ではどのようなトピックが出題されやすいか，説明しておくことにします。

1.1　完全競争市場・需要

たとえば，「私は伊勢エビの価格が 5000 円だったら 1 匹買い，3000 円だったら 4 匹買い，1000 円だったら 8 匹買う」とレイさんがいうとしましょう。このような関係をグラフにえがくと，図 1.6 の $D_B D_B$ 曲線を得ます。これはレイさんの伊勢エビへの需要を示しますので，レイさんの伊勢エビへの個別需要曲線と呼ばれます。

市場全体の需要行動

これからの話は伊勢エビの市場の需要者の数が何人の場合でも成立します。そこで，話を簡単にするために，伊勢エビの市場に需要者はシンジ君とレイさんの 2 人しかいないとします。このとき，市場の需要者全体ではどれほど伊勢エビの数量を需要するでしょうか。

伊勢エビの価格が 5000 円のとき，シンジ君は 2 匹，レイさんは 1 匹の伊勢エビを需要します。つまり，市場全体では 3 匹の需要が生じます。同様に，伊勢エビの価格が 3000 円のときには，3 匹 + 4 匹 = 7 匹の需要が市場全体では生じます。同様に，1000 円のときには 13 匹です。これらの点を図 1.7 の右端の図にえがくと，D_1，D_2，D_3 点を得ます。これらの価格以外の価格についても，同じように市場全体の需要を調べますと，図 1.7 のような DD 曲線になります。この曲線は，ある価格に対応する市場全体の需要量を示しますので，**市場需要曲線**と呼ばれます。本書では以後，単に需要曲線という場合は，市場需要曲線をさすこととします。経済学では Demand（需要）の頭文字をとって，DD で需要曲線を表します。

市場需要曲線と個別需要曲線

図 1.7 で 5000 円の価格のとき，シンジ君の需要量は Q_A（2 匹）で示されます。また，レイさんの需要量は Q_B（1 匹）で示されます。市場全体の需要量は Q_A と Q_B をたしたものですが，これが Q_D（3 匹）として示されています。つまり，5000 円の価格のとき，市場需要 Q_D は，個別需要 Q_A と個別需要 Q_B とをたし合わせたものです。他の価格の場合でも，2 つの個別需要を横にたし合わせると市場需要になります。つまり，市場需要曲線とは個々の個別需要曲線を

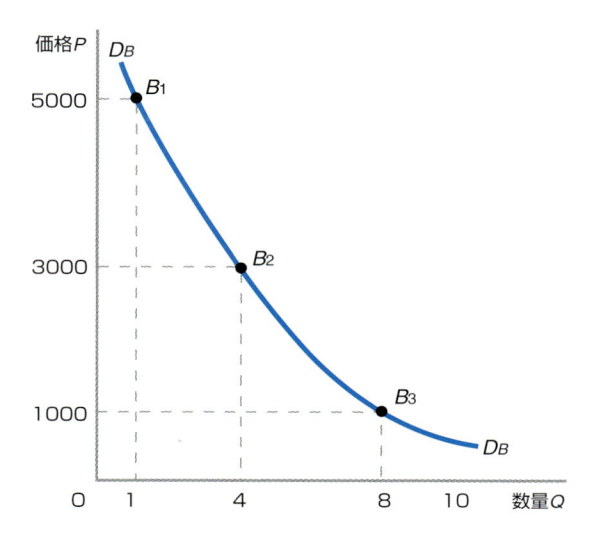

図1.6 **レイさんの個別需要曲線**
レイさん1人だけの価格と需要量の関係を，レイさんの個別需要曲線といいます。

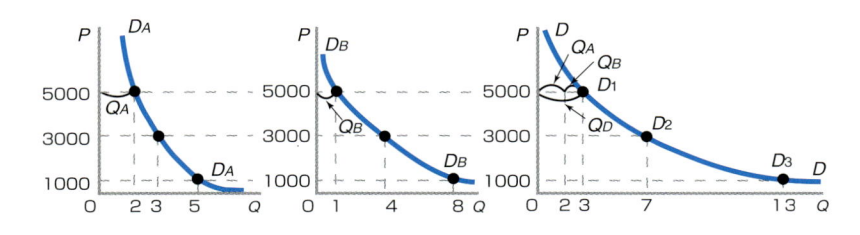

図1.7 **個別需要曲線と市場需要曲線**
市場需要とは，市場全体の需要をいいます。市場需要曲線は個別需要曲線を横にしたものです。個別需要曲線は右下がりなので，市場需要曲線も右下がりになります。

1.1 完全競争市場・需要 23

横にたし合わせたものといえます。同様にして，市場に需要者が何人いようとも，すべての個別需要曲線を横にたし合わせることによって，市場需要曲線を導くことができます。

シンジ君は価格が5000円より3000円のときに，より多く伊勢エビを買います。レイさんも同様です。ですから，価格が5000円のときのシンジ君とレイさんの需要の和は，3000円のときのシンジ君とレイさんの需要の和より小さくなります。つまり，各個別需要曲線が右下がりなら，市場需要曲線も同様に右下がりになるのです。

レッスン 1.2　供給曲線・市場均衡

個別供給者の行動

つぎに，伊勢エビの市場供給者の行動をグラフで表現してみます。これは需要者の行動とちょうど逆になります。

アスカ水産という供給者が伊勢エビを売ろうとしているとしましょう。伊勢エビの価格が5000円のときにアスカ水産はどれほど伊勢エビを売ろうとするか，アスカ水産の社長さんに聞いてみましょう。たぶん，返答は「価格が高いので，努力してたくさん捕まえて，たくさん売る。たとえば，10匹くらいかなあ」「もし伊勢エビの価格が3000円だったら？」今度はアスカ水産の返答はだいぶ違うでしょう。「価格が低いので，あまり捕まえる努力をしない。たぶん6匹しか売らないだろうな」「価格が1000円だったら？」「もっと減る。たぶん1匹しか売らない」このように，価格に応じてアスカ水産の伊勢エビの供給量はさまざまに変わると考えられます。

アスカ水産の供給行動をグラフにえがいてみましょう。伊勢エビの価格を縦軸に，供給量を横軸にえがいた価格－数量グラフを図1.8にえがきます。このグラフに，アスカ水産の返答である「5000円なら10匹，3000円なら6匹，1000円なら1匹」に対応する点をうちます。すると，図1.8のC_1，C_2，C_3の3点に

コーヒーブレイク 1.2　ホテル価格の評価：情報の経済学

　シカゴ学派のスティグラーはミクロ経済学の応用として，「**情報の経済学**」という分野を開きました。現実の世界では情報は完全ではありません。このために，需要者は情報を集めるべく努力します。つまり，需要者は複数の供給者をまわって価格を確認し，一番安い供給者から財・サービスを購入します。この結果，多くの財・サービスについて，完全な情報までには至りませんが，それに近い情報は保有しているのが通常です。

　需要者が情報を獲得しにくい財・サービスの一例はホテルです。ホテルの場合，その質・サービスをあらかじめ評価することは困難で，実際に宿泊してみてはじめて評価が可能になります。もし，ホテル利用者が繰り返してある都市を訪れ，そこのホテルを利用すれば，ホテルの質・サービスの評価を2度目以降は利用することができます。ところが，ホテルの顧客の多くは観光客です。観光客は一度はその地方の観光に訪れますが，2度訪れることはまれです。このために，ホテルの需要者の多くはホテルについての情報を利用できません。

　こうして，ホテルというサービスは，情報が不完全な財・サービスの一例となります。実際，一部のホテルは需要者側の情報の不足を利用して，価格に比して質・サービスを低く設定することによって，余分な利潤を入手します。情報が完全ならば，こうしたホテルには観光客が宿泊せず，産業からの退出を余儀なくされるのですが，情報が不完全であるかぎり，こうしたホテルが生き残る可能性があることになります。ホテルの場合は，情報の完全性が成立しないので，どんなに多数の供給者がいても完全競争市場とは必ずしもいえないでしょう。

なります。そこで、この3つの価格にとどまらず、「では6000円だったら？ 4000円だったら？ 2000円だったら？」とどこまでも際限なく質問を増やしていきましょう。すると、点の数が無限に増えていきます。最終的にはそれらの点は互いにくっついてしまって、$S_C S_C$線のような1つの曲線になってしまうことでしょう。

この曲線はアスカ水産が各価格に対応してどれほど伊勢エビを供給するかを示しています。そこでこれをアスカ水産の伊勢エビの個別供給曲線といいます。「個別」というのは、この曲線はアスカ水産だけの供給を示すからです。

アスカ水産の個別供給曲線は右上がりになっています。これはアスカ水産が価格が低いほど供給量を減らすからです。実際、これはアスカ水産にかぎらず、どの供給者も価格が低いほど供給量を減らす傾向があります。なぜそうなるのかの説明は、第4章の費用の理論でおこないます。ここでは、私たち自身の実感として、安ければもうからないので売り手はたくさんは売らないから、と理解しておきましょう。その結果、個別供給曲線は右上がりとなると考えておきます。

さて、伊勢エビの市場にはもう一つカヲル漁業という供給者がいるとしましょう。カヲル漁業は、カヲル漁業自身の事情に基づいて伊勢エビを売ろうとします。たとえば、伊勢エビの価格が5000円だったら2匹売り、3000円だったら1匹売り、1000円だったら0匹売るとしましょう。このような関係をグラフにえがくと、図1.9の$S_F S_F$曲線を得ます。これはカヲル漁業の伊勢エビの供給を示しますので、カヲル漁業の伊勢エビの個別供給曲線と呼ばれます。

市場全体の供給行動

これからの話は伊勢エビの市場の供給者の数が何人の場合でも成立します。そこで説明を簡単にするために、伊勢エビの市場に供給者はアスカ水産とカヲル漁業の2人しかいないとしましょう。このとき、市場の供給者全体ではどれほどの伊勢エビの数量を供給するでしょうか。

伊勢エビの価格が5000円のとき、アスカ水産は10匹、カヲル漁業は2匹の伊勢エビを供給します。つまり、市場全体では12匹の供給が生じます。伊勢エ

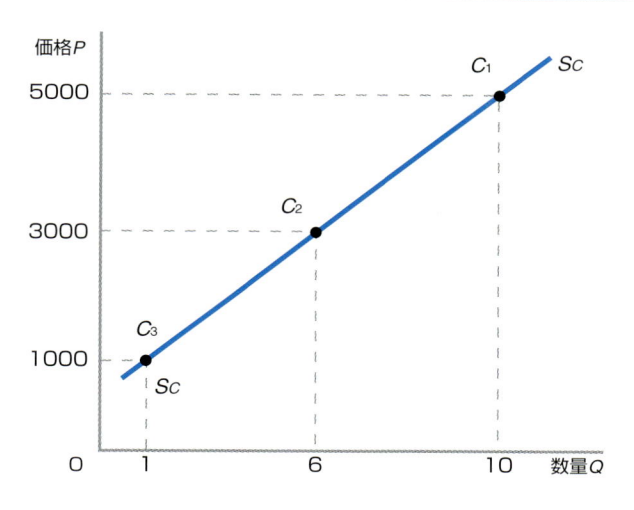

図1.8 アスカ水産の個別供給曲線

価格に対するアスカ水産の供給量の関係を，アスカ水産の個別供給曲線といいます。個別供給曲線は右上がりです。

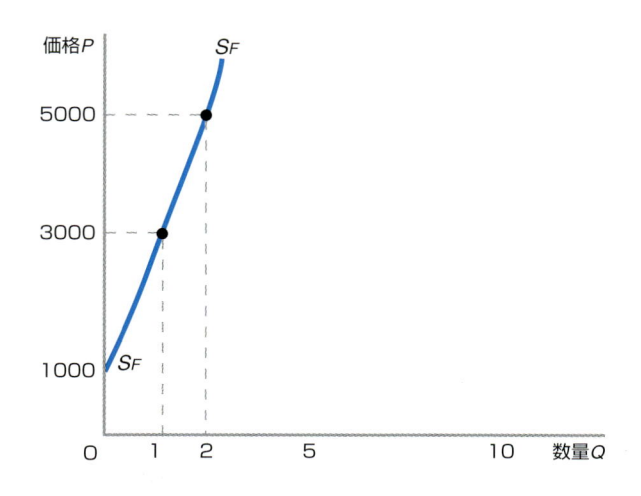

図1.9 カヲル漁業の個別供給曲線

カヲル漁業の価格と供給量の関係を，カヲル漁業の個別供給曲線といいます。

1.2 供給曲線・市場均衡

ビの価格が3000円のときには，6匹＋1匹＝7匹の供給が市場全体では生じます。1000円のときには1匹です。そこで，これらの点を図1.10にえがくと，右端の図のS_1, S_2, S_3点を得ます。これらの価格以外の価格についても，同じように市場全体の供給量を調べますと，図1.10の右端のSS曲線になります。この曲線は，ある価格に対応する市場全体の供給量を示しますので，市場供給曲線と呼ばれます。本書では以後，単に供給曲線という場合は，市場供給曲線をさすこととします。経済学ではSupply（供給）の頭文字をとって，SSで供給曲線をあらわすのが慣例です。

　市場供給曲線は個別供給曲線を横にたしたものになっています。これは次のようにして了解されます。5000円の価格のとき，アスカ水産の供給量は図1.10のC_1（10匹）で示されます。また，カヲル漁業の供給量は図1.10のF_1（2匹）で示されます。市場全体の供給量はC_1とF_1をたしたものですが，これがS_1（12匹）として示されています。つまり，5000円の価格の場合，市場供給S_1は，個別供給C_1と個別供給F_1とをたし合わせたものです。他の価格の場合でも，2つの個別供給量を横にたし合わせると市場供給量になります。つまり，市場供給曲線とは個別供給曲線を横にたし合わせたものといえます。

　こうして，市場に何人の供給者がいようとも，それぞれの個別供給曲線を横にたし合わせると，市場供給曲線になります。それぞれの個別供給曲線は右上がりですので，市場供給曲線も右上がりになります。

超過供給

　伊勢エビ市場の需要者行動・供給者行動のグラフを1つに合わせてみましょう。すると，図1.11のようなグラフになります。需要曲線は右下がり，供給曲線は右上がりですから，この2つの曲線が交わる点は，図1.11のE点のようにただ一つに限られます。この需要曲線と供給曲線の交点を市場均衡点と呼びます。市場均衡点Eに対応する価格P_Eを均衡価格と呼びます。

　一物一価の法則により，この市場には1つの価格が成立しています。たとえば，これが5000円であるとしましょう。この価格では，市場の需要量は図1.11の線分ABです。また，供給量は図1.11の線分ACです。この2つを比較する

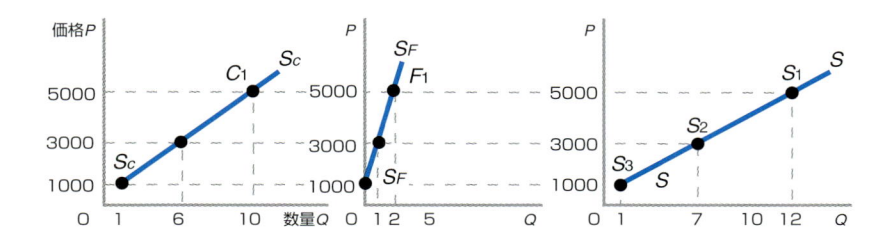

図1.10 個別供給曲線と市場供給曲線

市場供給とは，市場全体の供給をいいます。市場供給曲線は個別供給曲線を横にたしたものです。個別供給曲線は右上がりなので，市場供給曲線も右上がりになります。

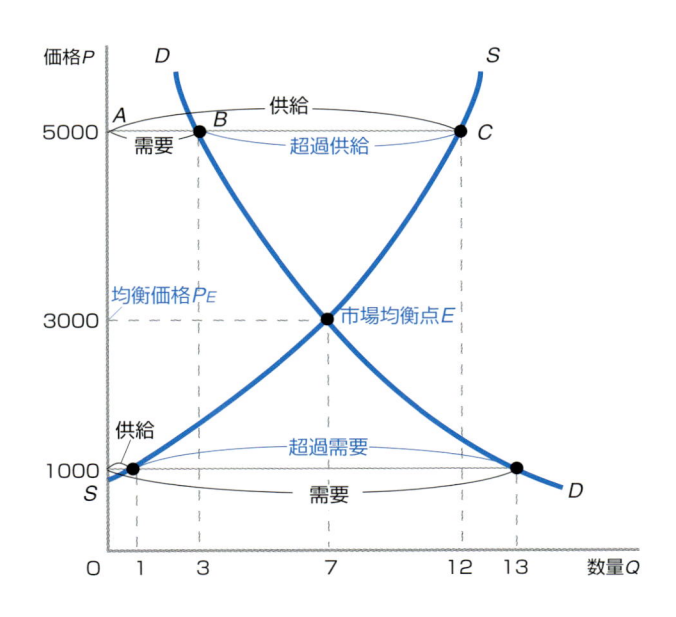

図1.11 超過供給・超過需要

需要曲線と供給曲線の交点 E を市場均衡点と呼びます。市場均衡点に対応する価格 P_E を均衡価格といいます。価格が均衡価格より高いと超過供給が生じます。価格が均衡価格より低いと超過需要が生じます。

1.2 供給曲線・市場均衡

と，需要量より供給量の方が多いことがわかります。つまり，価格が 5000 円のときには，BC だけの供給量が売れ残ってしまいます。この売れ残りの数量を超過供給と呼びます。

供給者間の値下げ競争

超過供給が存在すると，供給者は売れ残りを在庫として抱えます。このままの状態が続けば利益をあげるどころか損失をこうむってしまいます。このような供給者の一人は以下のように考えるでしょう。「自分だけ価格を 4900 円に下げてしまおう。そうすれば，すべての需要者は自分の店に来て買うから，自分の店では売れ残りは出ない。多少価格を下げても，そっちの方が結局得だ」。

この供給者がこうして価格を下げ，お客を集めてしまったとしましょう。すると，他の供給者に行くお客がその分減ります。他の供給者はより多くの売れ残りを抱えます。やむをえず，他の供給者はお客を取り戻そうとして，やはり価格を 4900 円に下げることでしょう。こうして，やがてはすべての供給者の価格が 4900 円に下がってしまいます。つまり，市場の価格が下がります。以上をまとめると，「超過供給が存在すると，供給者間の競争によって価格が下がる」といえます。

均衡価格・市場均衡点

さて，このような事情で 4900 円に価格が下がると，どのようなことが起きるでしょうか。この価格では前よりも減りはしましたが，まだ依然として超過供給は存在することが，図 1.12 からわかります。このために，再び供給者間の競争が生じ，価格が下がることになります。このようにして，価格は徐々に下がっていって，とうとう価格が図 1.12 の P_E 点まで下がると，超過供給はなくなります。

P_E 点の価格では需要と供給は等しくなっています。つまり，供給者がちょうど売ろうとするだけの数量を需要者が買っていきますので，各供給者に売れ残りは生じず，値下げ競争が起きません。ゆえに，価格はこれ以上は下がらないことになります。この P_E は均衡価格と呼ばれました。以上をまとめると，「均

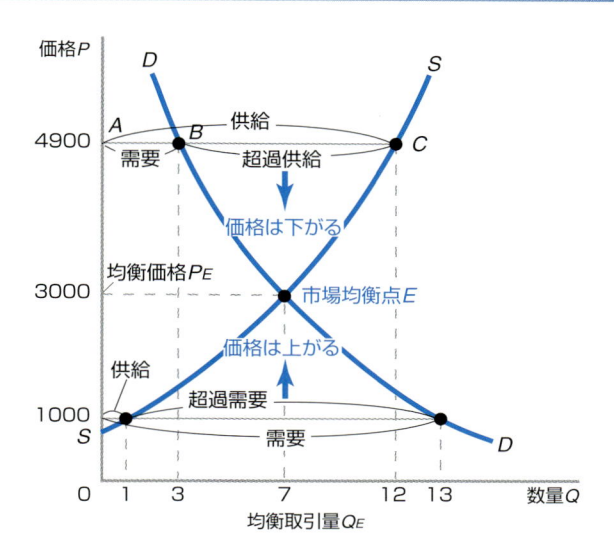

図 1.12　市場均衡点

市場の価格が均衡価格 P_E より高いと価格は下がります。価格が均衡価格 P_E より低いと価格は上がります。

☕ コーヒーブレイク 1.3　　留学

　学生さんの中には留学に興味を示される方が多くいらっしゃいます。留学の魅力の一つは，現地で外国語を修得できることです。しかしながら，注意しなければならないのは，語学習得の成果は年齢に依存することです。米国の大学は全寮制であることが多いのですが，学部学生の年齢ならこの寮に住み込んで，講義も食事もテレビも毎日英語という生活を送りますと（当初は半ノイローゼになります，これをカルチャーショックと呼びます），2 年後にはほぼ米国人と同じ発音で会話できるようになります。こうなると，bilingual（2 か国語を話す人）という呼称にふさわしくなります。これが企業や大学院に入ってから 25 歳くらいではじめて留学すると，何年居てもひどい日本なまりでしか会話できません。語学修得はことほどさように年齢に左右されます。実際，もっとも早く英語を覚える日本人は，子供です。私の知人の家では幼稚園の子供の方が父親よりずっと上手な英語を話し，私を驚かせました。語学取得を目的として留学なさるなら早いほどいいでしょう。

衡価格まで価格が下がると，超過供給は0になる。その結果，価格はそこにとどまる」といえます。

均衡価格では，需要と供給は等しくなりますが，この需要と供給が等しい状態を**市場均衡**と呼びます。図1.12中のE点は均衡価格とそれに対応する**均衡需要量**（＝**均衡供給量**）Q_Eの組合せを示しています。そこで，このE点を**市場均衡点**と呼ぶのです（均衡は英語でEquilibriumといいますので，頭文字をとってEであらわすのが普通です）。

超過需要

つぎに，価格が当初1000円であった場合を考えてみましょう。このときには，ちょうど逆のことが起きます。この価格のときには，図1.12から需要量の方が供給量より多いことがわかります。つまり，供給者がすべての供給量を売りつくし，売り切れとなっても，一部の需要は残っているのです。この供給量を超過している需要の数量を**超過需要**と呼びます。

超過需要が存在すると，一部の需要者は欲する数量を買い損ないます。このような需要者の一人は以下のように考えるでしょう。「自分は価格を他の人より少し多く，1100円払うと申し出よう。そうすれば，供給者は自分に売るから，買い損なうことはない。多少価格を多く払っても買い損なうよりは結局賢明だ」。

この需要者がこうして，自分だけ伊勢エビを入手したとしましょう。すると，他の需要者も同じように判断して，やはり価格を1100円だけ申し出て，伊勢エビを手に入れようとするでしょう。こうして，結局すべての需要者の申し出る価格が1100円に上がります。以上をまとめると，「超過需要が存在すると，需要者間の競争によって価格が上がる」といえます。

均衡価格

1100円に価格が上がるとどのようなことが起きるでしょうか。図1.12を見ると，この価格では前よりも超過需要は減りますが，まだ存在します。このために，再び需要者間の競争が生じ，価格が再び上がることになります。こうし

例題 1.4　均衡価格の計算

もっとも初等的な市場均衡の計算問題を解いてみましょう。ある財・サービスの市場を考えます。P を価格とします。D を需要量とします。需要曲線が以下のような数式 (DD) で与えられているとします。

$$D = -P + 800 \qquad (DD)$$

S を供給量とします。供給曲線が以下のような数式 (SS) で与えられているとします。

$$S = 2P - 400 \qquad (SS)$$

① 均衡価格を (DD) 式と (SS) 式とから計算しなさい。
② 均衡需要量 (＝均衡供給量) を計算しなさい。

[解答]

① 均衡価格とは、需要量 D と供給量 S が同じになるような価格です。つまり、$D = S$ という状態です。この式に (DD) 式と (SS) 式とを代入すると、

$$-P + 800 = 2P - 400$$

となります。これを P について解くと、$P = 400$ となります。つまり、400 円が均衡価格です。

② 均衡需要量とは、均衡価格に対応する需要量です。(DD) 式の P に 400 を代入すると、$Q = -400 + 800$ となります。つまり、均衡需要量は 400 になります。

☕ コーヒーブレイク 1.4　米国大学事情①

　少し米国の大学の事情を説明しておきましょう。教育上での日米の大学の違いを考えると、入学選抜が一番異なるように思えます。一般的にいって、米国の大学は入学選抜自体は簡素なものであり、どしどし学生を入学させるようにします。大学独自の入学試験というものはなく、SAT という高校生向けの全国共通試験の成績で合格者を決定します。ただし、入学者は選抜というふるいにあまりかけられていない状態で入学してきますから、玉石混交です。このために大学での試験の多くは○×式というのが、多くの米国の常識です。この試験を厳密におこない、成績が基準にみたない学生は、どしどし留年にします。これほど入学後の試験は重要ですから、試験での不正行為が発覚すれば即座に退学で、米国では学生が試験でカンニングすることはほとんど考えられません。

て，価格はさらに上がっていきます。最後に価格が図 1.12 の均衡価格 P_E 点まで上がると，超過需要はなくなります。ここでは，供給者がちょうど売ろうとするだけの数量を需要者は買っていきますので，需要者たちに買い損ないは生じず，需要者の間で値上げ競争が起きません。つまり，価格はこれ以上は上がりません。以上をまとめると，「均衡価格まで価格が上がると，超過需要は 0 になる。その結果，価格はそこにとどまる」といえます。

　以上をまとめると，価格というものは均衡価格より高いと下がり，均衡価格より低いと上がり，最終的には均衡価格に等しくなります。また，取引量は当初どのようなものであれ，最終的には市場の需要量と供給量とが一致して，図 1.12 の均衡取引量 Q_E の分だけが取引されます。このように，価格と数量が市場均衡点へ向かって動く性質を，市場均衡の安定性と呼びます。

　以上から，価格というものは，時間が経過すると，結局均衡価格に等しくなることがわかります。こうして，市場価格は均衡価格に等しいといってよいことになります。これをキーポイント 1.1 としてまとめておきましょう。このキーポイントを使って，以下では，さまざまな財・サービスの市場を分析できます。このような市場の分析法を均衡分析といいます。

部分均衡分析・一般均衡分析

　均衡分析には，正確には部分均衡分析と一般均衡分析とがあります。部分均衡分析とは，1 つの市場の均衡のみを考えます。部分均衡分析ではセテリス・パリブス（「他の事情が同じならば」という意味のラテン語）という仮定をおいて分析をおこないます。つまり，この財・サービス市場の背後にある家計の選好，所得，他の財・サービスの価格などはすべて一定と仮定して分析をおこないます。これに対し，一般均衡分析とはこの仮定を取り除き，すべての財・サービスの市場均衡を同時に考察します。本章で扱う分析は部分均衡分析です。

◆**キーポイント 1.1　市場均衡**

市場の価格は均衡価格に等しくなります。

🔍 クローズアップ 1.2　ワルラス的安定とマーシャル的安定

　本文では安定性の議論として，価格に対応して超過需要・超過供給が生じ，価格は均衡価格に近づくと説明しました。正確には，これは**ワルラス的安定**といわれます。これに対し，一定の供給量に対して，需要者側の支払う価格（需要価格）が供給者が最低これだけもらいたいという価格（供給価格）より高ければ，供給者が供給量を増加するので，均衡点に近づくのだ，という考え方があります。これを**マーシャル的安定**と呼びます。需要曲線が右下がり，供給曲線が右上がりであるかぎり，ワルラス的にもマーシャル的にも安定で，どちらの考え方をつかっても価格は均衡点に近づきます。しかし，非常に例外的な事態とはいえ，需要曲線が右上がりであると，図1.13の A 点のようにマーシャル的に安定でもワルラス的には不安定となったり，図1.14の A 点のようにマーシャル的に不安定でもワルラス的には安定になる事態が生じます。

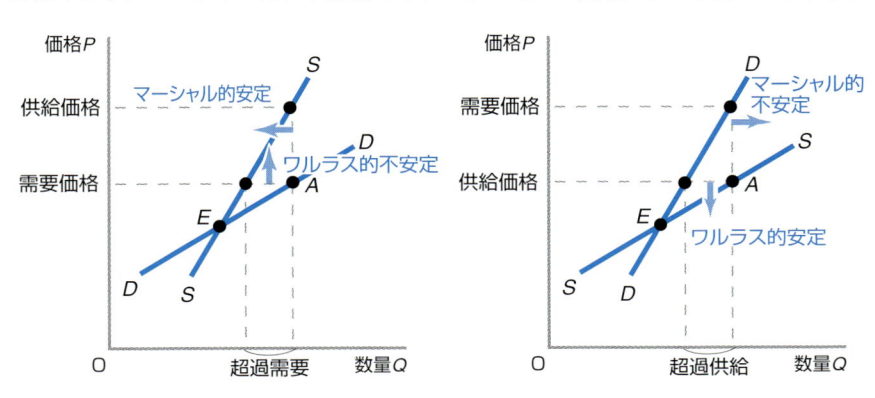

図1.13　マーシャル的安定・ワルラス的不安定

マーシャル的に検討すると，A 点では供給価格の方が需要価格より高いので，供給量は減り，均衡点に近づきます。ワルラス的に見ると A 点では超過需要が生じているので，価格は上がり，均衡点から遠ざかります。

図1.14　マーシャル的不安定・ワルラス的安定

マーシャル的に検討すると，A 点では供給価格の方が需要価格より低いので，供給量は増え，均衡点から遠ざかります。ワルラス的に見ると A 点では超過供給が生じているので，価格は下がり，均衡点に近づきます。

均衡分析の例

キーポイント 1.1 を用いて，伊勢エビの市場のもっとも初歩的な分析をしてみましょう。たとえば，ある年に「伊勢エビは健康によい」という医学的な事実が発見され，発表されたとしましょう。これは伊勢エビの価格や取引量にどのような影響を与えるか，以下のような順序で分析します。

まず，最初に伊勢エビの市場は完全競争市場とみなせるか，を判断しておきます。伊勢エビの場合需要者は日本中に多数いることでしょう。また，供給も日本中の多数の漁師達によってなされることでしょう。つまり，「多数の需要者・供給者」の仮定は十分みたされます。また，その他の「財の同質性」・「情報の完全性」の仮定も大体みたされていると考えられます。というわけで，完全競争市場とみなして分析しても大きく実態と異なることはないでしょう。なお，完全競争市場とみなせない場合は，第 5 章の不完全競争市場の理論を使って分析することになります。

つぎに，この「伊勢エビは健康によい」という発表は需要曲線にどのような影響を与えるか常識を用いて考えます。伊勢エビの需要者シンジ君やレイさんにとっては，これはよいニュースです。シンジ君は伊勢エビをさらに前より多く食べるようになるでしょう。「前より多く食べる」ということを正確に表現すると，伊勢エビの価格が 5000 円なら 2 匹しか食べなかったシンジ君が 3 匹食べるようになり，3000 円だったら 3 匹しか食べなかったのが 5 匹食べるようになる，という変化を意味します。このようなシンジ君の新しい選好の点をグラフにうちますと，シンジ君の個別需要曲線は右側に移動することになります。これを「個別需要曲線の右方シフト（移動）」と呼びます。レイさんの個別需要曲線も同様に右にシフトすることでしょう。市場需要曲線は複数の個別需要曲線を横にたし合わせたものでした。それぞれの需要者の個別需要曲線が右側にシフトすると，それらの横への和である市場需要曲線も右側にシフトします。この結果，市場需要曲線は図 1.15 の DD 曲線から $D'D'$ 曲線のように変わります。

さて，この発表は供給曲線にどのような影響を与えるか，検討しましょう。伊勢エビの供給者のアスカ水産にとっては，この発表によって伊勢エビを捕ら

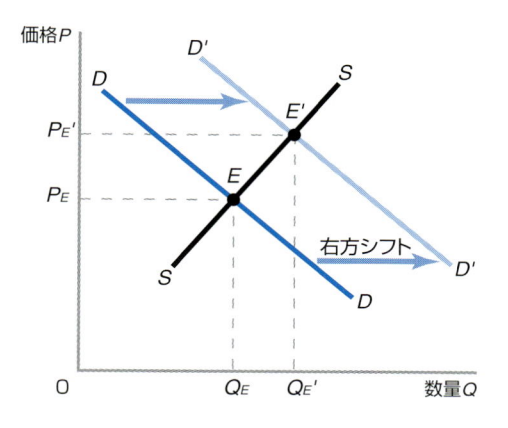

図 1.15 均衡分析

需要曲線が右方向に移動することを，需要曲線の右方シフトといいます。需要曲線の右方シフトが起きると，均衡点が E 点から E' 点へ変わります。均衡価格が上がり，均衡取引量が増えます。

> **コーヒーブレイク 1.5　米国大学事情②**
>
> 　さて，このようなふるい分けの結果，卒業までたどりつけた学生は，大学在学中に相当の知識を仕込まれていることが保証できます。このために，大学在学中の成績は就職に大きな役割を果たします。成績は学生の知識の度合いを正しく示すと考えられるからです。米国では医学部・法学部・経営学部は学部ではなく，みな大学院になります。つまり，大学の他の学部を卒業した人間が，大学院としての医学部を受験して医学教育を受けるのですが，その入学許可にも学部での成績が大きく考慮されます。このようなシステムの結果，米国の大学生は勉学にはきわめて熱心で，授業料を納めて教育を受けているという自覚がしっかりしています。
>
> 　大学院になると，事情はさらに厳しくなります。大学院の場合も GRE という全国共通試験と学部の教官の推薦状との結果で合格が決まり，合格が決まると普通の院生ならば授業料を免除された上に奨学金をもらえます。ずいぶん優遇されているようですが，入学後の成績が悪ければ，たちまちこの奨学金を止められ，授業料全免が半免に減らされたりします。さらに成績が悪くなると，「あなたが辞めることは，大学とあなたの双方の利益になると信じます」という文面の手紙が送られてきます。これは丁重な退学勧告なので，これを受け取ると，その院生は退学ということになります。大学院にもよりますが，当初の入学者の 2/3 近くがこうして博士号を取れずに辞めていく大学院もあるのです。

える費用が変わるわけではありません。そこで，アスカ水産は今まで通りの行動をすることでしょう。つまり，価格が5000円なら10匹だけ供給し，3000円なら3匹だけ供給します。ですから，個別供給曲線はシフトしないことになります。カヲル漁業についても同様です。それぞれの個別供給曲線はシフトしないので，市場供給曲線も前のままにとどまります。

均衡価格への影響

最後に，以上の需要曲線の変化を一つの価格・数量グラフ上にあらわしてみましょう。すると，図1.15のようになります。発表の前には，需要曲線DDと供給曲線SSとの交点は図のE点でした。**キーポイント1.1**によると，このときの市場の価格は均衡価格P_Eに等しかったはずです。発表があると，供給曲線SSは前のままでシフトしませんが，需要曲線は$D'D'$曲線のように右シフトします。この結果，新しい交点はE'点になります。この交点に対応する均衡価格はP_E'です。**キーポイント1.1**により，新しい市場価格はこの均衡価格P_E'に等しくなるはずです。

以上をまとめると，この発表の前には伊勢エビの価格はP_Eであるのに対し，発表の後では伊勢エビの価格はP_E'となり，伊勢エビの価格は上昇することがわかります。また，発表前の伊勢エビの取引量（＝均衡需要量・均衡供給量）はQ_Eであるのに対し，発表後の伊勢エビの取引量はQ_E'になりますから，伊勢エビの取引量は増加することがわかります。

このように，均衡分析では，ある現象が（1）完全競争市場で起きているのが，不完全競争市場で起きているのか，をまず判断した上で，（2）完全競争市場だとしたら，その現象は需要曲線に影響を与えるか，与えるとしたらどちらの方向に与えるか，（3）供給曲線に影響を与えるか，与えるとしたらどちらに与えるか，を検討し，その結果，**キーポイント1.1**を用いて，（4）価格と取引量がどう変化するか，を調べます。第2章で論じられますが，この際，需要曲線に影響を与えるような要因については，所得・嗜好・他財の価格などが知られています。また，供給曲線に影響を与える要因については，第3章で論じられますが，技術・投入財価格などが知られています。

例題 1.5

天候不順のため，海が荒れて，伊勢エビを捕らえるのが難しくなったとしましょう。これは伊勢エビの価格にどのような影響をもたらしますか。グラフをえがいて分析しなさい。

[解答]
　伊勢エビ市場は多数の需要・供給者がいるので完全競争市場とみなせます。天候不順だからといって，需要者がとくに伊勢エビを食べたくなるとも食べたくなくなるとも考えられません。つまり，需要曲線はシフトしないでしょう。天候不順だと伊勢エビを捕獲しにくくなると考えられます。つまり，同じ価格に対し，供給者は前より少ない伊勢エビしか供給しないでしょう。これは伊勢エビの供給曲線が図 1.16 のように左にシフトすることを意味します。これらの結果，伊勢エビの均衡価格は上昇します。

　なお，ときどき，この後に付け加えて，「伊勢エビの価格があがるので，伊勢エビの需要は減少する。この結果，需要曲線は左にシフトする」と解答する人がいますが，これは誤りです。「伊勢エビの価格があがるので需要量が減る」という変化は，需要曲線が右下がりであるために均衡需要が Q_E から $Q_{E'}$ へ減ることによって，すでに表現されています。

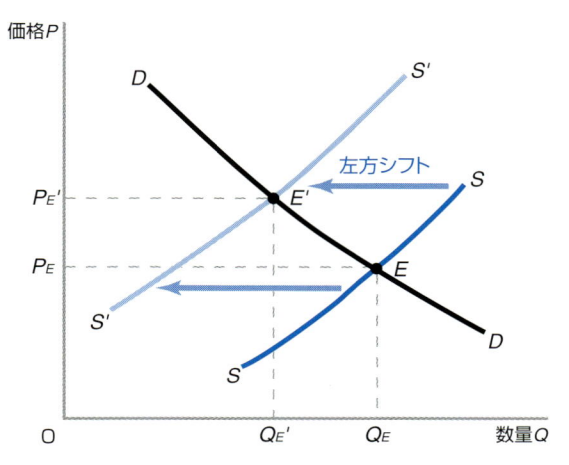

図 1.16　天候不順と伊勢エビ市場
天候不順となって伊勢エビが捕らえにくくなると供給曲線がシフトします。

レッスン 1.3 均衡分析の初歩

均衡分析（その1）：地代

　レッスン1.2の手法を用いて，以下ではさまざまな均衡分析の例を検討しましょう。最初に，土地の地代がどのように決まるか，均衡分析をおこないます。まず，地代と地価の違いについて説明しておきましょう。地代とは借地料のことであり，ある土地を「一定期間」使用する権利のための価格です（地代はレント Rent といいますので，頭文字をとって R であらわします）。これに対して，地価とは，土地の所有権，つまりその土地を「永遠」に使用できる権利，の価格です。以下では地代を対象に分析します。

　ある土地の地代がどう決まるか，考えてみましょう。たとえば，東京都新宿区を考えます。新宿区の土地の賃貸市場を考えましょう。供給者は新宿区の土地所有者たちです。需要者たちは新宿区の土地を使用したいと考えている企業や個人です。分析を簡単にするために，以下のような便宜上の解釈をします。実際には，土地所有者はすべての土地を賃貸に出すとはかぎらず，自らその土地を使うこともあります。しかし，ここでは所有者が自ら土地を使う場合には，それは所有者が一度その土地を賃貸に出し，それを自分で借り返したと解釈することにします。このように解釈すると，新宿区の土地は所有者が自ら使う場合でも使わない場合でも，必ず一度は賃貸に出されることになります。

土地の賃貸市場

　新宿区の土地の賃貸市場を考えましょう。上の解釈から，新宿区の土地はすべて一度は賃貸に出されることになります。ところが，新宿区の土地の広さというのは物理的に決まっています。このために，地代の額がどう変わろうとも，常に同じだけの量の土地が賃貸市場へ供給されることになります。つまり，土地の賃貸市場の供給曲線をえがくと，図1.17 の SS 曲線のように垂直の形をしていることになります。これは有名な事実ですので，キーポイント1.2とし

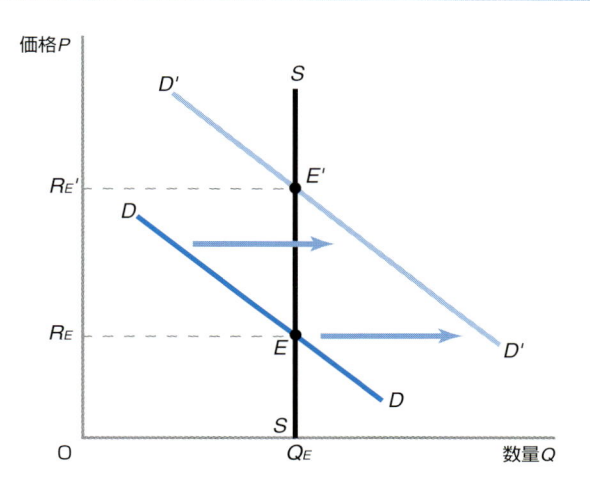

図 1.17　土地の賃貸市場
土地の供給量は価格に関わらず一定なので，供給曲線は垂直になります。

◆ **キーポイント 1.2　土地供給**
土地の賃貸市場の供給曲線は垂直になります。

🔍 **クローズアップ 1.3　地代と地価の関係**

　地代は本文に述べたように決まると考えられますが，では地価はどのように決まるのでしょうか。地代とはある土地を一定期間（たとえば1年）使用する権利であり，地価とはその土地を毎年継続して使用する権利でした。とすると，現在から無限の将来までの各年の地代をたし合わせれば，その土地の地価になるように思われます。ところが，今年の地代と来年の地代というものは単純にたし合わせることはできません。時点が異なる金額だからです。来年の地代を今年の金額に直して，はじめて今年の地代とたし合わせることができます。この手法を割引といいます（割引については詳しくはマクロ経済学の教科書を参照してください）。
　将来の毎年の地代を毎年の利子率で割り引いて現在の金額になおし，それらの金額をたし合わせると，はじめてその土地の地価になります。地代が毎年同じで，利子率が変わらないとしましょう。このときに割り引いた地代をたし合わせて地価を計算すると，

　　　地価＝地代／利子率

という関係になることが示せます。こうして，地価というものは地代のみならず，利子率にも依存することがわかるのです。

ておきます。その一方で，需要曲線は，通常の形をしています（上に述べましたように，需要者の一部は土地所有者自身です）。均衡地代は図1.17の R_E のように決まります。

　新宿区に新しい地下鉄の駅ができたと仮定しましょう。すると，新宿区はさらに便利になります。このために，新宿区の土地を借りたいという需要者は増えることでしょう。これは，需要曲線が右方にシフトすることを意味します。その一方で新宿区の土地の量は変わらないので，SS 曲線は元のままです。この結果，均衡地代は図1.17の $R_E{}'$ 点へ上昇します。しかし，均衡需要量・均衡供給量は相変わらず Q_E であり，前と変わりません。

均衡分析（その2）：最低賃金法

　均衡分析を用いて最低賃金法の効果を考えてみましょう。最低賃金法という法律は労働者の福祉のために，1時間あたりの労働に対して支払われる報酬の最低額を定めた法律です。この種類の法律は，世界各国で見受けられます。

労働市場

　たとえば，コンビニのパート労働者が雇用される市場を考えましょう。これはパート労働者のもつ労働サービスが取引される市場と解釈されますので，これをパート労働者の労働市場と呼びましょう。単位時間の労働サービスの価格は，賃金率と呼ばれますが，賃金のことを英語では Wage といいますので，頭文字をとって，W で賃金率をあらわしましょう。

　コンビニは労働サービスを需要します。これは求人と呼ばれます。コンビニは賃金率が低いほどたくさん求人すると考えられますので，労働の需要曲線は右下がりです。パート労働者はコンビニで労働サービスを供給しようとします。これは求職と呼ばれます。労働者は賃金率が高いほど，たくさんの労働サービスを供給するでしょうから，労働の供給曲線は右上がりです。こうして，図1.19のような普通の需要曲線・供給曲線がえがかれます。政府の規制が何もない場合は，賃金率 W は需要曲線と供給曲線との交点 E によって定まります。

クローズアップ1.4　土地の留保需要

本文では便宜上，土地所有者は一度すべての土地を賃貸に出して，その一部を自ら借り戻し，これによって自分で自分の土地に住む，というふうに解釈しました。このような土地所有者の，自分の所有する土地への需要を**留保需要**といいます。土地賃貸への需要は，こうして留保需要とその他の土地賃借希望者からの需要との2つの部分からなります。そこで土地への需要曲線を2つに分けますと，図1.18のようにえがかれます。均衡地代 R_E において，土地の一部は留保需要としてもともとの土地所有者が自ら「賃借」し，残りは正真正銘の賃貸用土地として貸し出されます。

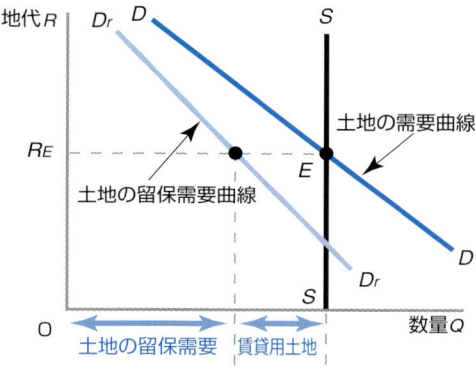

図1.18　土地の留保需要
土地所有者による土地への需要を土地への留保需要といいます。

コーヒーブレイク 1.6　経済学と数学

「ミクロ経済学を勉強する上でどの程度数学がいるのか」とよく学生さんから質問を受けます。初等的なコースではまったく必要ありません。すべてグラフのみでミクロ経済学は説明できます。少なくともそのように教師は講義をすべきです。中等的なコースでは「ラグランジュの未定乗数法」の知識が要求されます。上級のミクロ経済学は大学院レベルですので，学部のレベルでは中級までで十分です。

なお，中級ミクロの微分を使った講義はグラフだけの初級ミクロの講義に比べて高級のような印象を与えるかもしれませんが，それは正しくありません。国際貿易論は作図の塊ですし，ジョーン・ロビンソンの「私は数学を知らない。だから考えなくてはならなかった」というせりふは有名です。ノーベル経済学賞を受賞したベッカーは徹底的に高等数学を軽蔑していて，作図以外はラグランジュの未定乗数法しか使いませんが，それだけで人も驚くような見事な結論を導き出すのです。つまり，微分で問題が解けるからといって作図は苦手ですというのでは，経済学者としては失格なのです。微分を使った講義とグラフを使った講義はどちらが基礎ということはなくて，同じトピックを別の手法で扱った別々の講義であると思った方がいいでしょう。

最低賃金法

ここで政府が賃金率について規制を設けたとしましょう。たとえば，「賃金率はこの金額以上でなければならない」という最低賃金法をつくったとしましょう。また，図 1.19 の A 点のように，この金額が均衡賃金率 W_E 以上であるとしましょう。企業はこの A 点以下の賃金率で労働者を雇用すると法律で罰せられます。このために，企業は均衡賃金率 W_E で労働者を雇用することはできません。結局，法律上許されている賃金率の中でもっとも均衡賃金率に近い賃金率 A で，労働者を雇用することになります。

賃金率 A のときに企業が雇用する労働は，線分 AB にすぎません。これに対し，賃金率 A のとき，労働者による労働サービスの供給量は，線分 AC になります。この結果，これらの差の BC だけの超過供給が生じてしまいます。賃金率は規制のためにこれ以下に下がれないので，この超過供給は永遠に解消されません。ところで，労働の超過供給とは，失業に他なりません。こうして，最低賃金法は賃金率を均衡賃金率以上に高める一方で，失業をつくりだすことがわかります。

価格支持政策

このような規制は全体として維持すべきでしょうか，撤廃すべきでしょうか。このような疑問が直ちに生じるのは当然のことです。しかしながら，序章で説明しましたように，本章は実証経済学を取り扱います。つまり，事実判断（「……であるかいなか」）のみをおこない，価値判断（「……であるべきかいなか」）はおこないません。ですから，本章では，最低賃金法があると「どうなるか」という議論をおこないますが，最低賃金法を維持「すべき」か，撤廃「すべき」かという議論は論じません。それは第 6 章で取り扱われる厚生経済学が取り扱う話題になります。

最低賃金法は労働市場の価格を対象とした規制です。これの他にも，世界には住宅・土地・食料品・ガソリンなどの市場で価格に対する規制が多く存在します。これらの規制は，市場価格に対して上限ないしは下限を設けて，価格を一定の範囲に制限しようとしますので，価格支持政策と呼ばれます。

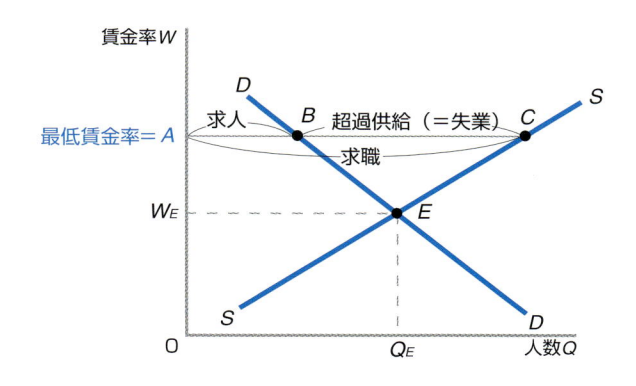

図 1.19　労働市場

最低賃金率が規制されていると，超過供給があっても，賃金率が下がりません。このため，失業が生じます。

> **コーヒーブレイク 1.7　大学院での数学**
>
> 　経済学の場合，大学院に進学するとどれほど数学がいるのか，という疑問をお持ちの方もいらっしゃるかもしれません。大学院の院生は研究者としてセミプロですから，格段に数学の水準が高くなります。大学院レベルのミクロ経済学では，数学を多用します。ラグランジュの未定乗数法のみで理解できる論文はむしろ少数派でしょう。数理経済学の領域では関数解析や不動点定理という非常に高度な数学を使います。
>
> 　大学院レベルのマクロ経済学では，昔はあまり数学は要求されなかったのですが，最近では少なくとも「ハミルトニアン関数」（最適制御理論）だけは使いこなせないと，論文一つ読めない時代になりました。さらに，大学院に進学すると，たとえ理論専攻希望者に対してもプロの教養として計量経済学の講義が待ちかまえています。計量経済学は回帰分析が中心になりますので，中級程度の統計学がわかりませんと理解できません。経済学の大学院進学を考えるのならば，学部のうちから数理統計学と微積分だけはやっておいた方がいいでしょう。

均衡分析（その3）：自由財

　自由財というものの均衡分析をおこないましょう。自由財とは，空気などのように無料で入手できる財をいいます。例として，カブト虫を考えましょう。数十年前には，東京のような都会でも，カブト虫は裏の空き地でいくらでも捕れました。つまり，カブト虫は無料で入手できました。ところが，現在では，都会ではカブト虫を無料で入手することはたいへん難しくなっています。生きたカブト虫を入手するためには，百貨店で高価な価格を支払わなくてはなりません。なぜこのような変化が起きたのかを，均衡分析で説明してみましょう。

昔のカブト虫の市場

　昔の東京のカブト虫の市場を考えましょう。図 1.20 の DD 曲線のように，昔もやはりカブト虫への需要は存在したことでしょう。いつの時代でも，カブト虫好きの子供たちはいるし，彼らはある金額を払ってもカブト虫を入手したがると考えられるからです。昔は東京にも自然が残っていたので無数にカブト虫は生育していました。この東京に自生するカブト虫の数量を図 1.20 の OA であらわしましょう。カブト虫に価格がつくと，この OA の数量以外に，東京外で捕獲されたカブト虫が供給されます。これは供給曲線 SS の AB より右の部分としてあらわれます。この両者の合計が東京でのカブト虫の供給になります。昔は OA がきわめて大きかったと考えられます。このため，供給曲線 SS はたいへん右方に位置していました。

　供給曲線 SS が右方に位置していますと，図 1.20 のように需要曲線 DD と供給曲線 SS の交点がなくなってしまうことになります。このような状態では何らかの価格がついても，超過供給が生じて価格は下落して，最終的には価格は 0 になってしまいます。価格は 0 以下にはなれませんので，0 のままに永遠にとどまります。つまり，カブト虫は無料で手に入り，昔のカブト虫は自由財であったことになります。このときには，あまりにカブト虫が多いので，一部のカブト虫は捕獲されずに余っています。

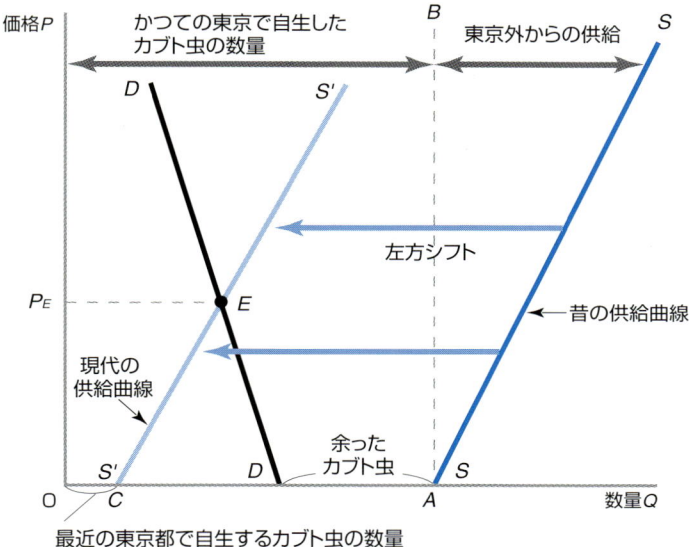

図 1.20 東京のカブト虫の市場

価格が無料になるような財を自由財といいます。カブト虫はかつては自由財であったと考えられます。

> **例題 1.6**
>
> 昔，オレンジは日本への輸入が禁止されていましたが，その後輸入が解禁されました。これは日本のミカンの価格にどのような影響を与えたと考えられるでしょうか。ミカンの市場のグラフをえがいて論じなさい。
>
> [解答]
> 　消費者から見れば，ミカンとオレンジはかなり財としての性質の近い財（代替財）であると考えられます。このために，オレンジ輸入が解禁されると，消費者は既存のミカンへの需要の一部をオレンジを購入することによって満たすようになると考えられます。つまり，オレンジの輸入にともない，日本のミカンへの需要は減少し，その結果ミカンの市場の需要曲線は左にシフトすると考えられます。その一方で，ミカンの供給曲線にはオレンジの輸入自由化は影響を与えないでしょうから，日本のミカンの均衡価格は下落すると考えられます。

1.3　均衡分析の初歩

現代のカブト虫の市場

現代のカブト虫の市場を考えましょう．現代でもカブト虫への需要は存在します．いつの時代でも，カブト虫好きの子供たちはいるからです．簡単化のために，現代の需要曲線は昔の需要曲線 DD と同じままであるとしましょう．これに対して，現代にもカブト虫の供給曲線 $S'S'$ が存在します．ただし，昔と異なる点は，東京の市街地の開発が進み自然が減ったために，東京で自生するカブト虫の数量が非常に減少したことです．現代の東京で自生するカブト虫の数量を図 1.20 の OC としましょう．この結果，現代の東京での供給曲線 $S'S'$ は昔の供給曲線 SS より左方に位置します．

以上の結果，現代では，図 1.20 のように需要曲線と供給曲線の交点 E が生じ，正の均衡価格 P_E が成立します．つまり，昔と違ってカブト虫には何らかの値段がつくことになり，もはや，カブト虫は自由財ではなくなったと考えられます．これが，百貨店でカブト虫が売買されている現代の状況と考えられます．

均衡分析（その 4）：黄金製の浴槽

現代社会では，黄金製の浴槽といったあまりに高価な贅沢品を見かけることはほとんどありません．この事実は以下のように均衡分析によって説明されます．

黄金製の浴槽の市場を考えます．黄金製の浴槽でも需要曲線は存在することでしょう．しかし，黄金製であるからといって，その浴槽が浴槽として特別に便利であるとは考えられません．ですから，価格が安いときには需要が存在しますが，価格が高いと需要は 0 になってしまうことでしょう．この需要曲線 DDD を図 1.22 にえがきます．

つぎに，黄金製の浴槽の供給曲線をえがきます．黄金製ですので，これをつくるにはふんだんに黄金を使用しなくてはなりません．たぶん，たいへん費用がかかることでしょう．このため，どの供給者も十分価格が高くなければ供給しません．逆にいえば，価格が低ければ，供給量は 0 になります．これを図 1.22 にえがくと，SSS 曲線のようになります．

> **例題 1.7**
>
> 医師や弁護士などの職業に就くためには,国家試験に合格して専門資格を取得する必要があります。もし,これらの国家試験の合格基準がゆるくなり,以前より合格者数が増加した場合,医師や弁護士の報酬はどのように変化すると考えられますか。均衡分析をおこないなさい。
>
> [解答]
> 　医療サービスの市場を考えましょう。医療サービスとは,診察・治療などの医師が供給するサービスです。医療サービスの価格を医療報酬と呼びましょう。医療報酬が高いほど医師は多くの時間を働くと考えられますので,図 1.21 のように医療サービスの供給曲線 SS は右上がりになります。患者による医療サービスへの需要曲線 DD は右下がりと考えられます。さて,医師の国家試験の合格基準が難しいときには,医師数が少ないので,医師の供給曲線 SS は比較的左側に位置しています。これに対して,合格基準がゆるくなると医師数が増えます。この結果,供給曲線は右にシフトし,$S'S'$ になります。以上の結果,医師数が増えると,均衡医療報酬は P_E から P_E' へ下がることが図 1.21 から読み取れます。弁護士報酬も同様です。

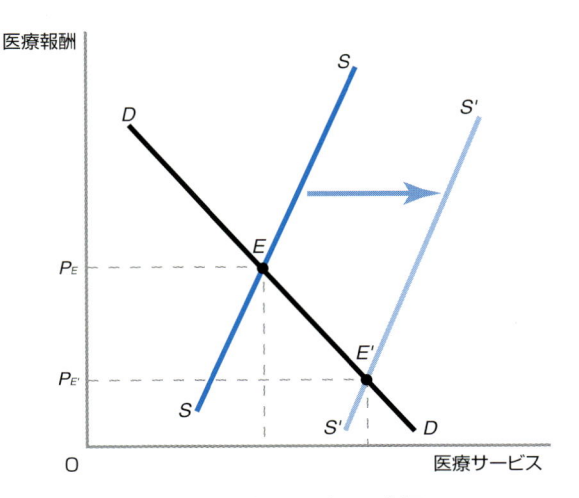

図 1.21　医療サービスの市場

医師試験の合格者が増えて医師数が増えると,供給曲線は右側にシフトするので医療報酬は低下するでしょう。

黄金製浴槽市場の均衡

図 1.22 によれば，需要曲線 DDD と供給曲線 SSS とが交わるのは縦軸上にかぎられます。では，価格はどこにきまるでしょうか？ 価格が P_A 以上ですと，超過供給が起きます。ですから，価格は下がります。価格が P_B 以下ですと，超過需要が起きます。ですから，価格は上がります。こうして，価格は P_A と P_B の間のどこかの水準に決まることがわかります（ただし，どの一点になるかまではわかりません）。この間でさえあればどの価格であっても，需要量も供給量も 0 になっています。つまり，黄金製の浴槽というものは，結局市場均衡では一つも売られないし，買われないことがわかるのです。このような事情のために，現代の社会では黄金製の浴槽など存在せず，私たちが見かけることがないのです。

レッスン 1.4　均衡分析の応用

財政学・国際貿易論

ミクロ経済学とマクロ経済学はさまざまな応用分野をもちます。ミクロやマクロの手法によって，公共部門の行動を分析すれば財政学になりますし，ミクロの手法で国際貿易を分析すれば貿易論になります（そもそもなぜ国際貿易を行う必要があるか，という問題に対してもミクロ経済学によって答えることができます。つまり，貿易を行う利益を説明することができます。これについては改めて第 7 章で詳述します）。

この他にも，金融論・労働経済学・国際金融論・農業経済学・都市経済学・経済発展論など，さまざまな応用分野があります。ここでは，物品税と貿易自由化を使って，ミクロ経済学がどのように財政学や貿易論で応用されるか，その例を示しましょう。

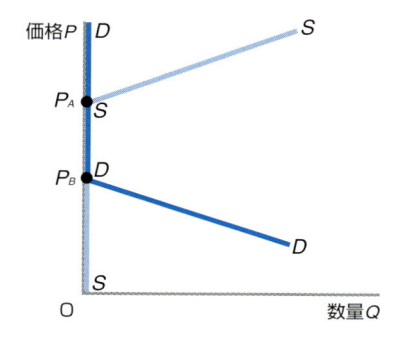

図1.22 黄金製浴槽の市場
超贅沢品は，均衡需要量も均衡供給量も0になります。

例題 1.8

以下の財・サービスの需要曲線・供給曲線の特徴を考えなさい。
①空気　② 1970 年製のロマネ・コンティ　③金

[解答]
① 空気は需要に比べてはるかに多く存在するので，空気の価格は0になります。つまり，空気は典型的な自由財です。
② 有名なワインのロマネ・コンティは，とくに 1970 年製のものが最高であるといわれます。ところが，1970 年に作られたロマネ・コンティはその年にしか作ることができませんので，現在では（すでに飲まれてしまった分を除いた）一定量しかありません。この意味で，1970 年製のロマネ・コンティの供給曲線は垂直です。この意味で土地に近い存在です。供給に比して需要が多いので高価な価格がつきます。
③ 金は貴重な希少金属なので，歴史的に採掘された金のほとんどが廃棄されることなく，現代にまで受け継がれ使われています。この既存の金の存在量に比較しますと，1年や2年で採掘される金の量はきわめて微々たるものにすぎません。ということは，短期的には金の供給量は既存の金の存在量のところで一定であるとみなせます。つまり，短期的には金の供給曲線は垂直になっているのです。これに対して右下がりの金の需要曲線があり，その交点で均衡価格が定まります。もし，この均衡価格が十分高ければ，金の採掘費用を上回ることでしょう。このときには，毎年金が活発に採掘されます。その結果，長期的には既存の金の存在量が増えることになります。この結果，垂直な金の供給曲線は右にシフトし，その結果金価格は下落します。これに反して，もし，均衡価格が低ければ当初から金は採掘されず，長期的にも既存の金の存在量は変化しません。ちなみに，金の需要者の相当部分は世界の中央銀行ですので，軍事的な危機が起きると需要は増加し，金価格は上昇するのが普通です。

均衡分析（その 5）：個別物品税

　個別物品税が財・サービスの市場にどのような影響を及ぼすか，検討してみましょう。個別物品税とは，ある特定種類の財・サービスの取引に対して課される税金をいいます。たとえば，日本では，酒・タバコ・揮発油などの財の取引に対して，それぞれ酒税・タバコ税・揮発油税の課税がなされています。これらは個別物品税です（なお，日本の消費税はすべての消費財に対して一様に課税されますので，個別物品税ではありません）。以下では伊勢エビに個別物品税を課された場合の影響を考えてみましょう。

　個別物品税が課税される財・サービスを取引しますと，その取引に応じて一定の金額を政府に納めなくてはなりません。このとき，法律の定めにより，需要者がこの納税の義務を負う場合と，供給者が納税の義務を負う場合とがあります。以下では供給者が納税義務者である場合を考えましょう。

　また，課税金額は，取引される財・サービスの「量」に比例する場合と，取引される財・サービスの「価格」に比例する場合とがあります。前者の形の物品税を従量税，後者を従価税といいます。

　以下では従量税が課された場合について考察します。従量税の場合，商品が 1 単位取引されるたびに，納税義務者は t 円を政府に納入する義務が生じます。この t 円を税率といいます。

供給曲線への影響

　最初に，従量税が課される前の需要曲線 DD・供給曲線 SS を図 1.23 にえがいておきます。

　さて，従量税が課税された場合を考えましょう。従量税があると，需要者が支払う価格と供給者が受け取る価格とが違ってきます。需要者が伊勢エビ 1 匹のために価格 P 円を支払っても，納税義務者である供給者はその中から t 円を税金として納めなくてはならず，$(P-t)$ 円しか受け取れないからです。

　たとえば，伊勢エビの価格が図 1.23 の P' 円である場合を考えましょう。供給者は伊勢エビ 1 匹を売ると，P' 円を受け取りますが，そのうちの t 円を税金としてとられてしまい，最終的な受取額は $(P'-t)$ 円にすぎません。ところが，

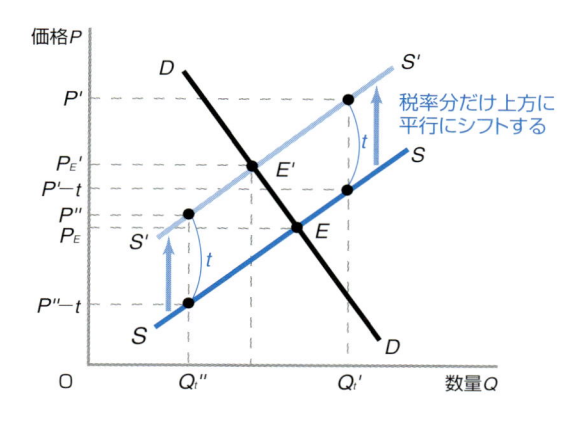

図 1.23 従 量 税
供給者に従量税が課税されると，供給曲線が税率 t 分だけ上方に平行にシフトします。

🔍 クローズアップ 1.5　　花婿の市場①

　最先端の均衡分析の例を見てみましょう。ベッカーはノーベル経済学賞を 1992 年に受賞した，シカゴ学派のリーダーの一人です。ミクロ経済学が専門です。ベッカーの特徴は，均衡分析の対象をいわゆる伝統的な財・サービスから，より広範な対象に広げたことです。

　たとえば，彼が創始した家族の経済学では，結婚行動を分析するためにいわば「花婿」の市場というものを考えます。この市場では独身女性は，花婿という「財」を 1 単位需要すると考えるのです。また独身男性は，この財を 1 単位供給すると考えられます。独身男性と独身女性は結婚して家庭を形成しますと，さまざまな（金銭的・家事・育児的）負担と（金銭的・愛情的）便益とが 2 人の家庭に生まれます。このうち，男性が担当する負担が小さく受けとる便益が大きいほど，男性は結婚から生じる利益を大きく受けます。逆に，このときには，女性が結婚生活から受けとる利益は小さくなります。そこで，男性が受け取る結婚からの利益の大きさをを，この「花婿」の価格と考えます。

（55 頁へ続く）

伊勢エビ1匹あたり $(P'-t)$ 円しか受け取れないときの供給量は，図の供給曲線 SS 上の $(P'-t)$ 円に対応する Q_t' で示されています。つまり，従量税がある場合，価格が P' であっても供給量は Q_t' にすぎなくなるのです。これは他の価格においても同様です。たとえば，P'' の場合には供給者が受け取る価格は $(P''-t)$ 円なので，供給量は図の Q_t'' で与えられます。以上を解釈しなおしますと，従量税のある場合，供給曲線は $S'S'$ 曲線のようになると解釈することができます。$S'S'$ 曲線と SS 曲線とを比べると，新しい供給曲線は古い供給曲線に比べて，ちょうど税率 t 円分だけ上方にシフトしていることがわかります。

これは有名な命題ですので，**キーポイント1.3** にまとめておきましょう。以上に対して，需要者は納税義務者ではないので，従量税がない場合と需要曲線はかわりません。

需要者・供給者への影響

図1.24 から課税前の均衡価格は P_E で，課税後の均衡価格は P_E' であることがわかります。つまり，価格は課税により上昇します。伊勢エビを購入できる価格が上がったので，需要者はこの課税により1匹あたり AB だけの不利益をこうむったことがわかります。

課税後の均衡価格 P_E' から税率 t を差し引くと，税払い後の供給者が受け取る価格 $(P_E'-t)$ になります。課税前には均衡価格 P_E が供給者が1匹あたり受け取る価格でありました。これにより，供給者の受け取る価格は課税の結果1匹あたり BC だけ下がったことが図1.24 からわかります。供給者も課税により不利益をこうむりました。

課税の転嫁

需要者が課税によって不利になった1匹あたりの金額を，需要者の負担と呼びましょう。需要者の負担は線分 $AB(=P_E'-P_E)$ です。供給者が課税によって不利になった1匹あたりの金額を，供給者の負担と呼びましょう。供給者の負担は線分 $BC(=P_E-P_E'+t)$ です。両者の負担をたし合わせてみると，$(P_E'-P_E)+(P_E-P_E'+t)=t$ なので，ちょうど税率 t に等しくなります。つま

🔍 クローズアップ 1.6　花婿の市場②

　結婚時に男性と女性は，この結婚後のそれぞれの利益の取り分について話し合いで決めた上で，結婚するとしましょう。このとき男性の利益の取り分が大きいほど（女性の取り分が小さいほど），花婿の供給は増えるでしょう。これは花婿の価格が高いほど，花婿の供給が増えることを意味しますので，供給曲線は右上がりになっていることになります。逆に，男性の利益の取り分が小さいほど（女性の取り分が大きいほど），花婿の需要は増えるでしょう。つまり，需要曲線は右下がりになっています。こうして花婿市場の均衡価格として，結婚後の家庭内における男性と女性の利益の分配が決まります。

　このような花婿市場の分析の一つの結論は，独身男性の数と独身女性の数との比率が決定的に，結婚後の男性と女性の家庭内の地位に影響を与えることです。男性数に対して女性数が多いほど，独身女性間で花婿に対する競争が生じ，花婿の価格が上昇するからです。

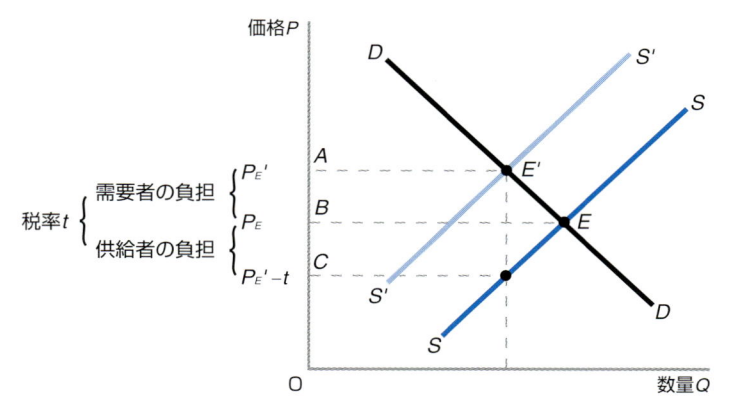

図 1.24　課税の転嫁

課税の結果，納税義務者である供給者が線分 BC だけ税の一部を負担するのみならず，需要者も線分 AB だけ負担します。この負担 AB を課税の転嫁といいます。

◆ キーポイント 1.3　従量税その 1

　従量税が供給者へ課されると，供給曲線は税率分だけ上方へ平行にシフトします。

り，伊勢エビ1匹に対して課された従量税 t は，需要者と供給者によってちょうど分割して負担されたことになります。

納税義務者は，伊勢エビの供給者でした。ところが，従量税の負担の一部は，供給者からその取引相手である需要者にまわされたことがわかります。このように，本来の納税義務者から税負担の一部が取引相手に移されることを，**課税の転嫁**といいます。

土地課税への応用

個別物品税を土地へ課税することを考えましょう。土地所有者を納税義務者として，「土地 $1m^2$ あたり t 円を毎年政府へ納税せよ」という形で課税されたとします。これは地代へどのような影響を与えるでしょうか。地代の分析で述べたように，土地の賃貸市場では土地所有者が供給者でした。ゆえに，**キーポイント1.3**より，供給曲線が上方に税率分だけシフトします。ところが，図1.25のように，土地の場合供給曲線は垂直です。このために，供給曲線 SS が上方にシフトしても，新しい供給曲線 $S'S'$ は相変わらず同じ位置にあることになります。土地需要者の需要曲線 DD は変わりません。こうして，均衡地代 R_E は課税前も課税後も変わりません。

課税前も課税後も，土地需要者は R_E だけの地代を土地供給者へ支払います。課税前は土地供給者は R_E 円をすべて受け取ることができましたが，課税後は税納付後の (R_E-t) 円だけを受け取ります。つまり，土地供給者は課税のために，土地 $1m^2$ あたり t 円だけの損失をこうむりました。こうして，土地の場合，課税の負担は全額が土地供給者によって負担されるのです。

需要曲線・供給曲線の傾きと負担

土地と同じように，どの財の場合でも，供給曲線が垂直であるときには，課税の負担はすべて売り手にかかることが示せます。逆に，供給曲線が水平な場合には，課税の負担はすべて買い手にかかります。また，需要曲線が垂直なときは，課税の負担はすべて買い手にかかります。需要曲線が水平なときには，課税の負担はすべて売り手にかかることが示せます。自分で図をえがいて確認

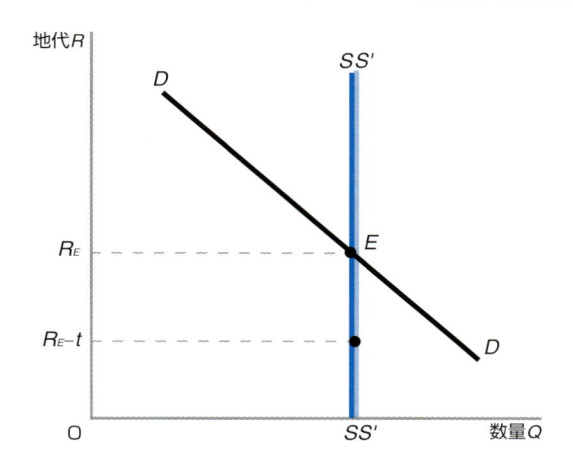

図 1.25　土地課税の効果
供給曲線が垂直だと，課税の負担はすべて供給者がこうむります。

🔍 クローズアップ 1.7　定期借地権・定期借家権

　現在の日本では，土地・家屋の賃貸借について定期借地権・定期借家権と呼ばれるタイプの契約が導入されています。このタイプの契約は従来の借地・借家法に基づく土地・家屋についての契約では，あまりに借り手（店子）側の権利が保護されているために，貸し手（大家）が土地・家屋を貸そうとせず，かえって借り手が不利益を受ける，という反省に基づいて導入されたものです。これを均衡分析に基づいて分析してみましょう。

　従来の借地借家法に基づく権利関係にしたがって生じる賃貸用土地への需要曲線と供給曲線は図 1.18（43 頁）で与えられるとしましょう。このときに，土地の地代は均衡地代 R_E において決まります。さて，定期借地権のように，借り手の権利を弱め，貸し手の権利を強めた契約関係が採用されたとしましょう。すると，従来より貸し手は賃貸用土地の供給を増やすでしょう。これは土地の留保需要曲線の左方シフトとして捉えられます。さらに，一般の借り手は賃貸用土地への需要を減らすと考えられるので，図 1.18 において土地需要曲線は大きく左にシフトすると考えられます。この結果，新しい均衡地代 R_E' は，前より大きく下がります。つまり，土地の借り手は権利が弱くなった代わりに，前より安い地代を払えばすむのです。

してみてください。このように，課税の負担が買い手と売り手のどちらによってどれだけ負担されるかは，需要曲線と供給曲線との傾きの相対的な大きさによって決定されることが示せるのです。例題 1.9 で示されますように，これらの結論は売り手と買い手のどちらが納税義務者であるかとは無関係に成立します。

均衡分析（その 6）：貿易

外国との財の取引を禁止したり，自由化したりするとどのような影響が出るかを分析してみましょう。

外国と取引して財を輸出入する場合，輸送費用がかかりますが，話を簡単にするために，本書の議論では輸送費用は 0 であるとしましょう。また，日本と外国とでは通貨の単位が違いますが，話を簡単にするために，外国為替レートと呼ばれる交換比率を使って，日本でも外国でも財価格は同じ通貨の単位（円）で表示されているものとします。

輸入制限

日本の伊勢エビの市場を考えます。法的な規制によって外国との伊勢エビ取引が禁止されている場合を考えましょう。ここでいう「外国」には日本以外の国を，すべて含めることにします。日本の伊勢エビ市場を図 1.27 の左側にえがきます。外国との伊勢エビの取引が禁止されている場合，日本国内の均衡価格は P_H のように決まります。これに対して，外国の伊勢エビ市場を図 1.27 の右側にえがきます。外国の均衡価格は P_F のように決まります。

図 1.27 の場合，日本の伊勢エビの価格 P_H は外国の伊勢エビの価格 P_F より高くなっています。このとき，外国の供給者は伊勢エビを日本に輸出して売ればもうかりますが，日本は伊勢エビの外国との取引を禁止していますのでこれは不可能です。同様に，日本の需要者は，伊勢エビを外国から輸入できればより安い価格で買うことができますが，伊勢エビの外国との取引は禁止されているのでそれは不可能です。そこで，このままの状態が持続することになります。

例題 1.9　需要者が納税義務者である場合の従量税の効果

本文では供給者が納税義務者である場合を取り扱いました。需要者が納税義務者である場合には，課税の転嫁はどうなるでしょうか。需要曲線と供給曲線をえがいて答えなさい。

[解答]
　この場合には，ちょうどすべてが逆になります。従量税がない場合の需要曲線・供給曲線をえがくと，図 1.26 の DD 曲線・SS 曲線のようになります。均衡価格は P_E になります。従量税があるとしましょう。納税義務者は需要者です。ですから，価格が P' の場合，需要者が支払う最終的な金額はこの価格 P' に税率 t を加えたものです。ところが，支払う金額が $(P'+t)$ 円である場合の需要量は図の Q' で与えられています。つまり，従量税が存在すると，価格 P' に対して需要量は課税以前より減り，Q' になります。これを図の A 点としてうちます。他の価格でも同様にうちますと，従量税が存在する場合の需要曲線 $D'D'$ をもとめることができます。これは前の需要曲線 DD が税率 t だけ下方にシフトしたものです。
　供給者は納税義務者ではないので，供給曲線は課税前も課税後も変わりません。課税後の需要者と供給者の負担は下図の通りになります。本文の供給者に課税した場合と，この例題の需要者に課税した場合とを比較しましょう。すると，どちらの場合でも需要者と供給者の負担はまったく同じになっています。つまり，従量税を課す場合，需要者に課しても供給者に課しても結果はまったく同じなのです。

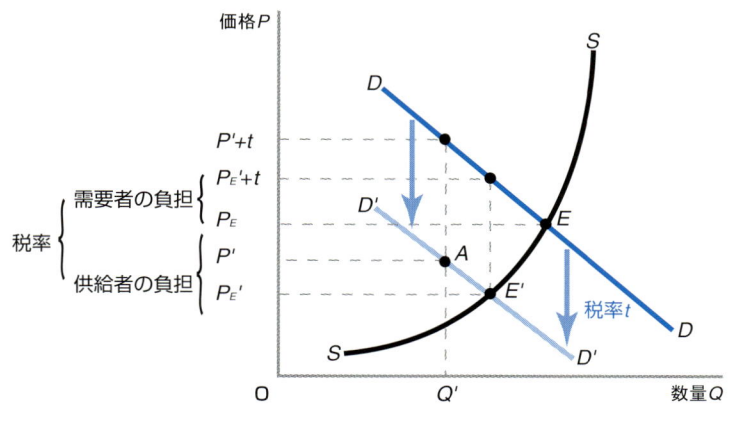

図 1.26　納税義務者は需要者

◆キーポイント 1.4　従量税その 2

従量税が需要者へ課されると，需要曲線は税率分だけ下方へ平行にシフトします。

貿易自由化

つぎに，法的規制が解除され，伊勢エビの貿易が自由化されたとしましょう。日本の需要者・供給者は自由に外国の需要者・供給者と取引できます。この結果，日本と外国の市場とが統合された1つの世界市場が誕生することになります。この市場では日本と外国の需要者が市場の需要者となります。また，日本と外国の供給者とが，市場の供給者になります。個別需要曲線を横にたし合わせたものが市場需要曲線になったように，日本の需要曲線 $D_H D_H$ と外国の需要曲線 $D_F D_F$ とを横にたし合わせたものが世界市場の需要曲線 $D_W D_W$ になります。日本の供給曲線 $S_H S_H$ と外国の供給曲線 $S_F S_F$ とを横にたし合わせたものが世界市場の供給曲線 $S_W S_W$ になります。

図 1.28 の右側の図のように，新しい世界市場で均衡点 E_W と均衡価格 P_W が決まります。P_W は必ず前の外国価格 P_F と国内価格 P_H との中間に位置します。なぜなら，自由化前の外国価格 P_F の水準では，外国の需要量と供給量は同じになっている一方で，日本の需要量は供給量より多くなっています。ですから，この価格では世界市場の需要量は世界市場の供給量より大きくなります。このために，価格が P_F の水準だと，世界市場では超過需要が出てしまい，価格が上昇します。これと反対に，自由化前の国内価格 P_H の水準では，世界市場では超過供給が出てしまい，価格が低下します。ですから，世界市場が均衡するとしたら，この2つの価格 P_F と P_H との間の価格にかぎられるのです。

輸出量・輸入量

貿易自由化後の世界価格 P_W では，外国ではちょうど図 1.28 の線分 AB だけの伊勢エビの超過供給が生じます。外国はこの余った分 AB を日本へ輸出します。日本国内では，世界価格 P_W では，ちょうど線分 GJ だけの超過需要が生じます。日本では不足分 GJ を外国から輸入します。日本の超過需要 GJ と外国の超過供給 AB の大きさが一致していますので，P_W の価格で世界市場は均衡します。以上をまとめますと，自由化前に日本の国内価格が外国価格より高かったとしますと，自由化後には国内価格（＝世界価格）は自由化前のそれに比べて下落します。そして，日本は伊勢エビを GJ だけ輸入します。

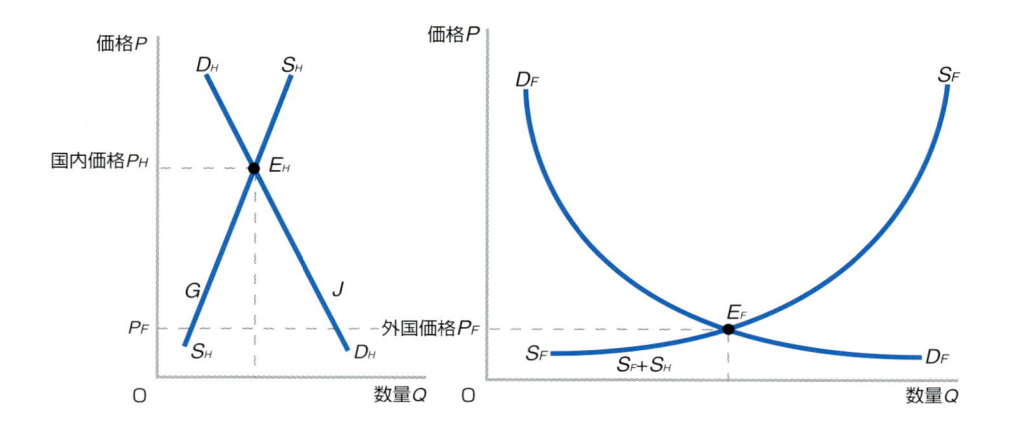

図1.27　日本市場と外国市場
財の取引が禁止されていると，国内価格 P_H と外国価格 P_F は異なります。

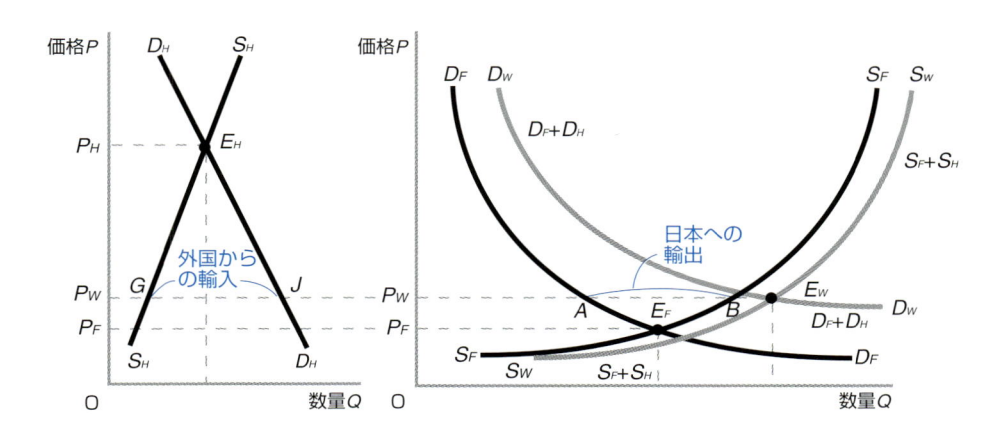

図1.28　世界市場の均衡
貿易が自由化されると統一された世界市場が生じます。世界市場の均衡価格 P_W では，日本は外国から伊勢エビを輸入します。そのとき日本への輸出 AB は外国からの輸入 GJ に等しくなります。

1.4　均衡分析の応用

小国の仮定

以上の議論では，世界には日本と外国といういわば2ヶ国がある世界を分析しました。以上のような分析を **2国モデル** といいます。ところが，多くの財・サービスにおいては，外国の市場の大きさに比して日本の市場の大きさは非常に小さいとみなせることがあります。このような場合は，2国モデルの結論をより簡単にできます。

図1.29の世界市場において，外国の市場の大きさに比して，日本の市場の大きさをどんどん小さくしましょう。つまり，世界市場において，外国の需要曲線 $D_F D_F$・供給曲線 $S_F S_F$ を一定にしたまま，日本の需要曲線と供給曲線とを，$D_H' > D_H'' > D_H'''$，…と $S_H' > S_H'' > S_H'''$，…とのように，どこまでも左に向かって小さくしていきます。すると，世界市場の均衡点が，E'，E''，E'''，…のように，どんどん自由化前の外国の均衡点 E に近づいていくことが，図1.29から読み取れます。こうして，十分日本の市場が小さい場合には，世界市場の均衡価格は自由化前の外国の均衡価格とほぼ一致すると考えても正しいことになります。このように，日本が外国に比して十分小さいという仮定を **小国の仮定** といいます。小国の仮定が成立する場合には，貿易自由化後の日本の国内価格（＝世界価格）は自由化前の外国価格と一致します。これを **キーポイント1.5** とします。

レッスン 1.5 価格弾力性

需要の価格弾力性

伊勢エビの需要曲線 DD が図1.30のように与えられているとします。A 点が示すように，価格が P_A であるとするとき需要量は Q_A で与えられます。この A 点において，「価格が1％変化したときに需要が何％変化するか」を示す数値を，A 点での **需要の価格弾力性** といいます（**キーポイント1.6**）。これはいわば価格が P_A から少し変化したときに，どれほど需要量が急激に変化するか

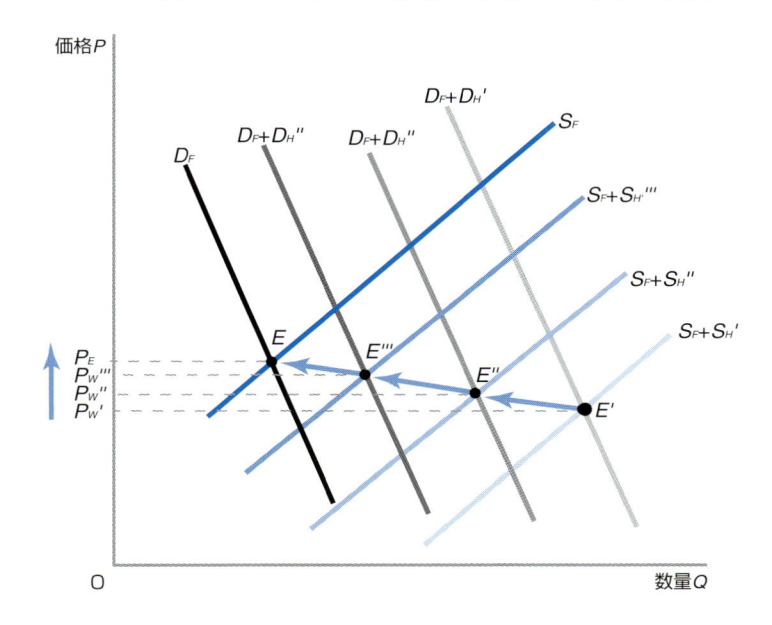

図 1.29 小国の仮定
外国に比して日本の大きさをどこまでも小さくしていきますと,世界価格 P_E', P_E'', P_E''', ……は次第に貿易自由化前の外国価格 P_E に近づきます。

> ◆ **キーポイント 1.5　小国の仮定**
>
> 　小国の場合,貿易自由化後の国内価格は自由化前の外国価格に一致します。

🔍 クローズアップ 1.8　米の輸入自由化

　米は外国から日本国内への輸入が制限されています。このために,日本国内価格と外国価格とが異なる典型的な財です。たとえば,東京とニューヨークの米の小売価格を比べると,ニューヨークの価格は東京の価格の半分以下にすぎません。

　日本の米の消費量は世界全体の消費量の 2〜3% の間を上下しています。つまり,米市場については日本はだいたい小国であるといっていいでしょう。とすると,**キーポイント 1.5** によって,米の輸入自由化をおこなうと,日本の米の小売価格は現在の半分以下になると予想できます。

1.5　価格弾力性

を示す数字です。弾力性は ε（ギリシャ文字でエプシロンと読みます）で表されるのが慣例です。

価格弾力性の計算

伊勢エビの市場で，図 1.30 のように，A 点と B 点とが与えられているとしましょう。この両点の数値から，A 点の価格弾力性を計算してみましょう。

価格が 5000 円（P_A）から 5100 円（P_B）まで上がったとします。つまり価格の変化分は 100 円です。これは当初の価格 5000 円に比べて，2％にあたります。つまり，価格の変化率は 2％です。

このような価格の変化に対応して，需要量は 3000 匹（Q_A）から 2880 匹（Q_B）まで減少します。このときの需要量の変化分は −120 匹です。これは，当初の需要量 3000 匹に比べて，−4％にあたります。つまり，需要の変化率は −4％です。

弾力性は価格の「1％あたり」の変化に対する需要量の変化率です。これをもとめるためには，需要量の変化率 −4％を価格の変化率 2％で割ればよいのです。こうして，−2 を得ます。この絶対値をとって，弾力性は 2 であるとなります。こうして，A 点の需要の価格弾力性が計算できました。

以上の計算の経過を数式にまとめると，**キーポイント 1.6** の定義式を得ます。定義式では，わかりやすく書くために，$(P_B - P_A)$ を「ΔP」であらわしました（Δ はギリシャ文字でデルタと読みます。Δ は差をあらわす記号としてよく使われます）。また，$(Q_B - Q_A)$ を「ΔQ」であらわしました。なお，需要曲線は右下がりなので，$\Delta P > 0$ ならば，$\Delta Q < 0$ ですし，$\Delta P < 0$ ならば $\Delta Q > 0$ になります。

変 化 率

なぜ弾力性を定義するのに％と％の比率を使うのでしょうか。実は，％を使うと価格や需要量の「単位」が変わっても弾力性の数値が変わらないからなのです。たとえば，伊勢エビの単位は「匹」です。牛肉の単位は「kg」です。ですから，伊勢エビの需要の「変化分」と牛肉需要の「変化分」とを比較すると

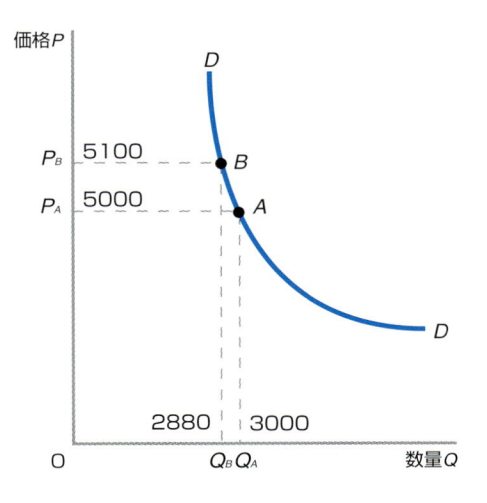

図1.30 需要の価格弾力性

「価格が1%増加したとき需要が何%減少するか」を示す数値を需要の価格弾力性と言います。

> **☕ コーヒーブレイク 1.8　ギリシャ文字**
>
> 経済学では、D が需要をあらわすなど、いくつかの文字の意味が慣用で決まっています。その際に、アルファベットが不足するとギリシャ文字を使用します。経済学でよく使われるギリシャ文字をあげておきましょう。
>
> ε　エプシロン（弾力性をあらわす、アルファベットの e に対応）
> Δ　デルタ（増分をあらわす、アルファベットの D に対応）
> λ　ラムダ（ラグランジュの未定乗数として使う、アルファベットの ℓ に対応）

◆**キーポイント1.6　需要の価格弾力性**

$$A\text{点の需要価格弾力性 } \varepsilon = -\frac{\dfrac{Q_B - Q_A}{Q_A}}{\dfrac{P_B - P_A}{P_A}} = -\frac{\left(\dfrac{\Delta Q}{Q_A}\right)}{\left(\dfrac{\Delta P}{P_A}\right)} = -\frac{P_A}{Q_A}\frac{\Delta Q}{\Delta P}$$

1.5　価格弾力性

いうことはできません。ところが、弾力性は需要量の変化率（％）を示しますので、伊勢エビ需要の価格弾力性と牛肉需要の価格弾力性とが比較可能になります。このように、％で定義するのは、単位に依存しないので便利なのです。

なお、価格弾力性自身には単位がないことを注意しておきましょう。弾力性の定義式の分母の単位は（円／円）ですから、単位がありません。分子の単位も（匹／匹）ですから、単位はありません。弾力性は、これらの比ですから単位がないのです。

作図による価格弾力性の求め方（その1）

価格弾力性は需要曲線から作図によって求めることができます。図 1.31 のように需要曲線が直線であると仮定しましょう。この需要曲線上の A 点の価格弾力性の定義式を書き直しますと、

$$A \text{点の需要の価格弾力性 } \varepsilon = -\frac{P_A}{Q_A}\frac{\Delta Q}{\Delta P} = -\frac{P_A}{\frac{\Delta P}{\Delta Q}Q_A}$$

$|\Delta P/\Delta Q|$ の部分は、図 1.31 の A 点の需要曲線の傾きになっています。それに Q_A を乗じると、線分 $A'B$ の長さに等しくなります。さて、P_A は線分 BO の長さに一致します。ですから、価格弾力性は図の $BO/A'B$ に等しくなります。ところが三角形 $A'BA$ と三角形 ACA'' とは相似ですから、$BO/A'B$ は $AA''/A'A$ に等しくなります。こうして、需要曲線が直線である場合の価格弾力性は $AA''/A'A$ であることがわかりました。これを**キーポイント**1.7 として書いておきましょう。

さまざまな弾力性の値

この方法を使いますと、図 1.32 の直線の需要曲線上の各点でも弾力性がそれぞれ違うことがわかります。たとえば、B 点の弾力性は 3 であることがわかりますし、C 点の弾力性は 1、F 点の弾力性は 1/3 であることが読み取れます。さらにいえば、A 点の弾力性は ∞（無限大）ですし、G 点の弾力性は 0 です。

ある点の弾力性が 1 より大きいときには、需要は弾力的であるといいます。

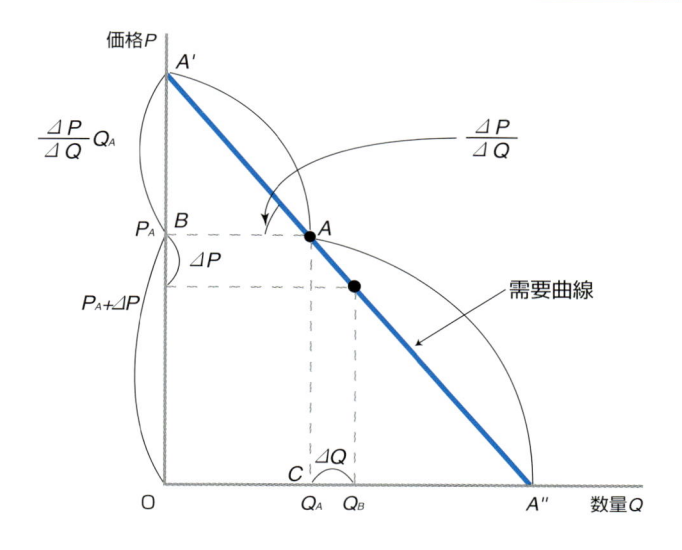

図 1.31 弾力性の求め方（その 1）
需要曲線が直線の場合には，A 点の価格弾力性は AA''/AA' に等しくなります。

> ◆**キーポイント 1.7** 需要曲線が直線のときの価格弾力性
>
> 図 1.31 の $\dfrac{AA''}{AA'}$ によって，A 点の弾力性が決まります。

🔍 クローズアップ 1.9 — 死亡率の喫煙率弾力性・税収の所得弾力性

弾力性の考え方は価格と需要との間にかぎらず，何にでも適用できます。「医療の経済学」の専門家によると，タバコの喫煙率と死亡率との間にはきれいな統計的関係があります。そこで「死亡率の喫煙率弾力性」をデータから計算してみると，0.15 だそうです。つまり，タバコの喫煙率が 1% 増えると，死亡率は 0.15% 上がるのだそうです。

財政学での，有名な例は，税収の国民所得弾力性です。日本の場合，所得税の所得弾力性は比較的大きく，法人税の弾力性はさまざまな値をとりがちであり，従量税の弾力性は 1 未満であり，従価税は 1 に近いことが知られています。

弾力性が 1 より小さいときには，需要は非弾力的であるといいます。弾力性が 1 のときには，需要は単位弾力的であるといいます。図 1.32 から，需要曲線が直線の場合には，中点 C のところで，単位弾力的になることがわかります。中点 C より上の部分（B 点の部分）では弾力的，下の部分（F 点の部分）では非弾力的になります。

作図による価格弾力性の求め方（その 2）

需要曲線が直線でない場合には，以下のような方法で弾力性をもとめます。図 1.33 の需要曲線 DD の A 点で，接線 $A'AA''$ を引きます。接線 $A'AA''$ は直線ですから，この接線に対して，上と同じ方法で弾力性をもとめれば，A 点の弾力性は AA''/AA' に等しいことがわかります。B 点の弾力性は $B''B'/BB'$ で与えられます。需要曲線が直線である場合には，価格が低いほど弾力性は小さくなりましたが，曲線の場合は必ずしもそうはいえないことが，A 点と B 点とからわかります。実際，需要曲線が放物線 $P=a/Q$ の形をしているとしましょう（ただし，a は正の定数です）。このときには，曲線上のどの点でも弾力性は 1 であることが示せます。

必需品・贅沢品

図 1.34 の DD 曲線のように，需要曲線が完全に上下に垂直であるような極端な例を考えてみましょう。弾力性を計算すると，需要曲線上の A 点の弾力性は AB/∞ ですので，0 です。他の価格でも同様に，弾力性は 0 であることがわかります。このために，このような需要曲線は完全に非弾力的であるといわれます。

垂直である需要曲線の性質を考えると，これは価格がどのような水準でも一定量を買うことを示します。つまり，生活していくのに不可欠な必需品についての需要曲線です。たとえば，塩や米などの食料品の需要です。この例から，一般に必需品への需要曲線は非弾力的であることがわかります。

これに対して，図 1.34 の $D'D'$ 曲線のように，需要曲線が完全に水平であるような極端な例を考えてみましょう。弾力性を計算すると，需要曲線上の A'

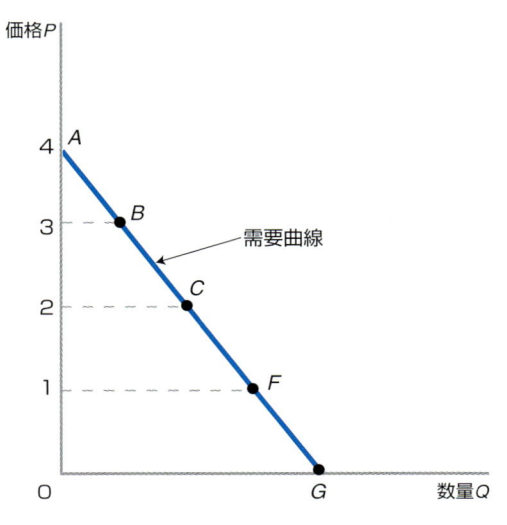

図 1.32　弾力的・非弾力的

同じ需要曲線上でも需要の価格弾力性は点によって違います。A点とB点は弾力的，C点は単位弾力的，F点とG点は非弾力的です。

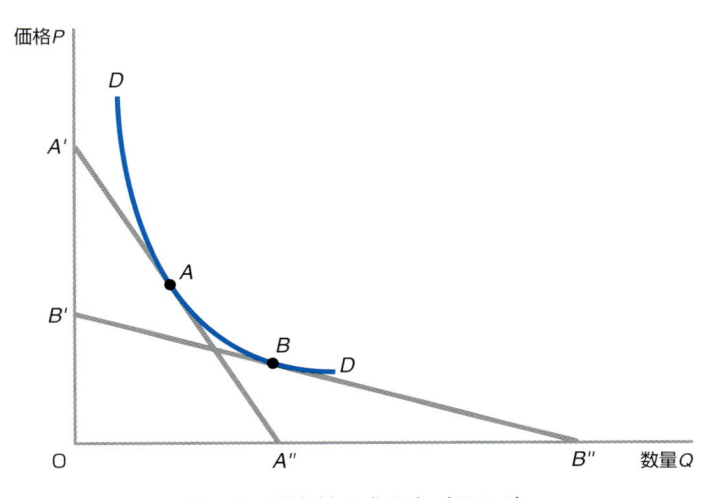

図 1.33　弾力性の求め方（その 2）

需要曲線が直線でない場合には，A点を通る需要曲線の接線をひきます。この接線について直線の需要曲線と同じ方法でA点の価格弾力性をもとめます。

1.5　価格弾力性　69

点の弾力性は $\infty/A'B'$ ですので，無限大です．他の数量でも同様に，弾力性は無限大であることがわかります．このような需要曲線は完全に弾力的であるといわれます．

水平な需要曲線の性質を考えると，価格が少しでも高ければまったく買わず，少し安くなるといくらでも買うことを示します．つまり，生活していくのに必要でない，贅沢品の需要曲線です．例をあげれば，黄金製の浴槽などがこれにあたります．

支　出　額

需要者がある財・サービスに支払う支出額は，価格×需要量に等しくなります．たとえば，図 1.35 の A 点のように価格が 5000 円，需要量が 3000 匹なら，伊勢エビの支出額は 1500 万円です．ところが，図 1.35 では $P_A \times Q_A$ は，四角形 $P_A A Q_A O$ の面積をあらわします．つまり，図 1.35 の A 点での需要者の支出額 150 万円は図の斜線部の面積であらわされることがわかります．

弾力性と支出額

需要曲線では，価格が下がると対応する需要量は増えますが，支出額（＝価格×需要量）自体が増えるかどうかは自明ではありません．

図 1.35 のように，A 点から価格が ΔP だけ下がったとしましょう（つまり，$\Delta P<0$ とします）．すると，色部分の面積が新しい支出額をあらわします．もし色部分が斜線部と比べて面積が大きくなっていると，支出額が増えたことになります．小さくなっていれば，支出額は減ったことになります．

支出額が増えるかどうか判定しましょう．以下のように色部分の面積から，斜線部の面積をさし引く式をつくり，変形します．この変形の途中で，$\Delta P \Delta Q$ の値は他の値に比べてたいへん小さいので，近似的に 0 とします．また，ε は A 点での需要の価格弾力性をあらわします．

　　色部分の面積 − 斜線部の面積
　　$= (P_A + \Delta P)(Q_A + \Delta Q) - P_A Q_A = P_A \Delta Q + Q_A \Delta P + \Delta P \Delta Q$

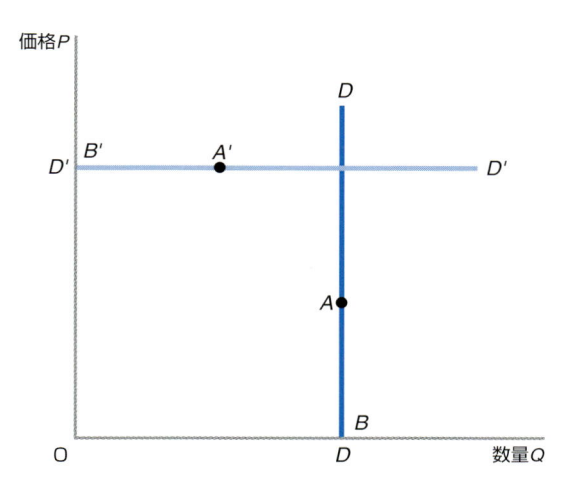

図 1.34 完全に非弾力的・完全に弾力的
必需品の需要の価格弾力性は小さくなります。贅沢品の価格弾力性は大きくなります。

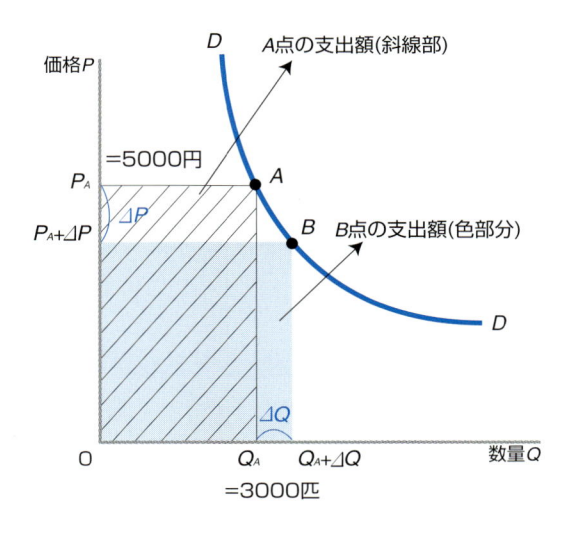

図 1.35 支 出 額
支出額は価格×需要量の四角形で表現されます。価格が下がったとき、支出額が増えるかは、2つの四角形の面積を比較すればわかります。

1.5 価格弾力性

$$= Q_A \Delta P[-\{-\frac{P_A \Delta Q}{Q_A \Delta P}\}+1] = Q_A \Delta P\{1-\varepsilon\}$$

　もし弾力性 ε が 1 に等しければ，最後の式は 0 になります。これは最初の式が 0 であることを意味します。つまり，「斜線部の面積」と「色部分の面積」とは同じだということです。こうして，弾力性が 1 に等しければ，価格が下がっても需要者の支出額は変わらないことがわかります。まったく同じように考えると，$\Delta P < 0$ ですので，弾力性 ε が 1 より大きければ，A 点から B 点へ価格が下がると需要者の支出額は増えることがわかります。また，弾力性 ε が 1 より小さければ，価格が下がると支出額は減ることがわかります。このように，弾力性の数値は需要者の支払い額の変化についての情報を与えてくれるのです。以上を**キーポイント 1.8** としておきましょう。

供給の価格弾力性

　需要の価格弾力性と同様に，供給曲線についても価格弾力性を定義することができます。「価格の 1% の変化に対して，供給量は何%変化するか」を示す数値を供給の価格弾力性といいます。供給曲線が直線の場合，図 1.36 の A 点の供給の弾力性は BC/OB であることが示せます。

レッスン 1.6　蜘蛛の巣定理

蜘蛛の巣定理

　以下では，蜘蛛の巣定理について説明しましょう。農業や牧畜業では，財の生産に長い時間を要します。たとえば，麦は種蒔きから刈入れまで 1 年かかりますし，成牛は子牛から育てるには数年を要します。このような供給量の決定のタイミングと実際の供給量の出現までとの間の時間のずれを「タイムラグ（時間の遅れ）」と呼びます。タイムラグがありますと，財価格は時間とともに上下動を繰り返す可能性が出てきます。

◆ キーポイント 1.8　支出額と弾力性

　需要の価格弾力性が1より大きいときに，価格低下にともなって支出額が増えます。1より小さいと減ります。

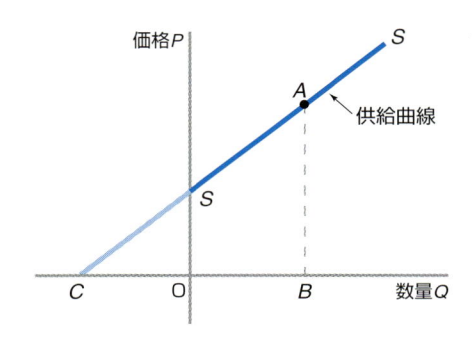

図 1.36　供給の価格弾力性
供給の価格弾力性は，BC/OB で与えられます。

例題 1.10　価格弾力性の値の計算

　以下の表のような情報が，需要曲線について与えられています。この表から，価格が50円のときの需要の価格弾力性を計算しなさい。つぎに，価格が60円のときの弾力性を計算しなさい。

| 価　格 | 50円 | 60円 |
| 需要量 | 100個 | 90個 |

[解答]
　価格が50円のとき，この表は価格が50円から60円まで10円分上がった場合を示します。10円はもとの価格50円の20%にあたります。需要量は100個から90個まで10個減っています。−10個はもとの数量100個の−10%にあたります。−10%を20%で割って絶対値をとると，0.5を得ますので，これが価格弾力性の値になります。
　さてこの価格変化の効果を価格が60円である立場から考えましょう。この立場から計算すると，この表は価格が60円から50円に10円下がったことを示します。−10円はもとの価格60円の−17%にあたります。需要量は90個から100個まで10個分上がっています。10個はもとの数量90個の11%にあたります。11%を−17%で割って絶対値をとり，0.65を得ますので，これが弾力性の値になります。
　このように，どちらの価格から出発するかで2つの弾力性の数値は違います。実は，価格が50円から51円に1円だけ上がった場合のように価格変化が小さいときは，このような差はほとんどなくなります。そこで，経済学者はあまり神経質にならずに50円から60円に価格が変わった場合でも60円から50円に価格が変わった場合でも，どちらの値も50円あるいは60円のときの弾力性とみなし，多少の値の違いは誤差として受け入れています。

1.6　蜘蛛の巣定理

たとえば，トマトの市場を考えましょう。需要曲線と供給曲線とが直線だとします。図1.37に，2000年のトマトの市場価格を縦軸にとります。それがP_{2000}であるとしましょう。それに対応して供給曲線SSから供給量Q_{2001}が決まります。供給のタイムラグのせいで，このQ_{2001}は2000年に直ちに市場に供給されるわけではなく，2000年にまず種蒔きされ1年後の2001年になって収穫がとれて，市場に供給されます。

そこで同じ図1.37上に2001年の市場の状態をえがいてみましょう。同じ図ですが，今度は縦軸のPは2001年の市場価格を示します。2001年の市場では，2001年のトマト価格にかかわらずトマトの供給量はQ_{2001}です。すでに1年前に供給量が決まっているので，変更できないからです。ですから，$Q_{2001}Q_{2001}$曲線のように，2001年の市場の供給量はQ_{2001}のところで垂直になります。

これに対し，2001年の市場の需要量は2001年の価格で決まります。つまり需要曲線は通常のようにDD曲線で示されます。この結果，需要曲線DDと供給量$Q_{2001}Q_{2001}$の交点Bにおいて，2001年の価格P_{2001}が決まります。この価格が2001年に決まります。2001年の供給者はこれに対して供給曲線SSにしたがって2002年供給量Q_{2002}を決めます。このトマトが2002年の市場に出回ります。以上の時間的因果関係を追うと，図のA点，B点，C点と動いていることに注意してください。

価格の上下動

上のような過程が続くと，価格はどのように変わっていくでしょうか。1年おきの価格を図1.38にえがいてみましょう。2000年の価格がP_{2000}であったと仮定します。これから2001年の供給量Q_{2001}が決まります。この2001年の供給量Q_{2001}と需要曲線から2001年の価格P_{2001}が決まります。すると，この価格に対応して，2002年の供給量Q_{2002}が決まります。これと需要曲線から2002年の価格P_{2002}が決まります。この価格に対応して，2003年の供給量Q_{2003}が決まります。これと需要曲線から2003年の価格P_{2003}が決まります。

この過程をずっと繰り返していきますと，価格はP_{2000}，P_{2001}，P_{2002}，P_{2003}，……と上下動を繰り返しながら動いていくことがわかります。この際の各点A，

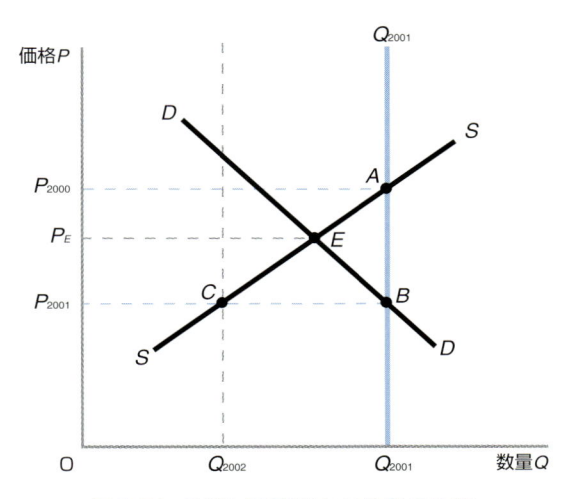

図 1.37　供給に時間がかかる財の市場

2001 年の供給量は 2002 年の価格で決まります。2001 年の需要量は 2001 年の価格で決まります。2001 年の均衡価格は B 点のように決まります。

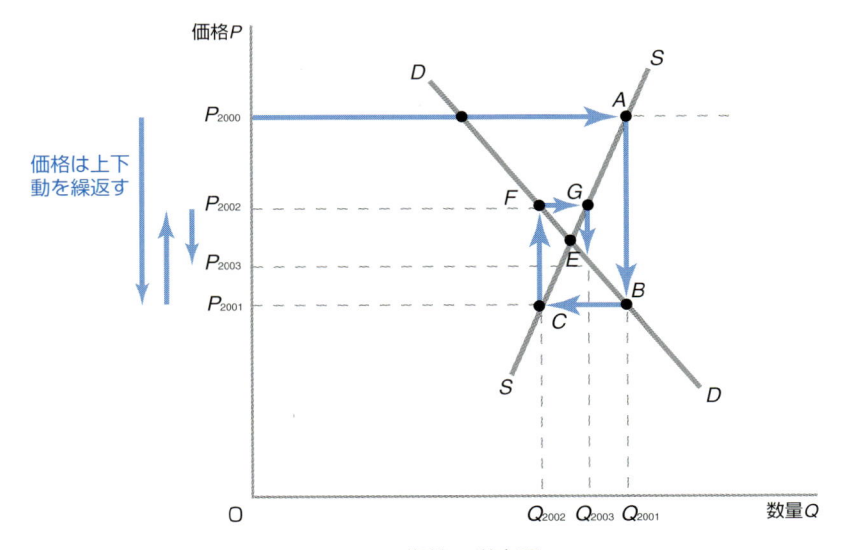

図 1.38　蜘蛛の巣定理

供給にタイムラグがあるとき，価格は時間と共に上下動を繰り返します。

1.6　蜘蛛の巣定理

B, C, F, G の動き方をみると，まるで蜘蛛の巣のように均衡点 E のまわりをぐるぐると動いていきます。そこで，このように時間と共に価格と取引量が上下動する現象を，**蜘蛛の巣定理**と呼びます。

ここまでのレッスンの均衡分析では，価格は均衡価格に定まって時間と共に変わるということはありませんでした。つまり，「時間」というものは分析に本質的な影響を与えていませんでしたのでこのような分析を**静学**といいます。

これに対して，蜘蛛の巣定理では時間と共に，価格が上下動を繰り返します。つまり，時間があるということが価格の分析に本質的に重要になっています。そこで，このような分析を**動学**といいます。動学は蜘蛛の巣定理以外にも数多くありますが，本書ではこれ以上触れることはありません。

安定・不安定

図 1.38 においては時間と共に，価格 P_{2000}, P_{2001}, P_{2002}, …は均衡価格 P_E に近づいていきます。このようなとき，均衡価格 P_E は安定であるといいます。しかし，図 1.39 のような関係に需要曲線と供給曲線があると，価格 P_{2000}, P_{2001}, P_{2002}……の動きは均衡価格 P_E から遠ざかっていきます。このようなとき，均衡価格 P_E は不安定であるといわれます。

図 1.38 と図 1.39 を見比べましょう。均衡が安定となるか否かは，均衡点 E で需要曲線の傾きが供給曲線の傾きより大きいか否か，によって決まることがわかります。ところが，弾力性の定義式から，需要曲線の傾き（の絶対値）に E 点での Q/P を乗じると，E 点の需要の弾力性になります。供給曲線の傾きに E 点での Q/P を乗じると，E 点の供給の弾力性になります。

以上から，需要曲線と供給曲線とが直線のとき，均衡点 E で需要の弾力性が供給の弾力性より大きければ，均衡は安定となり，小さければ不安定となる，ことがわかります。これを**キーポイント 1.9** としておきましょう。

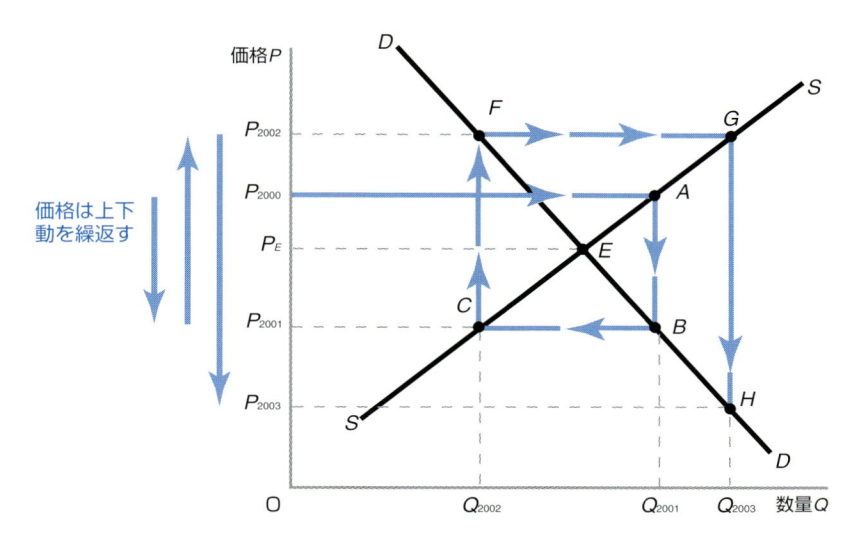

図 1.39　不安定な均衡点
時間と共に，価格は均衡点 E から遠ざかっていきます。

> ◆ **キーポイント 1.9　弾力性と蜘蛛の巣定理**
>
> 需要曲線と供給曲線は直線とします。均衡点 E で需要の弾力性が，供給の弾力性より大きければ均衡は安定となります。小さければ不安定となります。

クローズアップ 1.10　静学的期待形成・合理的期待形成

蜘蛛の巣定理は，批判されることもあります。蜘蛛の巣定理によれば，供給者は現在の価格に基づいて 1 年後の供給量を決めますが，これは供給者が，現在の価格が 1 年後にも成立している，と予想していることを意味します。このような予想を，静学的期待形成といいます。しかしながら，蜘蛛の巣定理における静学的期待形成は常に誤るわけです。もし，供給者が合理的な人ならばこのような事態を繰り返して経験するうちに，より正しい期待形成方法に到達するのではないでしょうか。このような考え方からミュースが唱えたのが，合理的期待形成です。長くこの市場にとどまる供給者は次第に，需要曲線や供給曲線の形についての知識を得てしまうでしょう。すると，不確実性がなければ，供給者は均衡価格 P_E を正しく計算して，これに対応する供給量を供給することでしょう。ゆえに，合理的期待形成理論によれば，価格の上下動は生じなくなってしまうはずなのです。

1.6　蜘蛛の巣定理

クローズアップ1.11　キーワード一覧

第1章で出てくるキーワードに対応する英語の一覧表を以下にあげておきましょう。

財・サービス	goods and services
市場	market
価格	price（記号：P）
需要	demand（記号：D）
供給	supply（記号：S）
均衡	equilibrium（記号：E）
完全競争	perfect competition
不完全競争	imperfect competition
部分均衡分析	partial equilibrium analysis
一般均衡分析	general equilibrium analysis
地代	rent（記号：R）
賃金率	wage rate（記号：W）
最低賃金法	minimum wage law
失業	unemployment
価格支持政策	price support program
自由財	free goods
従量税	specific tax
従価税	ad valorem tax
課税の転嫁	shifting of tax
輸入・輸出	import・export（記号：$M・E$）
自国・外国	home country・foreign country（記号：$H・F$）
小国	small country
自由貿易	free trade
弾力性	elasticity（記号：ε）
蜘蛛の巣定理	cobweb theorem

コーヒーブレイク1.9　公務員試験対策「市場の理論」編

　市場の理論で初級公務員試験に出やすい部分を，関心のある方のためにあげておきましょう。公務員試験では，「財とはなにか」とか「均衡価格の定義を述べよ」などという単純な問題はまず出ません。問題として簡単すぎるからです。そういうわけで，本章の最初の2つのレッスンにあたる部分についての質問はまず出ないでしょう。

　出題されやすいのは後半の部分で，とくに「弾力性」関連の問題はたいへん出題頻度が高いのです。「個別物品税」や「貿易」についての問題も出題されやすいですが，ミクロそのものというより財政学の問題として出題されるかもしれません。他には，「均衡価格の計算」・「蜘蛛の巣定理」・「ワルラス的安定とマーシャル的安定」など出題されやすいトピックがあります。これらの計算方法や定理を上手に覚えておくことが大事でしょう。

第 2 章

家計の理論

レッスン
2.1 無差別曲線
2.2 最適消費点
2.3 個別需要曲線
2.4 家計の理論の応用

本章では，家計の最適な財・サービスの選択について説明します。このために，無差別曲線と予算制約式を解説し，所得効果と価格変化の効果について説明し，個別需要曲線を導出します。本章は市場の理論における需要曲線を基礎づける章です。

レッスン 2.1　無差別曲線

家　計

財・サービスとは私たちの欲求をみたすものをいいます。たとえば，衣服や食べ物や住宅などです。私たちはこれらの財・サービスを消費することによって，心理的な満足感を得ます。この心理的満足感を，経済学では効用と呼びます。家計とは，効用を最大にしようとする経済組織をいいます。具体的には，経済学上の家計とは，現実世界の家族に対応していると考えてよいでしょう。本章では家計の行動の分析をおこないます。

なお，第3章で説明しますように，利潤を最大にしようと努力する経済組織単位を企業と呼びます。ミクロ経済学では，経済行動上の最小の組織単位として，この家計と企業という2つのタイプを想定して，経済分析をおこないます。

2財の仮定

財・サービスは，非常に多種類あります。たとえば，食品・衣服・住宅などはすべて財・サービスの一種ですし，それらをさらに細かく分類すれば財・サービスの種類はかぎりなく増えます。しかしながら，多種類の財・サービスを一度に分析するのは，複雑になります。そこで本章では，財・サービスは2種類しか存在しない，と想定して分析を進めます。2種類の場合ですと，すべてグラフのみによって分析できますが，3種類以上ですと，分析に際して数式が必要になるからです。財・サービスが2種類しかないとは，大胆すぎる簡単化であり，現実の模型としては不適当ではないか，という疑問が生じるかもしれません。しかし，実際には，財・サービスの数が2種類でも3種類でも1万種類で

コーヒーブレイク 2.1　米国の新卒経済学者の就職市場

　米国の新卒経済学者の就職市場の現状をご存じでしょうか。つまり，博士号取得を目前にした大学院生を，各大学が講師・准教授として採用する市場です。これに参加した日本人は一様にびっくりするのですが，実際に「完全競争市場」が開かれるのです。

　Job Openings for Economists（JOE）という経済学者向けの就職雑誌があります。各大学は経済学者の募集広告をこれに載せます。院生の側はこれを見て，自分の専門分野の教員を募集している大学に自分の論文と履歴書を送ります（普通は100近い大学へ送ります）。すると，彼に興味をもった大学が面接をすると電話連絡してきます。この面接は年に一度開かれる米国経済学会のときに，学会と並行しておこなわれます。学会が開かれる都市のホテルの部屋を各大学が借りています。そこへ，指定された時間に出向いて自分の論文を説明し，先方の大学の先生から質疑応答を受けます。それが終わると次の面接予約のホテルへ，ここでも質疑応答。そして，また次へ。3日間，毎日これを繰り返しますので，院生の方は極度の精神的疲労でへとへとになります。採用する大学側も1人の候補者の面接が終わると，次の同じポストへの候補者の面接，そして次と，まさに完全競争を地でいくような採用面接の連続なのです。千人近い院生と何百という大学の面接担当者がこうして3日間，この都市のホテルというホテルの迷路のような回廊を走り回ります。

　院生たちは面接試験が終わると，自宅へ帰って電話が鳴るのを待ちます。電話が鳴ると，「費用を出すから，うちの大学へ論文発表に来い」という通知です。先方の大学へ行って，自分の論文を先方の教授会全員の前で発表して，夕食をごちそうになります。院生が去ったあとで，教授会では採用不採用の投票がおこなわれます。院生は，自宅に帰って再び電話が鳴るのをじっと待つわけです。鳴れば，「採用決定。年俸いくらで勤めないか」という通知です。鳴らなければ，就職できません。まさに身も細る思いの「完全競争市場での供給者行動」が展開されるのです。

も，結果として成立する結論はほとんど等しいことが証明できます。ですので，この2財の仮定は分析が簡単になる一方で，十分一般的なものなのです。そこで以下では，世の中には，財・サービスは伊勢エビと牛肉の2種類しかないものと想定して，分析をおこないます。

選好の分析

シンジ君という家計を考えましょう。このシンジ君の伊勢エビと牛肉に対する選好（好み）を以下のように計測してみることにしましょう。シンジ君に以下のような提案をおこないます。「伊勢エビ10匹と牛肉20kgをさしあげます。召しあがってください」シンジ君は喜んで伊勢エビと牛肉を食べ，ある大きさの満足感を味わうことでしょう。

図2.1は横軸に伊勢エビの数量をとり，縦軸に牛肉の数量をとったものです。この図の上に，シンジ君が今食べた伊勢エビと牛肉の数量の組合せをあらわしますと，A点になります。このA点を基準にして，A点と同じだけの満足をシンジ君にもたらす点を以下のようにしてみつけます。「前の提案を変更します。前の提案より伊勢エビを1匹多くし，11匹をさしあげることにします。そのとき，牛肉をいかほどにしたら，前の提案と同じだけの満足感を感じますか？」この質問に対し，シンジ君は「うーん，牛肉の方が4kg減らされて16kgになると，ちょうど前の提案と同じくらい満足かな」といったとしましょう。このシンジ君の答えである「伊勢エビ11匹，牛肉16kg」の数量の組合せを図2.1にあらわしますと，B点になります。B点はA点と同じだけの満足感をシンジ君に与えていますので，シンジ君のA点とB点の効用は等しいことになります。

無差別曲線

さらに次の点をみつけましょう。今度は，伊勢エビをさらに1匹増やして12匹にします。つまり，「伊勢エビは12匹に増やしますが，牛肉の量は減らさせていただきます。どこまで減らしたら前と同じに満足感がなりますか？」とシンジ君に質問するのです。シンジ君の答えは，伊勢エビ12匹に対しては牛肉は14kgまで減らされても我慢できる，であったとしましょう。これを図2.1にあ

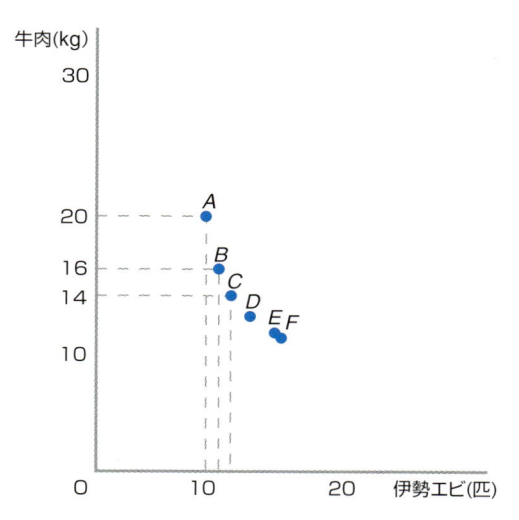

図 2.1　同じ満足感を与える点
A 点，B 点，C 点，……の各点はそれぞれ同じだけの満足感をシンジ君に与えます。

🔍クローズアップ2.1　方　程　式

　本書では数式はできるだけ使用しない約束ですが，最低限の文字式だけは使う必要が生じます。そこで簡単に文字式と方程式の復習をここでしておきましょう。文字式ではかけ算の記号×は省略されますし，わり算の記号÷は分数記号で代用します。ですから，P, x, I, y を変数としますと，
$$P \times x = Px, \quad I \div P = I/P$$
のように表現します。方程式というのは，等号の式があるとき，等号が保たれるように操作を施していって，目標の変数の値をみつけるものです。たとえば，
$$Px + P'y = I$$
という方程式から，y の値を求めてみましょう。それにはこの方程式の両辺の各項を P' で除します。
$$(P/P')x + y = I/P'$$
つぎに，両辺に $-(P/P')x$ を加えます。この操作を移項といいます。
$$(P/P')x - (P/P')x + y = I/P' - (P/P')x$$
この結果，方程式は，
$$y = I/P' - (P/P')x$$
となります。こうして y の値を他の文字によって表現できました。これを，方程式は y に関して解かれた，といいます。

らわしますと，C 点のようになります。C 点は A 点や B 点と同じ効用をシンジ君に与えていることになります。

以下このようにして伊勢エビが，13 匹の場合，14 匹の場合，15 匹の場合，というふうにして，シンジ君に同じだけの満足感を与えるのに必要なそれぞれの牛肉の数量を計り，それを図 2.1 にあらわします。これらが D 点，E 点，F 点，……のようになったとしましょう。A 点以下のこれらの点はすべて同じだけの効用をシンジ君に与えています。これを，「シンジ君にとってこれらの諸点は無差別である」といいます。

さて，以上では，伊勢エビの量を 1 匹ずつ変えて，これらの点を求めました。1 匹ではなく 0.5 匹，あるいは 0.5 匹ではなく 0.1 匹と，同じような方法で A 点と同じ効用をもたらす点をもとめていきますと，最終的にはどこまでも点が増えていって，ついには隣り合う点どうしはくっついてしまい，図 2.2 の UU のような 1 つの線になってしまうことでしょう。

UU 曲線上のどの 2 点をとっても，その 2 点はシンジ君に同じだけの満足感を与えます。つまり，シンジ君から見れば，UU 曲線上の点は，どれでもまったく同じである，つまり無差別であることになります。そこで，UU 曲線をシンジ君の無差別曲線と呼びます。

たくさんの無差別曲線

以上では，A 点の「伊勢エビ 10 匹と牛肉 20kg」から出発して，それと同じだけの満足感をもたらす伊勢エビと牛肉の組合せを求め，無差別曲線 UU を得ました。ならば，最初に図 2.4 の A 点ではなく，A' 点のような「伊勢エビ 10 匹と牛肉 30kg」の組合せから出発して，同じ手続きを繰り返すことにより，第 2 の無差別曲線を導出することができるはずです。このようにして導かれた無差別曲線が図 2.4 の $U'U'$ 曲線のような形をしているとしましょう。

さて，異なった無差別曲線である UU 曲線上の点と $U'U'$ 曲線上の点とでは，違った大きさの満足感をシンジ君に与えます。これは UU 曲線上の A 点と $U'U'$ 曲線上の A' 点とを比較してみるとわかります。伊勢エビについては A 点と A' 点とでは同じ，牛肉については A' 点は A 点より多いのです。ゆえに，シ

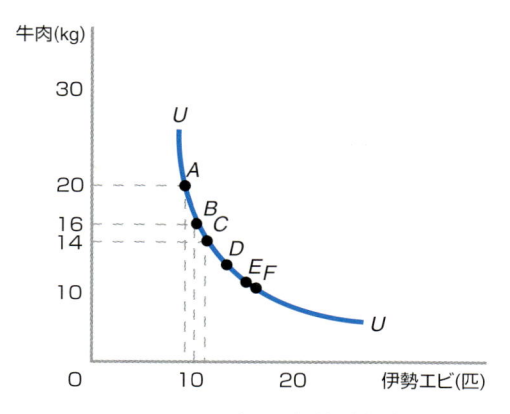

図 2.2　シンジ君の無差別曲線
シンジ君に同じ効用を与える点の集まりをシンジ君の無差別曲線と呼びます。

🔍 クローズアップ 2.2　完全代替財の無差別曲線

横軸と縦軸にまったく同質の財をとったら，無差別曲線はどのような形になるでしょうか。たとえば，シンジ君がビール自体は大好きですが，味覚が鈍くてビールのブランドはまったく区別できないとしましょう。シンジ君にとって，ビール消費の合計量が多いほど効用は高まりますが，どのブランドかは効用に影響を与えません。A 社のビールの消費量を x とし，B 社のビール消費量を y としましょう。シンジ君は $x+y$ が高いほど効用が高くなります。つまり，b をビールの総消費量とすると，$x+y=b$ をみたす x と y ならどの組合せでも同じだけの満足感をもたらすことになります。この結果，無差別曲線は，$y=b-x$ となり，これを横軸 x，縦軸 y の図にえがくと，図 2.3 のように傾き -1 の直線になります。このように，家計にとってまったく同じとみなされる 2 財を完全代替財といいますが，そのとき，無差別曲線は傾き 45 度の直線になります。

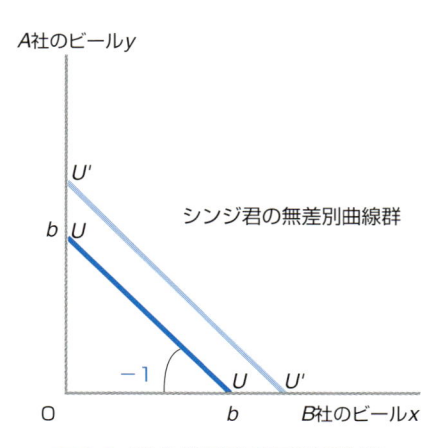

図 2.3　完全代替財の無差別曲線
まったく同じ性質をもつ財を両軸にとると，無差別曲線は傾き -1 の直線になります。

2.1　無差別曲線

ンジ君は A' 点の方が満足感が A 点より大きいはずです。ところが，UU 曲線上の各点の効用は A 点と等しいはずです。$U'U'$ 曲線上の各点の効用は，A' 点と等しいはずです。こうして，$U'U'$ 曲線の各点は UU 曲線の各点より高い効用をもたらすことがわかります。

このように，違った無差別曲線は違った効用をもたらします。A 点と A' 点の位置関係からわかるように，図 2.4 の右上にある無差別曲線上の方が左下の無差別曲線上より，高い効用をもたらします。さらに，最初の伊勢エビの組合せを A'' 点のように「伊勢エビ 10 匹と牛肉 40kg」と変えることによって，図 2.4 に第 3 の無差別曲線 $U''U''$ をひくことができます。このように，牛肉の量を変えることによって無差別曲線をいくらでもえがくことができます。無差別曲線は無限に存在するのです。これらはすべてシンジ君の無差別曲線ですので，これらを合わせてシンジ君の無差別曲線群と呼びます。

「芋粥の仮定」

無差別曲線はどのような形をしているでしょうか。これを考えるために，シンジ君にかぎらず，どの家計もその選好は以下のような特徴をもっていると仮定しましょう。第 1 に，伊勢エビにしろ，牛肉にしろ，財は少ないよりも多い方が高い満足感をもたらす。第 2 に，ある 1 つの財の消費量を増やしていくと，次第にその財に飽きる，という 2 つの仮定です。第 1 の仮定とは，好物をたくさん食べるほど人間は満足するということです。第 2 の仮定とは，どんな好物でも食べるほどだんだん満足感の増え方は鈍くなるということです。本書の中では，便宜的にこの 2 つの仮定を「芋粥の仮定」と呼んでおきます。その理由はクローズアップ 2.3 を読んでおいてください（なお，「芋粥の仮定」というのは本書でしか通じない呼び方ですから，注意してください）。

無差別曲線は右下がり

無差別曲線は右下がりになります。これは以下のようしてわかります。シンジ君が図 2.5 の A 点を消費しているとしましょう。ここで，B 点のように，A 点より右上にある点を考えましょう。B 点では伊勢エビも牛肉も，A 点より多

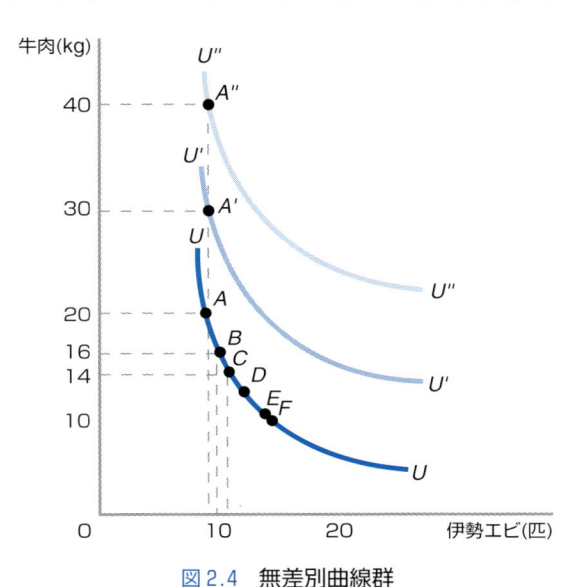

図 2.4　無差別曲線群
無差別曲線は無数にあります。右上の曲線ほど高い効用を与えます。

🔍 クローズアップ2.3　「芋粥の仮定」

　芥川龍之介に「芋粥」という有名な小説があります。昔，朝廷の祝賀の席では，芋粥が饗されました。朝廷警護の五位の武士は末席に連なるためこれを十分に食べられません。これを常々残念に思い，「いつか腹一杯食べたいものだ」と愚痴をこぼしましたところ，丹波の領主がこの侍を領地に招き，領地中の芋を集めて芋粥をつくり，彼のためにこれをどさっと食に饗しました。ところが，そうなると，おびただしい芋粥を見ただけでこの五位の侍は食傷してしまって，結局たった2杯しか食べられなかった，というお話です。

　これはまさに本文の2つの仮定そのものの話です。芋粥が増えると効用が増えます。しかし，多くなると飽きてしまって，次の1杯の芋粥は効用をあまり増加させません。この五位の侍のケースでは，2杯目のときに，すでに次の芋粥はまったく効用を増加させなくなってしまったのだと解釈されます。こうして，芥川の逆説は見事に経済学の想定する人間の欲望の本質をえがきだしていると考えられるのです。

くあります。先の第1の仮定によればシンジ君は財が少ないよりも多い方を好みますから，伊勢エビと牛肉との双方とも多い B 点の方を A 点より必ず好むはずです。ゆえに，A 点の右上にある B 点と，A 点とが無差別になることはないのです。こうして，A 点より右上である図2.5の斜線領域には，A 点と同じ効用をもつ点はありえないことがわかります。

まったく同じ論理で，A 点より左下の図2.5の点線領域に A 点と同じ効用をもたらす点がないことも示せます。こうして，A 点と同じ効用をもたらす点があるとしたら，それは A 点より右下か，左上の領域にしかないはずであることがわかります。ということは A 点を通る無差別曲線は，A 点で右下がりでなくてはなりません。同じように考えれば，無差別曲線上のどの点でも無差別曲線が右下がりであることがわかります。

無差別曲線は原点に対して凸

図2.6に右下がりの3つの曲線をえがきました。曲線 A のように，その曲線が原点に向かって出っ張った形をしていることを，曲線 A は「原点に対して凸(トツ)」であるといいます。曲線 B は原点から見るとへこんだ形をしていますので，「原点に対して凹(オウ)」であると呼ばれます。また，C 曲線は原点から見ると一部が出っ張り，一部がへこんでいるので，原点に対して凸でも凹でもありません。

無差別曲線は原点に対して凸な形をしていることを示せます。図2.7に，1つの無差別曲線上にある3つの点を示しました。シンジ君についての第2の仮定から，この3つの点は，図2.7のような原点に向かって出っ張った位置関係になると予想されます。なぜでしょうか。図2.7の A 点と B 点を比べてみましょう。B 点は A 点より伊勢エビが1匹多いです。このために，牛肉が 4kg 減らされています。次に，B 点と C 点を比べてみましょう。C 点は B 点より伊勢エビが1匹多いです。このために，牛肉が 2kg 減らされています。どちらのケースも伊勢エビは1匹増えていますが，牛肉の減る量は違います。

これは次のような理由のためです。A 点では伊勢エビは10匹ですが，B 点では11匹です。このために，A 点よりも B 点の方が，シンジ君は伊勢エビに対して「飽きて」いるはずです。逆にいえば，A 点では伊勢エビは稀少ですの

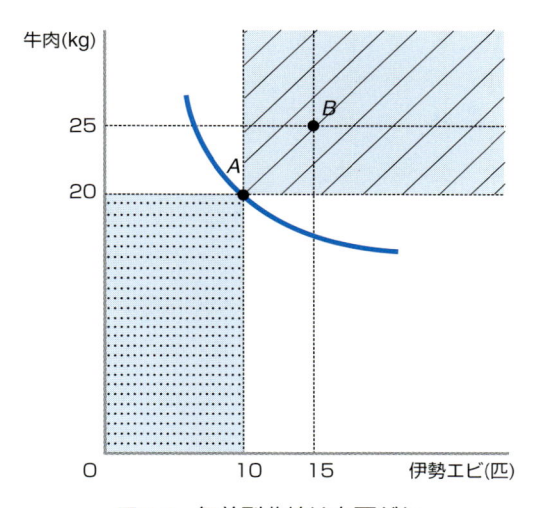

図 2.5　無差別曲線は右下がり
A 点と無差別な点は，A 点の右下と左上にしかありません。

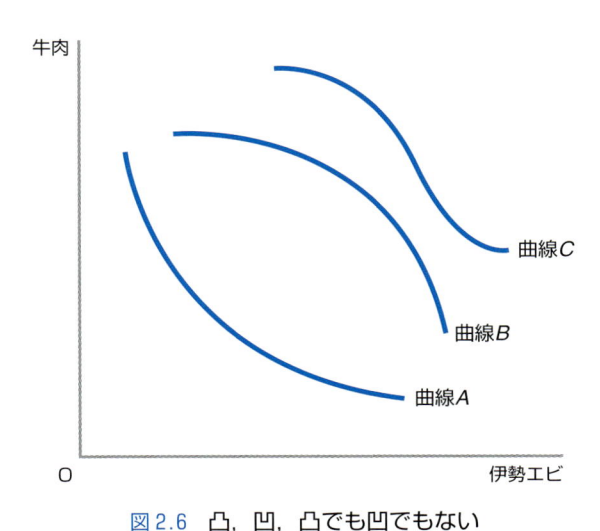

図 2.6　凸，凹，凸でも凹でもない
曲線 A は原点に対して凸，曲線 B は原点に対して凹，曲線 C は原点に対して凸でも凹でもありません。

2.1　無差別曲線

でそこから伊勢エビを1匹増やしてもらうのに，シンジ君は牛肉をたくさん（4kg）犠牲にする気になります。しかし，B点ではA点に比べ1匹余計に伊勢エビがあるので，シンジ君は伊勢エビに飽きています。このために，さらに1匹伊勢エビをもらえるといっても，あまり貴重ではなく，少し（2kg）しか牛肉を犠牲にする気にならないのです。

　このような3点を図2.7にうつと，B点はA点とC点を結ぶ線より原点に向かって出っ張っています。次に，A点とB点の間にもう1つ無差別曲線上の点Dをうつと，D点はやはりA点とB点を結ぶ線より原点に向かって出っ張ります。同じような位置関係になるはずです。そこでこれをどこまでも繰り返していくと，それらの点はだんだんくっついていって，図2.7のようななめらかな無差別曲線UUになると考えられます。こうして，無差別曲線は原点に対して凸であることがわかります。

無差別曲線は互いに交わらない

　2つの異なる無差別曲線が交わることはありません。これは図2.8のように，2つの無差別曲線UUと$U'U'$とが交わっていると矛盾が生じることからわかります。

　同じ垂直線上にあるA点とC点とを比べましょう。A点とC点とは伊勢エビの数量が同じであり，牛肉はA点の方が多いので，シンジ君はA点の方をC点より好むはずです。これを結論Xとしておきましょう。さて，A点とB点とは同じ無差別曲線UU上にありますので，A点の効用はB点の効用と等しいはずです。また，B点とC点とは同じ無差別曲線$U'U'$上にありますので，B点の効用はC点の効用と等しいはずです。この結果，A点の効用はC点の効用と等しいことになります。これを結論Yとしましょう。結論Xと結論Yとは矛盾します。2つの無差別曲線が交わっているかぎり，このような矛盾が生じるので，逆にいえば，シンジ君が矛盾する行動をしない合理的な人であれば，シンジ君の無差別曲線は互いに交わらないことがわかります。

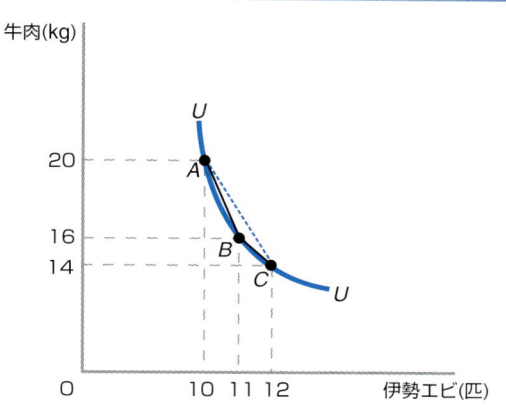

図2.7 無差別曲線は原点に対して凸

無差別曲線上の3点 A, B, C は原点に向かって出っ張る形になります。無数に点をうつと，UU のようななめらかな，原点に対して凸な曲線が生まれます。

◆**キーポイント2.1　限界代替率逓減の法則**

　無差別曲線の傾きを限界代替率といいます。無差別曲線が原点に対して凸なときは無差別曲線は図2.7の UU のような形をしています。このとき，無差別曲線上の点を右に移動すると，その点の無差別曲線の傾きが次第に小さくなっていきます。このことをさして，限界代替率逓減の法則と呼びます。

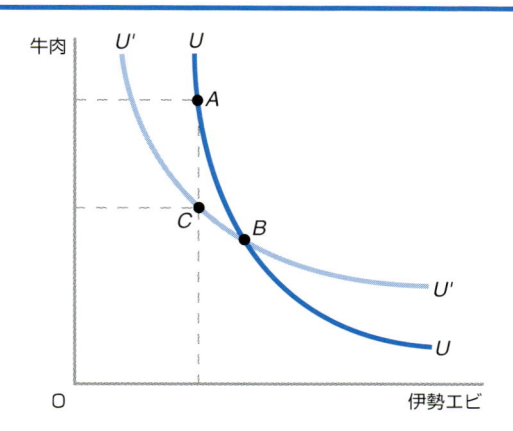

図2.8 無差別曲線は交わらない
2つの無差別曲線が交わると矛盾が起きます。

2.1　無差別曲線

無差別曲線

以上をまとめると，シンジ君の無差別曲線群では，（1）無差別曲線はたくさんあり，（2）右上の無差別曲線ほど効用が高く，（3）無差別曲線は右下がりであり，（4）無差別曲線は原点に対して凸であり，（5）無差別曲線どうしは互いに交わらない，ということになります。図 2.9 にこれらの特徴をみたす無差別曲線群をえがいておきましょう。

図 2.9 はシンジ君の無差別曲線群であり，他の人の無差別曲線群はその人のもつ好みにしたがって違った形をしています。しかし，その人の好みが前の「芋粥の仮定」はみたしているかぎり，その人の無差別曲線群の形もやはり上の（1）〜（5）の性質をもつことでしょう。ちなみに，図にはえがきませんでしたが，無差別曲線が縦軸や横軸と交わることは十分ありえます。

レッスン 2.2　最適消費点

家計の目標

家計は**効用最大化**を目的としています。もし，財の購入に際して何の制約もなければ，効用を最大にすることは簡単です。図 2.9 で伊勢エビと牛肉をどこまでも増やしていけば，消費の点はより右上の無差別曲線上の点へ移動し続けますから，効用は無限に高くなります。

現実には，私たちは伊勢エビや牛肉を無限に買うことはできません。個々の家計には予算の制約があって，その範囲でしか伊勢エビと牛肉を買えないのです。このときに，どう伊勢エビと牛肉を選んだら，効用は最大になるのでしょうか。

予算制約線

シンジ君がお金を 10000 円もっているとしましょう。これを**予算**（あるいは**所得**）と呼びます。伊勢エビの価格は 1 匹 2000 円であり，牛肉は 1kg4000 円で

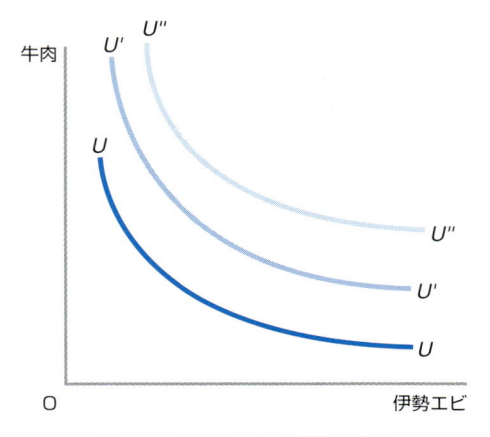

図 2.9　典型的な無差別曲線群

無差別曲線の特徴は，（1）無差別曲線は無数にあり，（2）右上の無差別曲線ほど効用が高く，（3）それぞれの無差別曲線は右下がりであり，（4）それぞれの無差別曲線は原点に対して凸であり，（5）無差別曲線どうしは交わらない，ことです。

🔍 クローズアップ2.4　完全補完財

縦軸の財と横軸の財が完全に補完的な関係にある場合には，無差別曲線はどうなるのでしょうか。完全に補完的であることは，たとえば，右足用の靴と左足用の靴のように，2財をあわせてはじめて役に立つような関係です。

完全補完的な関係にある場合の無差別曲線は，図 2.10 の UU や $U'U'$ のような形になります。なぜでしょうか。A 点と B 点とを比べてみましょう。A 点では右足用の靴も左足用の靴も 4 足ずつありますので，左右あわせて 4 組の靴があります。B 点では左足用の靴は 7 足ありますが，右足用の靴は 4 足しかないので，結局左右一組では 4 組しかありません。こうして，左足用の靴 3 足は結局無駄になり，A 点でも B 点でも，同じだけの効用がうまれます。ゆえに，A 点と B 点は同じ無差別曲線上になくてはなりません。こうして，A 点から B 方向に垂直な無差別曲線がひかれます。A 点から右足用の靴を増やしても同じなので，水平方向にも無差別曲線がひかれます。こうして，UU のような無差別曲線の形が生まれます。

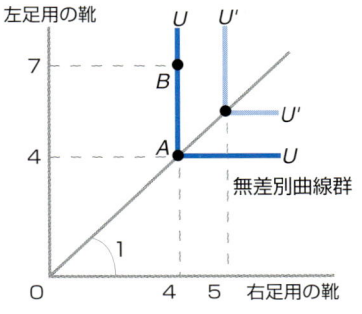

図 2.10　完全補完財の無差別曲線
2 つの財を組み合わせてはじめて役に立つ場合, 無差別曲線は UU のような形になります。

あるとしましょう。

シンジ君の予算で購入できる伊勢エビと牛肉の組合せを求めましょう。伊勢エビを5匹買うと，牛肉の購入量は0でなくてはいけません。つまり，予算10000円で，「伊勢エビ5匹，牛肉0kg」を購入することができます。これは図2.11の A 点になります。伊勢エビを3匹買った場合には，牛肉は1kg買えます。これを図2.11に示すと，B 点になります。伊勢エビを0匹買った場合には，牛肉は2.5kg買えます。これを図2.11に示すと，C 点になります。さらにこれら3つの点以外の購入可能な点をすべて図に示しますと，結局図2.11の直線 AC になります。この直線は，一定の予算（10000円）の制約下で購入できる2つの財の組合せを示しますので，予算制約線と呼ばれます。

予算制約式

数式を用いて，予算制約線を導いてみましょう。この家計が伊勢エビを x 匹，牛肉を y kgだけ消費するとしましょう。伊勢エビ価格は2000円ですから伊勢エビのために，$(2000 \times x)$ 円だけ使うことになり，牛肉には $(4000 \times y)$ 円だけ使うことになります。予算制約により，この2つの消費金額をたし合わせたものは，予算額10000円に等しくなくてはなりません。つまり，

$$2000x + 4000y = 10000$$

でなくてはなりません。

さて，もう少し一般的に，この式で伊勢エビ価格を P_x，牛肉価格を P_y，予算を I とおいてみましょう。すると，

$$P_x x + P_y y = I \quad \text{（予算制約式）}$$

という式になります。この式をシンジ君の予算制約式といいます。これを**キーポイント2.2**としておきます。

この式の両辺を P_y で割って $(P_x/P_y)x$ を移項すると，

$$y = -(P_x/P_y)x + (I/P_y)$$

という形になります。この式を横軸に x，縦軸に y をとるグラフにえがくと，これは切片 (I/P_y)，傾き $-(P_x/P_y)$ の直線の方程式に他なりません。こうして，予算制約式は，図2.12のような直線の式になります。実際，$P_x = 2000$，$P_y =$

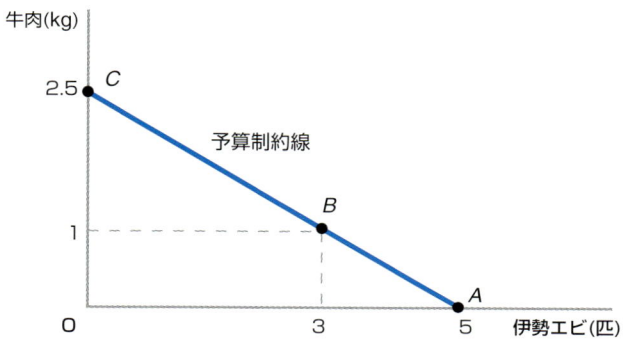

図2.11 予算制約線

伊勢エビの価格が 2000 円，牛肉の価格が 4000 円のとき，10000 円の予算で買える伊勢エビと牛肉の組合せは，右下がり直線 AC になります。

🔍 クローズアップ2.5　予算制約線下の三角形

　正確にいえば，10000 円の予算でシンジ君が購入できる伊勢エビと牛肉の組合せは予算制約線 AC 上の点のみではありません。実は，図2.11 の予算制約線の下の，三角形 CAO 内の点はすべて購入可能です。たとえば，O 点は伊勢エビも牛肉もまったく買わないことを示しますから，予算は一銭もいりません。ですから，10000 円の予算があれば十分 O 点の組合せを選ぶことができます。こうして正確にいえば，10000 円の予算で購入できる点の集合は三角形 CAO なのです。

　ですが，たとえそうであっても，（次の最適消費点の議論でわかるように）シンジ君が実際に購入する組合せは線分 AC の中から選ばれます。それで，シンジ君が購入できる組合せは線分 AC であると考えても，三角形 CAO であると考えても答えは同じになるので，本文では簡単な線分 AC を予算制約下の点の集合として考えました。

◆キーポイント2.2　予算制約式

$$P_x x + P_y y = I$$

4000，$I = 10000$ とすると，この直線は図 2.11 の予算制約線と一致します。この 2 財の価格比 (P_x/P_y) は，今後もよく出てきますが，これは伊勢エビの牛肉に対する相対価格と呼ばれます。

最適消費点

　以上のような予算の制約を与えられているときに，シンジ君がもっとも効用を高めるにはどうしたらよいでしょうか。図 2.13 のように，予算制約線とシンジ君の無差別曲線群とを同時にえがいてみましょう。シンジ君は予算制約のために予算制約線の上でしか伊勢エビと牛肉の組合せを選べません。では予算制約線上のどの点を選べばいいでしょうか。A 点を選んだ場合の効用は，A 点を通る無差別曲線 UU であらわされます。B 点を選んだ場合の効用は，B 点を通る無差別曲線 $U'U'$ であらわされます。C 点を選んだ場合の効用は，C 点を通る無差別曲線 $U''U''$ であらわされます。右上にある無差別曲線ほど効用が高いのですから，A 点より B 点の方が，B 点より C 点の方が効用が高いことがわかります。

　こうして，この 3 つの点の間ではどれを選べばよいかこれでわかりました。さらに高い効用をもたらす点は，予算制約線上で他にあるのでしょうか。実はありません。つまり，C 点が予算制約線上の点でもっとも高い効用をもたらす点ということになります。

　なぜ，C 点より高い効用をもたらす点がないのでしょうか。A 点，B 点と C 点を比べてみましょう。A 点や B 点では，無差別曲線と予算制約線は交わっています。つまり，無差別曲線と予算制約線はこれらの点で，互いに突き抜きあっています。これに対して，C 点では無差別曲線と予算制約線は接しています。この場合には，2 つの線は接点 C で一度触れ合いますが，互いに突き抜けることはなく，また離れてしまいます。

　A 点で無差別曲線と予算制約線とが交わっている場合，A 点よりちょっと右側の予算制約線上の点を選びましょう（たとえば，B 点）。すると，B 点を通る無差別曲線は A 点を通る無差別曲線より右上に来ますから，B 点の方が A 点より高い効用をもつことがわかります。つまり，A 点のように無差別曲線と予

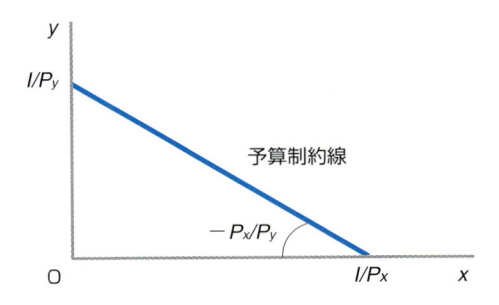

図2.12 相対価格
予算制約式 $y=-(P_x/P_y)x+(I/P_y)$ から予算制約線が導かれます。

> ◆**キーポイント2.3 予算制約線**
>
> 予算制約線の傾き（の絶対値）は，相対価格 P_x/P_y に等しくなります。

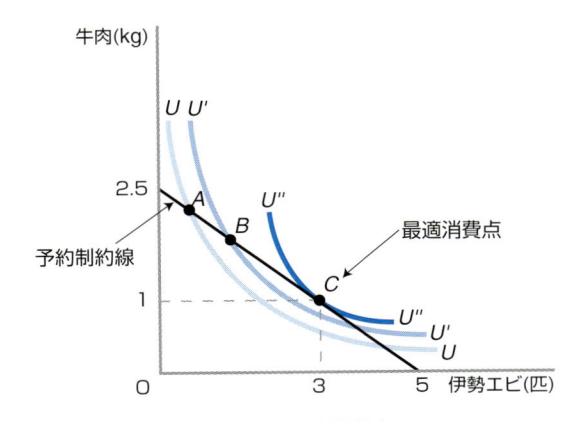

図2.13 最適消費点
無差別曲線と予算制約線とが接する点で，最適消費点 C がみつかります。

2.2 最適消費点

算制約線とが交わっているかぎり，A 点より高い効用をもつ点を予算制約線上で必ずみつけることができるのです。

逆にいえば予算制約線上でそれより高い効用をもつ点がないような点では，2 つの曲線は交わってはなりません。つまり，接していなくてはなりません。こうして，予算制約下でもっとも効用を高くする点 C とは，無差別曲線と予算制約線とが接する点であることがわかりました。この点を**最適消費点**といいます。最適消費点がもし 2 つあると図 2.14 のように，それぞれの最適消費点を通る無差別曲線は A 点のように必ず交わってしまいます。しかし，無差別曲線どうしが交わると矛盾が生じますから，結局，最適消費点は 1 つしかないことがわかります。図 2.13 から，予算が 10000 円のときのシンジ君の伊勢エビの消費量は 3 匹，牛肉の消費量は 1kg であることがわかります。

所 得 効 果

予算が 10000 円から 20000 円に増えたときに，シンジ君が消費する伊勢エビと牛肉の数量がどのように変化するか，考えてみましょう。予算 20000 円に対応する，新しい予算制約線を求めましょう。伊勢エビ価格は 2000 円，牛肉価格は 4000 円のままですから，新しい予算制約線は図 2.15 のようになることが示せます。これは前の予算制約線をちょうど上に平行にシフトした形になっています。この事実を**キーポイント 2.4** としておきます。

新しい最適消費点は，この新しい予算制約線と無差別曲線が接する点としてみつかります。図 2.15 では，新しい最適消費点では，伊勢エビが 4 匹，牛肉が 3kg 購入されています。前の最適消費点に比べて，伊勢エビは 1 匹，牛肉は 2kg 増えています。ミクロ経済学では予算と所得とは同義語として使われますので，このように予算変化によって最適消費点が変わることをさして，**所得効果**といいます。

下 級 財

予算が増えた場合，シンジ君が購入する伊勢エビと牛肉の数量は図 2.15 のように必ず増えるのでしょうか？　図 2.16 のように，シンジ君の無差別曲線

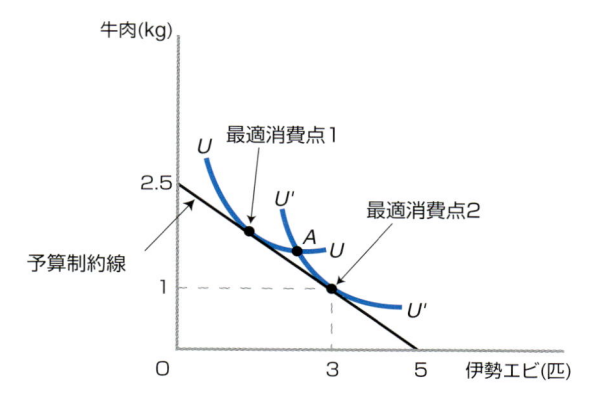

図 2.14　最適消費点は 1 つだけ
最適消費点が 2 つあると，無差別曲線どうしが交わってしまいます。

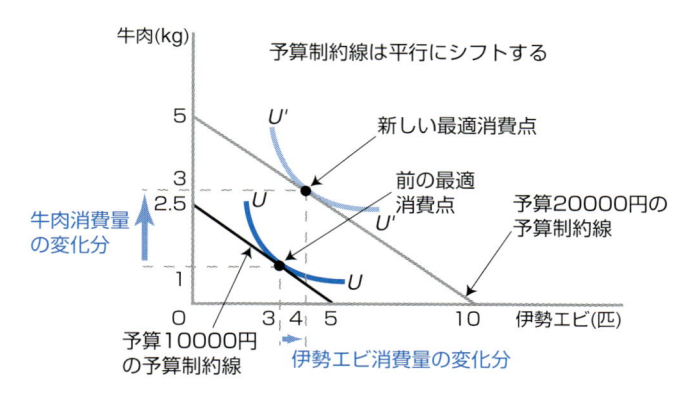

図 2.15　所 得 効 果
予算が増えると，最適消費点が変わります。上図の場合，どちらの財の消費量も増えます。

> ◆**キーポイント2.4　所 得 効 果**
>
> 　予算増は予算制約線を上に平行にシフトさせます。
> 　【証明】予算制約式は $y=-(P_x/P_y)x+(I/P_y)$ ですから，予算が I から I' に増えると，切片が増加します。その一方で，傾きには変化がありません。つまり，予算制約線は同じ傾きのまま上にシフトします。

2.2　最適消費点　　99

の形があらわされているとしましょう。この場合には、前の最適消費点と新しい最適消費点を比べると、所得が増えると伊勢エビの消費量が減ることがわかります。このように、無差別曲線の形次第では予算の増加にともなって、ある財・サービスの消費量が減ることがありえます。このような財を<u>下級財</u>と呼びます。これに対し、<u>図2.15</u>の2つの財や<u>図2.16</u>の牛肉は、予算の増加にともなって消費量が増えます。このような財を<u>上級財</u>と呼びます。

どのような財・サービスが下級財になるかは、家計ごとに異なります。所得の高い家計にとっては、所得が増えるほど高級ウィスキーを飲むので、ビールの消費量は減るかもしれません。つまり、この家計にとってはビールは下級財であることになります。しかし、より貧しい家計の場合には、所得が増えるほどビール消費量は増えるかもしれません。この家計にとってはビールは上級財になります。どの家計にも共通する典型的な下級財としてよくあげられる例は、マーガリンです。マーガリンはそもそも、バターが高価であるためにその安い代替品として開発されました。このために、どの家計も所得が低いうちはマーガリンを使い、所得が高くなるとバターを使用するようになるからです。

レッスン 2.3　個別需要曲線

価格変化の効果

所得効果とは、(価格は変化せず)予算が増加した場合の、財の消費量への影響をいいました。逆に、(予算が変化せず)ある財の価格が変化した場合の、その財の消費量への影響を考えましょう。たとえば、伊勢エビ価格が2000円から2500円に上昇した場合の伊勢エビの消費量への影響を考えましょう。ただし、予算は10000円、また牛肉価格も4000円のままとします。

まず、伊勢エビ価格の上昇がどのように予算制約線を変化させるか、考えてみましょう。新しい価格を用いて、伊勢エビと牛肉の購入可能量を調べると、図2.17のようになります。10000円すべてを伊勢エビに使うと、4匹しか買え

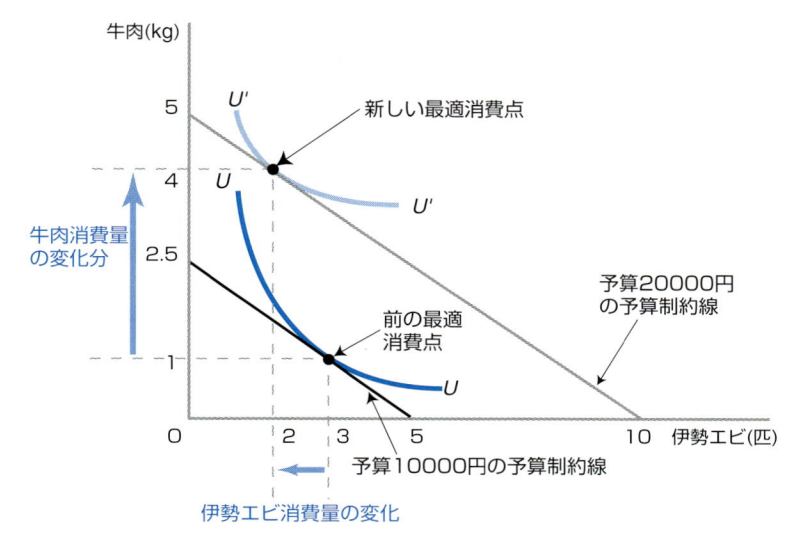

図 2.16 下級財
無差別曲線の形によっては，予算増加にともなって一方の財の消費量が減ることがあります。

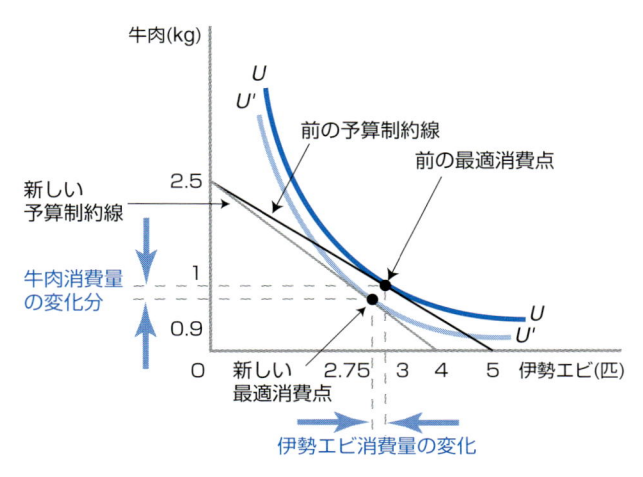

図 2.17 価格変化の効果
伊勢エビ価格が上がると，伊勢エビの消費量は減ります。

2.3 個別需要曲線　　101

ず，すべてを牛肉に使うと前の通り 2.5kg 買えるからです。つまり，横軸の財の価格が上昇すると，予算制約線は縦軸との交点を中心にして時計回りに回転します。これを**キーポイント 2.5** としておきます。

この結果，新しい最適消費点では，前より伊勢エビの消費量が減っていることがわかります。このように，ある財の価格が変化したために，その財の消費量が変化することを，価格変化の効果といいます。図 2.17 の場合，伊勢エビ価格が上昇すると，伊勢エビの消費量は減るので，価格変化の効果は負であるといいます。

ギッフェン財

伊勢エビ価格が上昇した場合，伊勢エビの消費量は必ず減少するのでしょうか？ もし，シンジ君の無差別曲線が図 2.18 のような形をしていると，新しい最適消費点は図のようになります。この図では，伊勢エビ価格が上がると伊勢エビ消費量は増えます。このように，無差別曲線の形次第では，その財の価格が上がっても，その財の消費量が増えることがありえます。このような財をギッフェン財と呼びます。通常は財の価格が高いほどその財の消費量を減らすのが消費者の行動ですから，ギッフェン財は珍しい財ということになります。

所得効果・代替効果・スルツキー分解

価格変化の効果を，より細かく分析してみましょう。価格変化が生じた図 2.19 に，補助線 MN を書き加えます。この補助線は無差別曲線 $U'U'$ に接していて，傾きは前の相対価格 JK に等しくなるようにえがかれています。UU' への接点を C としましょう。そうすると，伊勢エビの価格変化による最適消費点の A 点から B 点への移動は，図のように，A 点から C 点，C 点から B 点への 2 段階の移動をつないだものと解釈できます。

A 点から C 点への移動についてみると，直線 JK と直線 MN の傾きが同じで，かつそれぞれの直線はそれぞれの無差別曲線に接しています。これは，予算額が変化した場合の最適消費点の移動とまったく同じです。つまり，所得効果に他なりません。

◆キーポイント2.5　**価格変化の効果**

　横軸財の価格の変化にともなって予算制約線は右図のように変化します。縦軸財の価格変化の場合はちょうど逆になります。

【証明】予算制約線の傾きは相対価格に等しいから，横軸財の価格が上がる（下がる）と傾きは大きく（小さく）なります。切片は予算／縦軸財価格で決まるので，横軸財の価格変化は切片を変えません。

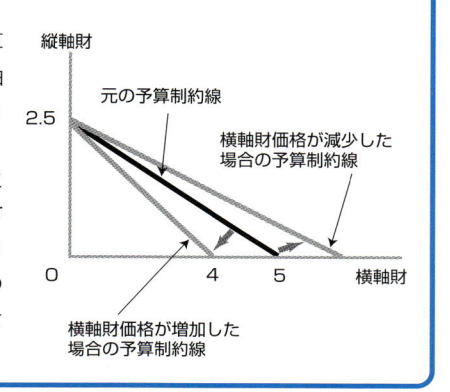

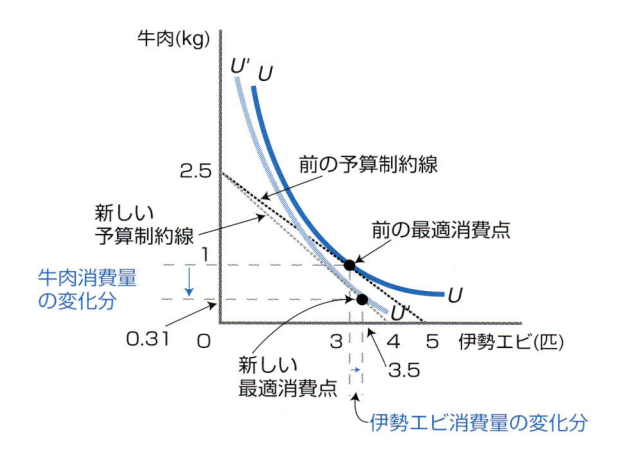

図2.18　ギッフェン財

無差別曲線の形によっては，伊勢エビ価格が上がると伊勢エビの消費量は増えます。
ギッフェン財については，ギッフェンその人によって報告された事例が有名です。かつて英国の下層労働者は，パンをもっとも安価な食品とし，主食としていました。このためにパン価格が騰貴したときに，労働者の効用の低下は大きかったのです。この結果，労働者は肉などの高級食料（上級財）をあきらめなくてはならず，結局パンの消費量が増加した，ということが知られています。

次に，C 点から B 点への移動は，同じ無差別曲線 $U'U'$ 上を相対価格が低い場合の最適消費点 C から，高い場合の最適消費点 B へと移動したものに他なりません。つまり，シンジ君の効用が前と同じにとどまるように予算を調整しながら，価格の変更に応じてどのように最適消費点が変わるかを示したものです。このような C 点から B 点への移動を代替効果（だいたい）と呼びます。同じ無差別曲線上を 2 つの財を代替しながら移動するからです。以上のように，価格変化にともなう最適消費点の移動 AB は，所得効果 AC と代替効果 CB の 2 つの移動に分解されます。これをスルツキー分解と呼びます（キーポイント 2.6）。

価格変化の効果再論

さて，所得効果と代替効果とを合計してみましょう。伊勢エビ価格が上がった場合，図 2.19 の接線 JK から接線 MN への移動は予算が「減った」のと同じ効果を意味します。所得効果はこうして伊勢エビが上級財なら伊勢エビを減らす方向へ働きます。下級財なら増やす方向に働きます。

これに対して，代替効果は伊勢エビ価格の上昇にともない，必ず伊勢エビの消費量を減らす方向に働きます。伊勢エビ価格が上昇すると伊勢エビの相対価格は上昇するので，図 2.19 の無差別曲線 $U'U'$ に直線が接するためには，必ず接点は無差別曲線 UU' 上を左上に動かなくてはならないからです。

この結果，これら 2 つの効果をたし合わせた価格変化の効果は，伊勢エビが上級財なら伊勢エビを減らす方向へ必ず働きます。また，伊勢エビが下級財なら，所得効果は伊勢エビを増やす方向へ働き，代替効果は伊勢エビを減らす方向に働きます。この結果，所得効果と代替効果は打ち消し合いますが，所得効果の方がより小さければ，伊勢エビ価格の上昇にともなって伊勢エビの消費量は減ります。逆に，所得効果の方がより大きければ，伊勢エビ価格の上昇にともなって伊勢エビの消費量は増えることになります。この場合はまさにギッフェン財に他なりません。以上から，ある財がギッフェン財であるためには，下級財でなくてはならず，さらに所得効果が代替効果をうち消すほど所得効果の影響が大きくなくてはならないことがわかります。

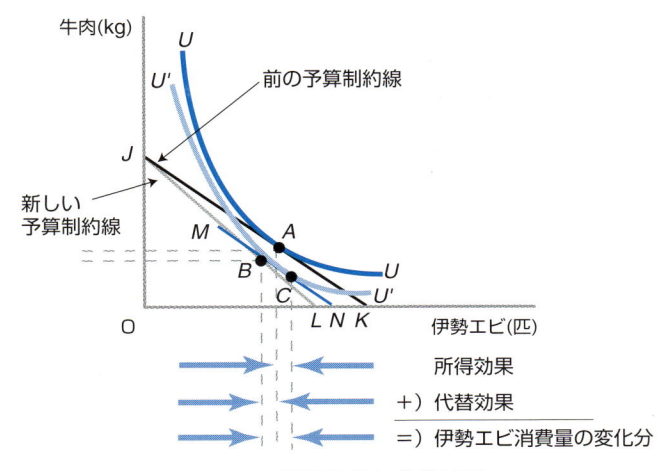

図 2.19 所得効果と代替効果

新しい無差別曲線 $U'U'$ に接し，前の予算制約線 JK に平行になるように，補助線 MN を引きます。すると，伊勢エビ価格変化による最適消費点の A 点から B 点への移動は，A 点から C 点へ移動し，次いで C 点から B 点へ移動したものと解釈できます。

> ◆ キーポイント2.6　スルツキー分解
>
> 価格変化の効果＝所得効果＋代替効果

🔍 クローズアップ2.6　見せびらかすための消費

　最適消費点の決定の議論では，予算制約線の形とは無関係に無差別曲線がひけると暗黙のうちに仮定されています。しかしながら，もしシンジ君が「自分が金持ちである」ことを見せびらかすために消費するとしましょう。そうすると，ある財の価格が高くなるほど，その財への選好が高まってしまうはずです。たとえば，毛皮のコートが好まれるのは，毛皮のコート自体の有用性よりも，毛皮のコートが高価であってそれをまとうことによって富裕であることを示せるせいかもしれません。このような動機によって財が選択されると，ある財の価格が変化し予算制約線が変化すると，無差別曲線自体も変化してしまうので，本文のような分析は不可能になってしまいます。このような消費を「見せびらかすための消費」と呼びます。通常の経済分析は，こうした見せびらかすための消費はないものと仮定されておこなわれているのです。

個別需要曲線

さまざまな伊勢エビ価格に対する，シンジ君の最適消費点を図 2.20 にえがきます。すると，これらの伊勢エビ価格に対して，それぞれの伊勢エビ消費量が対応します。この伊勢エビ価格と伊勢エビ消費量との対応関係を，図 2.21 に示しましょう。図 2.21 では，縦軸に伊勢エビ価格 P を，横軸に伊勢エビの消費量 Q をとります。伊勢エビ価格を際限なく増やして，それに対応する伊勢エビ消費量を図 2.20 に無数にうつと，最終的には図 2.21 の DD 曲線のようになめらかな曲線になります。この曲線は，各伊勢エビ価格に対応する伊勢エビ需要量を示しますから，シンジ君の個別需要曲線に他なりません。こうして，市場の理論においては前提とされた個別需要曲線を，家計の理論では無差別曲線と予算制約式から導くことができました。

個別需要曲線と均衡分析

価格変化の効果で議論したように，ギッフェン財でないかぎり，伊勢エビ価格が上昇すると，伊勢エビの消費量は減少します。これは図 2.21 において，個別需要曲線が右下がりであることを意味します。

逆に，伊勢エビがギッフェン財である場合には，伊勢エビ価格が上昇すると，伊勢エビの消費量は増加しますので，ギッフェン財の場合，個別需要曲線は右上がりになります。

個別需要曲線が右上がりの場合，その合計である市場需要曲線も右上がりになります。市場需要曲線が右上がりであると，価格が均衡価格に近づく保証がなくなります。第 1 章の図 1.12 のように，価格が均衡価格より高くて（低くて）も，超過需要（超過供給）が生じてさらに価格が上昇（下落）するからです。こうして，価格が均衡価格になる保証がないので，市場の理論で使った均衡分析の手法が使えなくなります。この意味で，個別需要曲線が右下がりか否かは重要な関心の対象となります。

ギッフェン財の場合には個別需要曲線はたしかに右上がりとなりますが，ギッフェン財自体はきわめて珍しい財であることを考えると，私たちが分析の対象とするような普通の財はまずは右下がりの個別需要曲線をもっていると仮

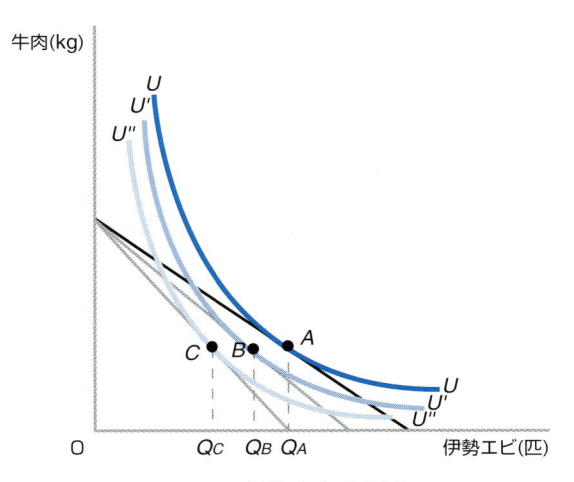

図 2.20 価格変化の効果

伊勢エビ価格が上がると，予算制約線が変わり，ギッフェン財でないかぎり伊勢エビの最適消費量は減ります。伊勢エビがギッフェン財の場合には，伊勢エビ消費量は増えます。

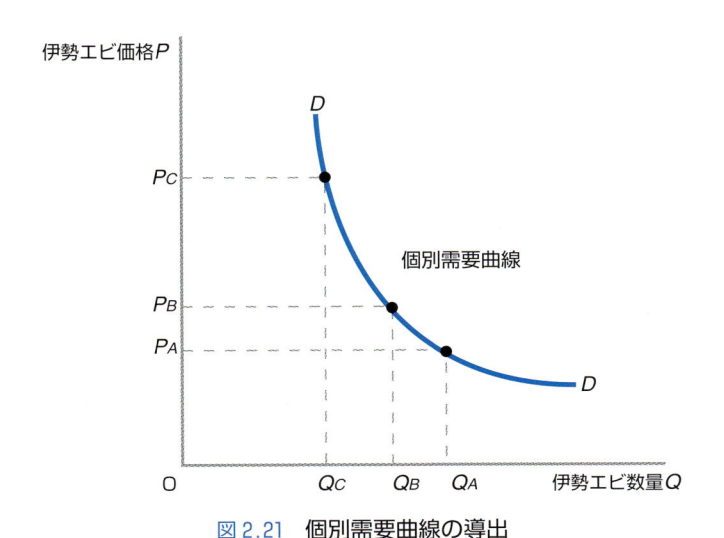

図 2.21 個別需要曲線の導出

伊勢エビ価格 P に対応する最適な伊勢エビ消費量 Q を図にうつすと，個別需要曲線になります。伊勢エビがギッフェン財でないかぎり，個別需要曲線は右下がりになります。

定してよいでしょう。ですから，本書では，需要曲線は常に右下がりであると仮定し，均衡分析が可能であるとして分析をおこなっています。

レッスン 2.4　家計の理論の応用

労働供給の理論

家計の理論を応用していくつかの家計の経済行動を分析しましょう。まず，家計の労働供給行動を説明してみましょう。人間は誰でも 1 日 24 時間だけの時間をもっています。この 24 時間のうちの一部を使って，食事をしたり，睡眠をとったり，家事をおこなったりし，残りの時間で働いて所得を得ます。そこで，この 24 時間を 2 種類に分類しましょう。家計が家計の外で働き所得を得る行為を労働と呼びます。このための労働時間を ℓ であらわしましょう。これに対し，家計が食事をしたり，睡眠をとったり，家事をおこなったりすることを余暇と呼びます。余暇のための時間を n であらわしましょう。24 時間はこの労働 ℓ と余暇 n に分割されるとしましょう。

余暇の無差別曲線

余暇の増加はシンジ君の効用を増やすと考えられますので，余暇 n は一つのサービスであるとみなすことができます。そこで普通の財・サービスを全部ひとまとめにして，消費財 c と呼びましょう。そうするとシンジ君の効用は，余暇 n と消費財 c との組合せの数量から決まると考えることができます。シンジ君の効用についての「芋粥の仮定」が，消費財と余暇についてもあてはまれば，余暇 n と消費財 c とに対して図 2.23 のようにシンジ君の無差別曲線がひけます。普通の無差別曲線と違う点は，余暇 n は 24 時間までしか消費できない点だけです。

🔍クローズアップ2.7　配　給

第2次世界大戦中の日本では，食料を中心にして配給制度がとられていました。不足する物品を所得にかかわらず平等に配ろうとする趣旨であったと思われます。配給制度がある場合，シンジ君の最適消費点はどのように変化するのでしょうか。考えてみましょう。

配給制度にもいろいろなものがありますが，簡単化のために伊勢エビ購入のためには，代金に加えて配給券が必要であるとしましょう。伊勢エビ用の配給券はちょうど伊勢エビ2匹の購入を可能とするものであったとしましょう。すると，シンジ君は予算制約式による制約の他に，配給券による制約が加わることになります。この双方の制約をみたすような伊勢エビと牛肉の組合せは，図2.22の色部分になります。この中からシンジ君は最適消費点を選ぶことになります。

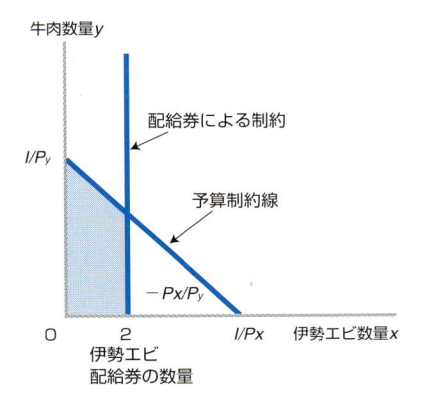

図2.22　配給と予算制約線
伊勢エビ購入に代金以外に配給券が必要な場合には，図の色部分がシンジ君の購入可能な組合せを示します。

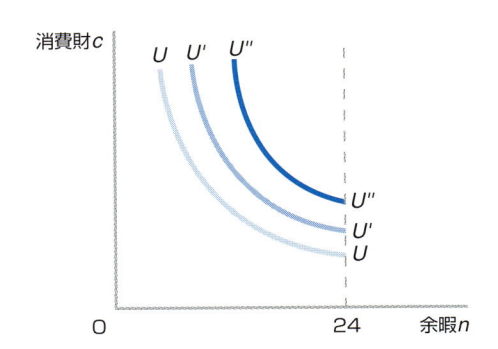

図2.23　消費財と余暇の無差別曲線
余暇をサービスの一種と解釈すれば，余暇と消費財との間に無差別曲線がかけます。ただし，余暇は24時間までしか消費できません。

2.4　家計の理論の応用

予算制約式

シンジ君の予算制約式について考えましょう。シンジ君が働くと，1時間あたり W 円の報酬があるとしましょう。これは<u>名目賃金率</u>と呼ばれます。シンジ君が 24 時間のうち，ℓ 時間を労働にまわしますと，$W\ell$ 円だけの所得がうまれます。シンジ君には労働以外からも所得があるかもしれませんが，これらの所得を考慮に入れても以下の結論はほとんど変わりません。そこで，議論の簡単化のために，労働以外の所得は一切ないものとしましょう。そうすると，シンジ君の全予算は，この $W\ell$ 円であることになります。

さて，消費財の価格を P 円としますと，消費財を c 単位だけ購入するには，Pc 円だけの金額が必要になります。予算の制約のために，この支出額は予算額 $W\ell$ 円に等しくなくてはなりません。つまり，シンジ君の予算制約式は，

$$Pc = W\ell$$

という形になります。

時間の制約式

さて，シンジ君は予算制約式の他に，時間の制約にも面しています。シンジ君は一日に 24 時間だけの時間をもっていて，この 24 時間を労働 ℓ と余暇 n とに分けています。ですから，

$$\ell + n = 24$$

という時間の制約式があります。この式から，$\ell = 24 - n$ ですので，これを上の予算制約式に代入して変形すると，

$$Pc + Wn = 24W$$

という形になります。この式は，消費財の価格を P，余暇の価格を W とし，予算を $24W$ とした場合の，消費財 c と余暇 n の予算制約式の形になっています。通常の予算制約式に比べて，この式では予算額が一定ではなく，名目賃金率 W が変わると予算 ($=24W$) も変わる点が新しい点です。この式をさらに書き換えてみましょう。

$$c = -(W/P)n + 24W/P \tag{A}$$

この式 (A) を図 2.24 に表現します。

クローズアップ2.8　子供への需要

ベッカー（**クローズアップ1.5**参照）は家族の経済学と呼ばれる経済学の領域を開きました。家族の経済学によると，親が生む子供の数は予算制約線上の最適消費点として決定されます。

両親は子供の数が増えるほど幸せになるとしましょう。すると子供は一つの財であるとみなせます。普通の消費財をひとまとめにして，一つの消費財とみなします。横軸に子供の数，縦軸にこの消費財をとると，子供と消費財の間に無差別曲線がえがけます。子供1人を育てる費用を子供の価格と解釈すれば，子供という財と消費財との間に予算制約線が描かれます。予算制約線と無差別曲線の接点として，最適消費点が決まります。こうして，最適な子供の数が決まるわけです。

歴史的に見ると，近代社会では急速な人口成長率の減少が起きています。これは，何らかの理由で，子供1人を育てる費用が上がったせいであると考えられます。子供1人を育てる費用が上がるとは，子供1人の価格が上がったことになりますので，子供がギッフェン財でないかぎり，最適な子供の数は減ることになります。こうして，近代社会では両親が選択する子供の数が減り，人口成長率が減少したと考えられるのです。

クローズアップ2.9　機会費用

「大学進学の費用はいくらか」という質問に対して，多くの人は入学金・授業料・文房具代・下宿料をあげて，これらの合計であると答えるのではないでしょうか。しかしながら，ベッカーによれば，実はもっとも大きな大学進学費用は「時間」だとされます。これは以下のような意味です。大学へ進学すると4年間就職することができません。ところが，もし，就職していれば年間で数百万円の収入があったはずです。つまり，大学進学するとは1年あたり数百万円の収入を放棄することに他なりません。これが4年分というと1000万円を越える金額でありましょう。というわけで，この失われた「得べかりし所得」がもっとも大きな大学進学費用であるわけです。

このように，経済学では一般に「費用」とは「得べかりし最大の利益」として定義されますが，「得べかりし最大の利益」とは，さもなければ入手できた利益の中の最大のもの，という意味です。このような費用の考え方を**機会費用**といいます。

最適消費点

シンジ君の当面する問題を考えてみましょう。労働や消費財については完全競争市場で取り引きされると前提しますので，シンジ君が，賃金率 W や消費財価格 P を変更することはできません。そうすると，シンジ君が自由に選ぶことができるのは，消費財の量 c と余暇 n とになります。これらを制約式（A）の範囲で自由に動かして，効用を最大にすることがシンジ君の目的です。

図 2.24 は，制約式（A）を図にえがき，それに無差別曲線を書き込んだものです。制約式は切片 $(24W/P)$，傾き $-(W/P)$ の直線です。（A）式で n を 24 とすると c は 0 になりますので，P や W が何であれ，予算制約線は図 2.24 の G 点を必ず通ります。前の無差別曲線の議論から，最適消費点は A 点であることがわかります。この図から，シンジ君は消費財を c^* だけ，余暇を n^* だけとるのが最適であることがわかります。

さて，図 2.24 を解釈してみましょう。24 時間のうち，n^* だけを余暇としてシンジ君は使いますから，残りの $24-n^*$ は最適労働時間 ℓ^* であることになります。つまり，図の HG の区間はシンジ君の労働供給を示します。この労働供給から $W\ell^*$ だけの賃金を稼ぎ，それで価格 P の消費財を買うと，$W\ell^*/P$ だけの消費財が入手できます。これが消費財の最適消費量 c^* に他なりません。こうして，余暇と消費財の選択の図から，シンジ君の最適な労働供給量 ℓ^* を読みとることができるのです。

実質賃金率

図 2.24 からわかることは，労働供給 ℓ を直接に決めるものは，必ずしも名目賃金率 W ではなく，それを消費財価格 P で除した W/P であることです。なぜなら，制約線（A）の傾きも切片も W ではなく，W/P の関数だからです。さて，消費財とは余暇以外のすべての財・サービスをひとくくりにしたものをいいます。そして，**物価**とは，おおまかには世の中の諸財の価格の平均として定義されます。ですから，消費財価格 P とは物価であるといってよいでしょう。経済学では，名目賃金率を物価で除した W/P を**実質賃金率**と呼んでいます。図 2.24 が語るものは，労働供給量を決定するものは名目賃金率 W ではなく実

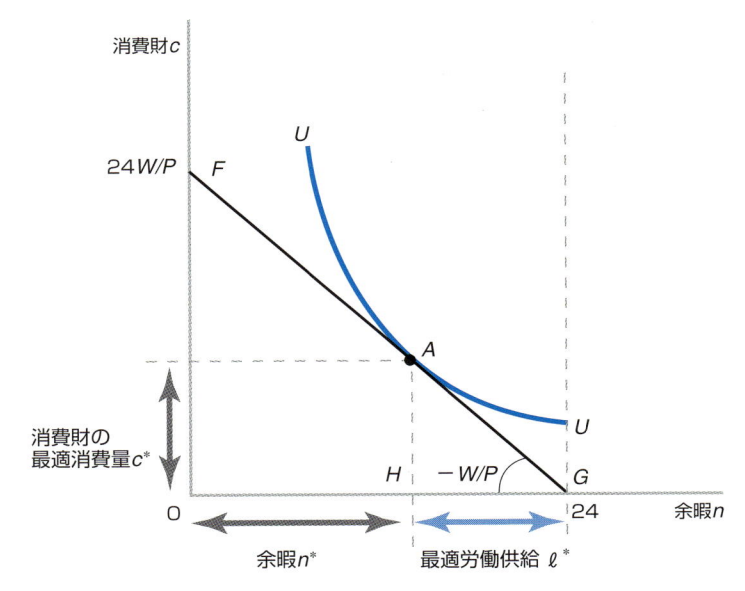

図 2.24 労働供給の決定

制約線 FG の下では，A 点がもっとも高い効用をもたらします。この結果，最適労働供給量 ℓ^* が決まります。

🔍 クローズアップ2.10　不可分労働

　多くの職種においては，現実には，図 2.24 のように自由に家計は労働供給量を決めることは許されません。技術的な理由から，企業が要求するのは，ある一定時間（通常は 8 時間）働くか，あるいはまったく働かないか（つまり失業）の形になります。このような労働需要を不可分労働といいます。労働需要が不可分労働であり，多数の同質的な家計が存在するとしましょう。そのとき，各家計にとって最適な選択は，多くの家計が就職することによって賃金率が下がり，各家計にとって失業も就職も無差別になるまでがんばることではないのです。一部の家計が就職し，他の家計が失業するようなくじを引いて，くじに勝ったもののみが就職する，という規則の方が結局家計の効用が高くなることが示せます。これは，失業という現象が最適な選択の結果（そしてくじ引きに負けた結果）であることを示唆しています。

2.4　家計の理論の応用

質賃金率 W/P であるということです。

労働供給曲線

実質賃金率 W/P が上昇したとき，労働供給量 ℓ はどのように変化するのでしょうか。これは図 2.25 のように，W/P をさまざまに変えて，制約線の傾きが変わり，最適消費点が変わる際に，それぞれの最適消費点に対応する労働供給量 ℓ として読みとることができます。

W/P を変えると，制約線 FG は傾きと切片が変わりますが，横軸との交点 G は変わりません。したがって，実質賃金率を，W/P, W'/P, W''/P, ……と上げますと，制約線は交点 G を中心にして時計回りに回転しますので，最適消費点は B 点，B' 点，B'' 点，……となり，労働供給量は ℓ, ℓ', ℓ'', ……となります。こうして，実質賃金率 W/P とそれに対応する労働供給量 ℓ との間の関係がわかりました。この関係を図 2.26 にえがきます。この曲線 SS は，各実質賃金率に対応してシンジ君がいかほどの労働を供給するかを示しますので，シンジ君の労働の個別供給曲線に他なりません。

労働の供給曲線 SS の特徴は，普通の供給曲線とは異なって，右上がりとはかぎらないことです。図 2.26 に示されているように，賃金率が低い範囲では右上がりになり，賃金率が高くなると右下がりになる可能性が高いのです。図の右下がりになっている部分をさして，「後ろ向きに曲がった」供給曲線といいます。

所得効果・代替効果

なぜ，このように供給曲線が一部にせよ右下がりになりうるのでしょうか。実質賃金率が上昇すると，図 2.27 の制約線は点 G を中心に時計方向に FG から $F'G$ へ回転します。

ここで前と同じように，FG に平行で無差別曲線 $U'U'$ に C 点で接する補助線 MN を図 2.27 に書き込みます。実質賃金率の上昇にともなう最適消費点 A から B への移動は，2 つの部分に分解されます。所得効果によって A から C に，代替効果によって C から B に，最適消費点が移動したことがわかります。

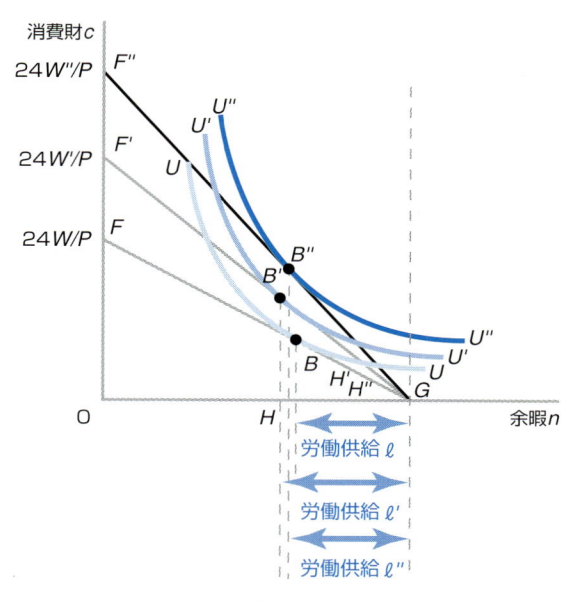

図 2.25 賃金率と労働供給量

予算制約線は（消費財価格 P や賃金率 W とは無関係に）必ず G 点を通ります。実質賃金率 W/P が上がると，予算制約線は G 点を中心にして時計回りに回転し，労働供給量 ℓ が変わります。

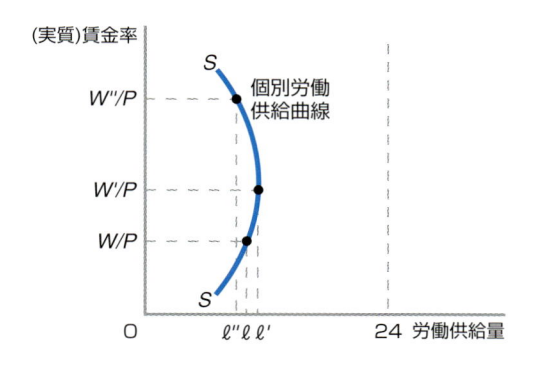

図 2.26 個別労働供給曲線の導出

実質賃金率 W/P とそれに対応する労働供給量 ℓ をえがくと，個別労働供給曲線になります。

2.4 家計の理論の応用

余暇は上級財と普通は予想されますから，所得効果は A から C へ余暇を増やす方向に働きます。しかし，代替効果は C から B へ必ず余暇を減らします。これらをあわせると，実質賃金率の上昇は一方で余暇を増やし，他方で余暇を減らします。所得効果の方が強ければ，賃金率の上昇は余暇を増やすことになります。労働とは24時間から余暇を差し引いたものですから，余暇が増えれば，労働供給は減ってしまうことになります。

　こうして，所得効果が代替効果より大きい場合に，賃金率の上昇にともなって労働供給が減ることが示されました。これが，労働供給曲線の一部が右下がりになる理由です。逆に，所得効果が代替効果より小さければ，労働供給は増え，労働供給曲線は右上がりになります（なお，これは消費財なり余暇なりが，ギッフェン財であるということではありません。ギッフェン財とは，縦（横）軸財の価格が上がったときに，縦（横）軸財の需要が増えることをいいますが，ここでの議論は，縦軸財の価格が下がったときに，横軸財の需要量がどうなるかを議論するものだからです）。

貯蓄の理論

　家計の理論の説明においては，家計は一定の予算を与えられると，すべてそれを種々の財・サービスの購入のために使いつくすと仮定しました。実際の家計は予算をすべて種々の財・サービスのために使いつくす必要はなく，予算の一部を将来に残すことが可能です。これを貯蓄といいますが，家計の理論を使って分析できるでしょうか。

　ある家計の生きる時間を2つに区切って，現在期と将来期と呼びましょう。また，すべての財・サービスをひとまとめにして，1種類の消費財と考えましょう。シンジ君は現在期にこの消費財を消費することと，将来期にこの消費財を消費することとによって，効用を得ます。現在期のこの消費財の消費量を c_1，将来期の消費量を c_2 としましょう。

　c_1 と c_2 とは同じ種類の消費財とはいえ，消費の時点が異なるので，異なった効用をもたらすと考えられます。たとえば，伊勢エビを「今日20匹食べ，明日0匹食べる」のと，「今日10匹食べ，明日10匹食べる」のとでは，後者の方が

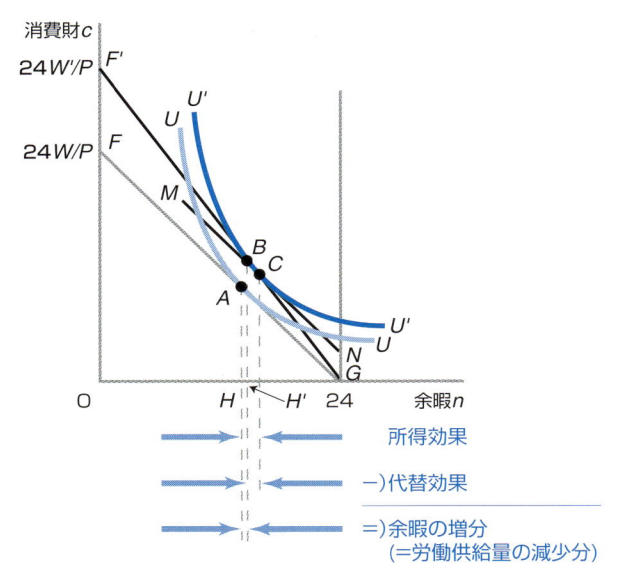

図 2.27 所得効果と代替効果

実質賃金率が上がると，所得効果と代替効果がうち消しあって，労働供給量の変化分が決まります。

🔍 クローズアップ2.11　マクロ経済学と労働供給

　マクロ経済学は経済全体の動きを研究します。マクロ経済統計によりますと，第2次世界大戦後の米国では，名目賃金率 W も物価 P もほぼ一貫して増加しています。そして，これらの比率である実質賃金率（W/P）は，ほぼ増加し続けています。ところがこれにもかかわらず労働者一人あたりの労働時間はほぼ横這いになっているのです。これはミクロ経済学で説明がつくでしょうか。

　本文の説明を理解すればわかるように，実質賃金率の上昇は所得効果と代替効果をもたらします。もし，所得効果と代替効果とがうち消し合えば，実質賃金率は上昇し続けても，労働供給量はほぼ一定にとどまることは十分ありえることなのです。これは図 2.26 の W'/P のあたりの賃金率の動きと考えられます。こうして，米国の戦後に現実に起こった労働供給の変化は，ミクロ経済学によって十分に説明できることになります。

より飽きずに伊勢エビを消費できます。つまり同じ消費財を合計としては同じ量だけ消費しても，それらをどのタイミングで消費するのかによって，効用は異なると考えられます。

　これを家計の理論の立場から解釈すると，現在期に食べる消費財と将来期に食べる消費財とは，単に異なった消費財であるとみなせばよいことになります。現在期に消費される消費財を現在財，将来期に消費される消費財を将来財と呼びましょう。現在財と将来財とは異なった財であり，これらを消費することによってシンジ君は効用を受けるのですから，現在財 c_1 と将来財 c_2 との間の無差別曲線をえがくことができます。現在財と将来財への好みが前述のクローズアップ 2.2「芋粥の仮定」をみたすかぎり，この無差別曲線は図 2.28 のように，普通の無差別曲線と同じ形をしていることでしょう。

名目利子率と実質利子率

　今，シンジ君は現在期にあって，自分の一生の消費計画を考えます。シンジ君の予算制約式はどのようなものになるでしょうか。シンジ君は現在期に Y_1 円だけの所得があり，将来期に Y_2 円だけの所得があるとしましょう。また，現在期における現在財の価格を P_1，将来期における将来財の価格を P_2 とし，現在期から将来期への利子率を R としましょう。シンジ君は現在の所得 Y_1 の一部を現在期に支出してしまいますし，残りを貯蓄して将来期の所得へつけ加えることもできます。貯蓄した場合には R だけの利子率で利子がつくとしましょう。シンジ君にとって，これらの Y_1, Y_2, P_1, P_2, R などは過去の経緯や完全競争市場によって与えられているので，変更することはできないものとしましょう。

　現在期の所得 Y_1 円を金額ではなくて現在財の数量で表現しましょう。それには，Y_1 を現在財の価格 P_1 で除せば，この所得をもって購入できる現在財の数量になります。これを現在期の実質所得といい，y_1 で示します。つまり，$y_1 = Y_1/P_1$ です。同様に，Y_2/P_2 を将来期の実質所得と呼び，y_2 であらわします（これらに対して，所得を単に金額であらわした Y_1 や Y_2 は名目所得と呼ばれます）。

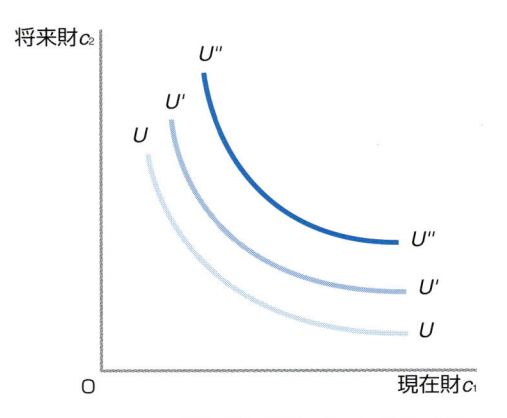

図 2.28 現在財と将来財の無差別曲線
現在財 c_1 と将来財 c_2 との間には，通常の無差別曲線がひかれます。

🔍 クローズアップ 2.12　合成財の定理

さまざまな財・サービスがあるときに，これらをひとまとめにして1種類の財として取り扱うことは許されるのでしょうか。たとえば，c_1，c_2，c_3 という3種類の財・サービスがあるときに，c_2 と c_3 をひとまとめに1つの財 x とみなして，c_1 と x との2財の選択問題として考えることは可能でしょうか。

このような x を合成財といいます。1972年のノーベル経済学賞受賞者ヒックスはこの問題を検討しました。もし c_2 の価格と c_3 の価格とが変わらない場合，c_2 と c_3 の合計へ支出する金額を c_2（あるいは c_3）の価格で除したものを，1つの財 x とみなします。このように定義された x と c_1 との間には，原点に凸な無差別曲線がひけることをヒックスは示しました。したがって，c_2 と c_3 とをひとまとめにして x とし，x と c_1 との間の選択問題として分析することが可能になります。これを合成財の定理といいます。

貨幣単位であらわした利子率を名目利子率と呼びますが，私たちが日常取り扱う利子率は名目利子率です。名目利子率 R から物価上昇率 $\{(P_2-P_1)/P_1\}$ を引いたものを実質利子率 r といいます（なぜ，こう定義するかは，右頁を参照してください）。名目利子率 R と実質利子率 r との間には，

$$(1+R)/(P_2/P_1) = 1+r$$

という関係が成立することを証明することができます。

予算制約式

もしシンジ君が c_1 だけ現在財を消費しますと，$P_1 c_1$ 円だけの金額が現在期に支出されます。現在期の所得 Y_1 からこれを差し引いた $(Y_1 - P_1 c_1)$ 円は名目貯蓄額 S になります。これを将来期まで金融機関に預けるとしましょう。すると，利子が付きますので，将来期には元利合計は $(1+R)(Y_1 - P_1 c_1)$ 円だけの金額になります。これに将来期の名目所得 Y_2 円を加えると，シンジ君の将来期の予算 $\{(1+R)(Y_1 - P_1 c_1) + Y_2\}$ 円になります。シンジ君は将来期の末には死亡してしまいますので，将来期にこの予算を使い切ってしまいます。つまり，シンジ君の将来期の支出金額 $P_2 c_2$ はこれに等しいことになります。

$$(1+R)(Y_1 - P_1 c_1) + Y_2 = P_2 c_2$$

これがシンジ君の一生涯の予算制約式に他なりません。この式において，現在財 c_1 と将来財 c_2 とを適当に選んで効用を最大化することを，シンジ君は現在期に計画しています。

名目変数と実質変数

金額単位で表示された変数を名目変数といいます。財単位で表示された変数を実質変数といいます。通常は名目変数をその時点の消費財価格で除すと，実質変数になります。名目変数は大文字で，実質変数は対応する小文字であらわします。

たとえば，消費財としては伊勢エビしかないものとしましょう。伊勢エビは1匹 2000 円とします。すると，100 万円の名目所得（$=Y$）を消費財価格 2000 円（$=P$）で割れば，実質所得 500（$=y$）を得ます。これは，現在の名目所得は伊

クローズアップ2.13　物価上昇率，名目利子率，実質利子率

ここでの消費財とはすべての財・サービスをひとまとめにしたものなので，その価格 P はいわゆる物価に対応します。すると，$P_2 - P_1$ は物価上昇分をあらわします。これをもとの物価水準 P_1 で除した $(P_2 - P_1)/P_1$ は，物価上昇率をあらわします。名目利子率 R からこの物価上昇率を差し引いた $\{R - (P_2 - P_1)/P_1\}$ を，実質利子率 r といいます。

なぜこのように呼ばれるのでしょうか。現在期に1円を金融機関に預けますと，将来期に元利合計 $1+R$ 円になります。これを消費財に換算して考え直すと，現在期に $1/P_1$ 単位だけの消費財を金融機関に預けて，将来期に $(1+R)/P_2$ 単位だけの財を元利合計として入手したことと同じです。この際の財単位で考えた利子は $\{(1+R)/P_2 - 1/P_1\}$ になります。そこで，財単位で考えた利子率 r を計算してみましょう。

$$r = \frac{\text{財で表示した利子}}{\text{財で表示した元金}} = \frac{\frac{1+R}{P_2} - \frac{1}{P_1}}{\frac{1}{P_1}}$$

この式から，$1+R = \dfrac{P_2}{P_1}(1+r)$ となります。ところが，

$$1+R = \frac{P_2}{P_1}(1+r) = (1 + \frac{P_2 - P_1}{P_1})(1+r) = 1 + r + \frac{P_2 - P_1}{P_1} + r\frac{P_2 - P_1}{P_1}$$

$$\approx 1 + r + \frac{P_2 - P_1}{P_1} \qquad (r\frac{P_2 - P_1}{P_1} \text{の値は非常に小さな値なので} \approx \text{は}$$
$$\text{「ほとんど等しい」という意味)}$$

ですから，

$$r = R - \frac{P_2 - P_1}{P_1}$$

を得ます。つまり，貨幣単位で利子率を表現した名目利子率から物価上昇率を差し引くと，財単位で利子率を表現した実質利子率 r になるのです。実質利子率や名目利子率がどのような影響によって変動するのかは，マクロ経済学の重要なトピックです。

2.4　家計の理論の応用

勢エビが 500 匹購入できるに等しいものである，ということです。以下にさまざまな名目変数と，それに対応する実質変数の一覧表を示しておきます。

現在期の名目所得	Y_1	実質所得	y_1	$y_1 = Y_1/P_1$
将来期の名目所得	Y_2	実質所得	y_2	$y_2 = Y_2/P_2$
名目貯蓄	S	実質貯蓄	s	$s = S/P_1$
名目利子率	R	実質利子率	r	$r = R - \{(P_2 - P_1)/P_1\}$

最適消費点

さて，予算制約式 $(1+R)(Y_1 - P_1 c_1) + Y_2 = P_2 c_2$ を書き直すと，

$$c_2 = -\frac{1+R}{\frac{P_2}{P_1}}c_1 + \frac{1+R}{\frac{P_2}{P_1}}\frac{Y_1}{P_1} + \frac{Y_2}{P_2}$$

となります。これを実質所得 y_1, y_2 と実質利子率 r の定義を用いて書き直しますと，

$$c_2 = -(1+r)c_1 + \{(1+r)y_1 + y_2\}$$

この式を図 2.28 に書き加えますと，図 2.29 における予算制約線を得ます。この予算制約線の特徴は，必ず (y_1, y_2) の点を通ることです。これは上の予算制約式で，$c_1 = y_1$, $c_2 = y_2$ とおくと，予算制約式がみたされることからわかります。

最適消費点は図 2.29 の A 点になります。これに対応して，最適な現在財の消費 c_1^* が定まり，現在の実質所得 y_1 からこれを差し引くと実質貯蓄 s が決まります。こうして，現在期実質所得 y_1，将来期実質所得 y_2，実質利子率 r などが決まりますと，これらから最適な実質貯蓄 s が決まることがわかります。実質貯蓄 s が決まると，これから名目貯蓄額 S は，$P_1 s$ として計算できます。

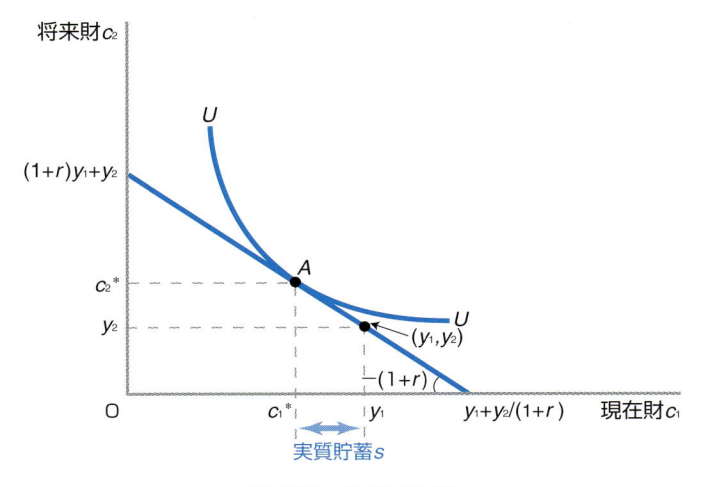

図2.29 実質貯蓄

実質貯蓄 s は，現在期実質所得 y_1 から現在期の最適消費 c_1^* を差し引いた額として決まります．

> ### 例題2.1　貯　蓄
>
> ① 名目利子率が5%，物価上昇率が5%増加したとき，実質貯蓄 s はどう変化するでしょうか．
> ② 現在期実質所得 y_1 が増加したときに，実質貯蓄 s はどう変化するでしょうか．
> ③ 生涯所得 $y_1+\{y_2/(1+r)\}$ を一定に保つように，現在期実質所得 y_1 が増加し，将来期実質所得 y_2 が減少するとき，実質貯蓄 s はどう変化するでしょうか．

[解答]
① 名目利子率から物価上昇率を差し引いたものが実質利子率です．名目利子率も物価上昇率も5%ずつ上がれば，実質利子率はまったく変わりません．実質利子率が変わらなければ，実質貯蓄は変わりません．ゆえに正答は，変化なし，です．
② 現在期実質所得 y_1 が増加すると，予算制約線が右上に平行シフトします．もし将来期実質消費 c_2 が上級財であれば，この結果，最適な c_2^* は増えます．将来実質所得 y_2 は変わりませんので，このためには実質貯蓄 s が増えなくてはなりません．ゆえに正答は，増加する，です．
③ 生涯所得 $y_1+\{y_2/(1+r)\}$ も実質利子率 r も一定のままなので，予算制約線はシフトしません．そのために，最適消費点 c_1^* は変わりません．しかし，現在期実質所得 y_1 が増加しているので，実質貯蓄 s が増加することが図2.29からわかります．この解答はマクロ経済学のバローの中立命題の簡単な証明にあたります．

2.4　家計の理論の応用

実質利子率と実質貯蓄

　消費財価格 P_1, P_2 が一定であるときに，名目利子率 R が上昇しますと，実質利子率 r も上昇します。実質利子率 r が上昇した場合，実質貯蓄 s はどう変化するでしょうか。

　まず実質利子率 r が上昇した場合，予算制約線がどう変化するか，調べてみましょう。予算制約式から，実質利子率 r が r' へ上昇した場合，予算制約線の傾きが増加します。予算制約線は (y_1, y_2) を通過することを思い起こすと，予算制約線は図 2.30 のように，(y_1, y_2) 点を中心に時計回りに回転することがわかります。

　この結果，最適消費点は図 2.30 の A 点から B 点へ移動し，現在財の最適消費量 c_1^* は減少し，図 2.30 の場合は実質貯蓄 s は増加します。しかし，前のように補助線 MN をひいて，最適消費点の移動を A 点から F 点への移動と，F 点から B 点への移動とに分解してみると，この結論は無差別曲線の形に依存することがわかります。A 点から F 点への移動は所得効果をあらわします。つまり，利子率の上昇はその一部として単に実質所得が増えたのと同じ効果をもちます。現在財と将来財という一般的な財の場合では，双方とも上級財であると仮定してもかまわないでしょう。すると，所得効果 AF は現在財の消費を増やす方向に働くことでしょう。

　次に，F 点から B 点への移動は代替効果と呼ばれます。代替効果は同じ無差別曲線上の移動なので，必ず現在財の消費を減らす方向に働きます。こうして，代替効果と所得効果は逆の方向へ現在財の消費を動かします。全体として，A 点から B 点への移動が現在財の消費量を減らす方向の移動か否かは，代替効果が所得効果より大きくなるような形を無差別曲線がしているかどうかによります。普通は代替効果が所得効果より大きいと予想されますので，実質利子率 r が上がると，現在財の消費が減り，実質貯蓄が増えると期待されます。このように，実質利子率が与えられますと，シンジ君がどれほど現在財を消費するか，そして貯蓄するかが決まります。そして実質利子率が変化すると，この消費が変化し貯蓄が変化することがわかります。

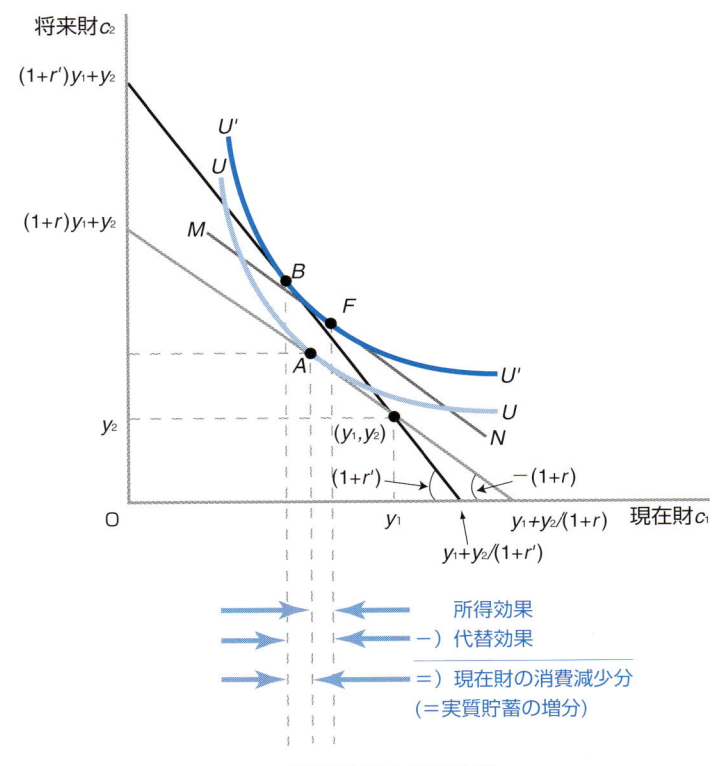

図 2.30 所得効果と代替効果

代替効果が所得効果より大きいと，実質利子率 r の上昇にともなって貯蓄が増えます。

🔍 クローズアップ2.14　ハイパーインフレーション

ハイパーインフレーションとは天文学的な物価上昇率をいいます。第1次世界大戦後のドイツのハイパーインフレーションが有名です。この際，名目利子率（とくに銀行の預金利子率）はわずかに上昇したにすぎなかったことが知られています。このために，実質利子率は大きなマイナスになりました。つまり，預金者たちは財単位で考えるかぎり，預けたもののほとんどが戻ってこなかったのです。このために預金生活者・年金生活者などの中産階級が没落し，後のナチス党の支持者の多くがこの階級から出現したといわれています。

🔍 クローズアップ2.15　キーワード一覧

第2章で出てくるキーワードに対応する英語の一覧表を以下にあげておきましょう。

家計	household
効用	utility（記号：U）
無差別曲線	indifference curve
限界代替率	marginal rate of substitution（margin というのは「ふち」とか「端」を示し，「ぎりぎりの所」くらいの意味です）
予算制約線	budget line（予算は，所得 income ともいいます）
最適消費点	optimum consumption point
所得効果	income effect
下級財	inferior goods（劣等財とも訳されます）
代替効果	substitution effect
ギッフェン財	Giffen goods（Giffen というのは人名です）
労働供給	labor supply
貯蓄	savings（記号：S）
名目利子率	nominal interest rate（記号：R または i）
物価上昇率	inflation rate（記号：π）
実質利子率	real interest rate（記号：r）

☕ コーヒーブレイク 2.2　公務員試験対策「家計の理論」編

　もしミクロ経済学の問題が4題出題されたら，そのうち1題は必ず「家計の理論」からでると考えた方がよいほど，ここは公務員試験の定番です。典型的な問題は，効用関数と予算制約式を与えて，最適な財の購入量を求めよ，という計算問題でしょう。これは簡単な微分が必要になりますので，本書よりやや高級です。他には，「下級財」「ギッフェン財」「所得効果」「代替効果」などがよく出題されます。

第 3 章

生産の理論

> レッスン
> 3.1 企業の分析
> 3.2 限界生産性逓減の法則
> 3.3 等量曲線

家計とともに経済においてもっとも微小な行動単位は企業です。以下の第3章と第4章では，この企業の理論の解説をおこないます。企業の理論は生産の理論と費用の理論とに大別されますが，本章は生産の理論を解説します。生産の理論では，生産要素と生産物の関係を調べることによって企業の行動が分析されます。

レッスン 3.1　企業の分析

企業と生産

　企業とは，利潤最大化を目指す経済組織をいいます。一定期間の間に企業に入ってくる金額を収入といい，企業から出ていく金額を費用といいます。利潤とは，収入から費用を差し引いたものです。

　利潤を得るために，企業は生産をおこないます。生産とは，ある技術に基づいて，種々の財・サービスを投入して，特定の財・サービスを産出することをいいます。ここで生産に使われる財・サービスを生産要素（あるいは投入）といいます。生産された財・サービスは生産物（あるいは産出）と呼びます。生産物を売り払って収入を得，この収入から各生産要素の購入費用を支払った残りが利潤です。以上から，収入とは生産物の産出量にその生産物の市場価格を乗じたものであることがわかりますから，結局以下の式が成立します。

　　　利潤＝収入－費用
　　　　　＝（生産物価格）×（生産物産出量）－費用

　たとえば，企業としてアスカ水産を考えてみましょう。アスカ水産は生産物として伊勢エビを産出しています。このアスカ水産の生産要素は，漁師や船などです。アスカ水産によって産出された伊勢エビは，伊勢エビの市場で市場価格に基づいて売却されます。その際の（伊勢エビ売却量）×（伊勢エビ価格）がアスカ水産の収入となります。この収入の中から，漁師への賃金を払い，傭船の賃貸料を払います。これらの支払が費用になります。残りが，アスカ水産所有者の取り分になります。これがアスカ水産の利潤です。

クローズアップ3.1　「企業」でない経済組織

　ミクロ経済学では，経済の最小の行動単位として家計と企業を想定します。家計は効用最大化を，企業は利潤最大化を目標とする組織です。ところが，実際の経済を対象とするマクロ経済学の国民所得統計においては，これらの範疇に入らない組織が出現して，統計作成者を悩ませます。

　たとえば，学校・病院・宗教団体・政党・労働組合・NPOなどの組織は，効用最大化をしているわけではありませんし，また利潤最大化をしているとみなすことにも難があります。ところが，これらの組織も財・サービス（たとえば，建物・医療用品・仏具）を購入し，財・サービス（教育サービス・医療サービス）を生産しているという意味で経済活動をおこなっていることもまた確かなのです。このため，マクロ経済学の国民所得統計では，これらの法人を一括して，対家計民間非営利団体と呼び，家計や企業とは別の分類の組織として取り扱っています。一国の経済活動全体に占めるこれらの組織の比重は比較的小さいので，ミクロ経済学では，これらの組織の存在は分析の便宜上無視されているのです。

クローズアップ3.2　産業構造

　産業とは，ある財・サービス市場の企業の集団を意味します。たとえば，日本の自動車産業はトヨタ，日産，ホンダ等の自動車の生産をおこなう国内企業に，アメリカ，ドイツ等の外国企業が加わって構成されます。

　産業は生産される財の種類によって，次の3つに大分類されます。

1. 第1次産業………農林水産業。（例）農業，漁業，鉱業。
2. 第2次産業………鉱工業。（例）自動車，鉄鋼，食品。
3. 第3次産業………サービス産業。（例）情報，通信，医療。

　経済の成長にともなって，第1次産業から第2次産業，そして第3次産業へと，産出高や就業者数の比重が動いていくことが経験的に知られています。これはペティ＝クラークの法則と呼ばれます。日本の産業構造は，平成17年の産出高（金額）で見ると，それぞれの産業で14兆円，377兆円，556兆円となっています。

短期と長期

　生産要素の中には簡単に投入量を変えられるものと，変えられないものとがあります。そこで，生産の理論では，時間を短期と長期に分けます。短期とは，企業が「一部」の生産要素の投入量を変化させうる長さの時間をいいます。長期とは，「すべて」の生産要素の投入量を変化させうる長さの時間をいいます。

　たとえば，アスカ水産の生産要素の漁師と船とを考えてみましょう。アスカ水産の社長さんが漁師を増やそうと思えば，求人広告を出して漁師を増やせるでしょう。つまり，漁師は短時間で投入量を変えられます。しかし，アスカ水産の社長さんが傭船の量を増やそうとすると，今度は長い時間がかかることでしょう。一般に，船のような高価な生産要素については，それを借用する契約交渉や契約期間が長期間にわたるからです。つまり，船の投入量を変えるには長い時間を要します。

　こうして，一部の生産要素（漁師）の投入量は短時間でも変化させることができます。この時間を短期と呼びます。ところが，すべての生産要素（漁師と船）の投入量を変化させようとすると，長い時間が必要になります。この長い時間を長期と呼びます。具体的に，短期とはどれほどの長さか，長期とはどれほどの長さか，とは企業の生産技術ごとに違います。

　たとえば，アスカ水産では傭船契約の更新は2年後になされるとしましょう。つまり，船を含むすべての生産要素の量を変化させるには，2年かかりますので，アスカ水産にとっては2年が短期と長期の分水嶺になります。アスカ水産とは別の企業として，1ヶ月単位でボートを借りているようなカヲル漁業という会社があるとしましょう。カヲル漁業の場合には，1ヶ月で生産要素の投入量の契約を変更できることになりますので，1ヶ月が短期と長期との分水嶺になります。

可変的生産要素と固定的生産要素

　短期では定義上，一部の生産要素の投入量しか変化させることができません。このときに，投入量を変化させうる生産要素を可変的生産要素と呼びます。これに対して，短期では投入量を変化させることができない生産要素を，固定的

🔍 クローズアップ3.3　生産要素・最終生産物・中間生産物

　マクロ経済学では，国民所得統計を作成する際に，個々の企業レベルにおける生産要素を2種類に大別します。

　第1の種類の生産要素は，その年度の間の生産の課程で完全に摩耗し，消滅してしまう性質のものです。国民所得統計はこうした生産要素を**中間生産物**と呼んでいます。たとえば，自動車生産において，電気・鉄・ガラスなどの生産要素は，自動車生産後には消滅してしまうので，中間生産物に他なりません。

　これに対して，第2の種類の生産要素として，生産に使用してもほとんど減耗（使い減り）しない性質のものがあります。国民所得統計では，こうした生産要素をとくに「**生産要素**」と呼んでいます。たとえば，自動車生産における土地・工場建物・機械・労働者などの生産要素は，自動車生産に使用された後にもほとんど減耗せず，残ります。これらが国民所得統計における「生産要素」です。

　逆の面から見ると，ある企業の生産物は，3つの用途に使用されます。第1に，他の企業の生産要素として購入され完全に摩滅してしまいますと，これは中間生産物ということになります。第2に，他の企業に購入され，「生産要素」として長く使用されると，投資財と呼ばれます。第3に，家計によって購入されて消費されて，消滅してしまうかもしれません。投資と消費される分を合計して**最終生産物**と呼びます。おおまかにいうと，最終生産物の合計が，いわゆる国内総生産になります。

　国民経済計算年報によれば，平成17年では日本全体で948兆円だけの生産物が生産されましたが，このうちの448兆円は中間生産物として同年中に他の企業によって使いつくされてしまいました。残るうちの120兆円分が（摩耗しない）「生産要素」として購入され，将来へ残る財として「投資」とされました。また，375兆円分が家計と政府によって消費され，家計の効用をあげることになったのです。実際の国民経済計算では，この他に「生産要素」の減耗部分・外国への輸出部分・外国からの輸入部分などの調整がなされます。

生産要素といいます。アスカ水産の例で言えば，漁師が可変的生産要素，船が固定的生産要素にあたります。長期の場合には，定義上すべての生産要素の投入量を変化させることができますので，すべての生産要素は可変的であり，固定的生産要素は存在しないことになります。

生産関数

生産関数とは，生産要素投入量と生産物産出量との間の技術的関係をいいます。アスカ水産の例を用いましょう。アスカ水産の生産要素は船と漁師であり，生産物は伊勢エビです。このとき，生産要素投入量と生産物産出量の間には，たとえば，船1隻と漁師2人なら1日に平均して伊勢エビを20匹とれるが，船1隻と漁師3人なら25匹とれる，というような技術的関係があることでしょう。これらの投入量と産出量との関係を生産関数と呼びます。

具体的にこの関係をもっともよく知るのはアスカ水産の経営者です。しかし，経済学者でも，ある程度までは生産関数の一般的性質を予想することが可能です。以下では，経済学の範囲で予想される2つの性質，「規模に関して収穫一定」と「限界生産性逓減の法則」とについて，説明しましょう。

2種類の生産要素と1種類の生産物

以下では，説明を簡単にするために，アスカ水産の生産要素は2種類しかないものと仮定します。たとえ，生産要素が3種類以上あると仮定を変えても結論は変わりません。生産要素の例として，船と漁師の2種類を考えましょう。また，生産物は伊勢エビの1種類のみと仮定します。

2種類の生産要素の投入量を X_1，X_2，生産物産出量を Q とした場合，X_1，X_2 と Q との間には，今説明しましたように生産関数と呼ばれる一定の技術的関係があります。この関係を数式であらわすと，

$$Q = F(X_1, X_2)$$

という記号で表現されます。

クローズアップ3.4　結合生産物

これまでの話では，ある1種類の財を生産するために2種類の生産要素が投入される場合を考えてきました。しかし実際には1つの生産過程から2種類以上の生産物が同時に生産される場合があります。このような生産を結合生産と呼びます。たとえば，牛肉を生産する場合には，必ず牛肉と同時に牛皮も生産されます。結合生産の場合でも，各々の生産量が常に一定の比率で生産されるならば，それらをその比率で組み合わせて1単位とみなすことによって，これまで同様に分析することができます。

例題3.1

カヲル漁業は，ボートを10隻借り，係員を1人雇って貸しボート業をおこなっています。係員の人数は毎日アルバイトを雇うことによって調節できますが，ボートの隻数の変更には1ヶ月かかるとしましょう。

ボートは1回1000円で貸し出し，1隻あたり1日5人の顧客がつきます。カヲル漁業はボートをリース会社より1日2000円の費用で借りています。係員の日当は5000円です。

① カヲル漁業の生産要素は何ですか。
② 短期の場合の可変的生産要素は何ですか。
③ カヲル漁業にとって長期とはどれほどの期間ですか。
④ カヲル漁業の1日の収入はいくらですか。
⑤ カヲル漁業の1日の費用はいくらですか。
⑥ カヲル漁業の1日の利潤はいくらですか。

[解答]
①ボートと係員，②係員，③1ヶ月，④1000円×5人×10隻＝5万円，⑤2000円×10隻＋5000円×1人＝2万5000円，⑥(収入)5万円－(費用)2万5000円＝(利潤)2万5000円。

規模に関して収穫一定

　長期においては，すべての生産要素の投入量を変化させることができます。このとき，各生産要素を同じ割合だけ増加した場合に，生産物産出量がどれだけ増加するか，を考察しましょう。アスカ水産の例でいえば，船の投入量を2倍にし漁師の投入量も2倍にする，という場合に，生産物の産出量は何倍になるでしょうか。

　もっとも普通の予想は，産出量も2倍になる，というものです。もともと「船が1隻，漁師が3人」で伊勢エビが1日25匹釣れていたとしましょう。そうすると，「船が2隻，漁師が6人」では，それぞれ1隻3人のグループを作れば25匹ずつ釣るので，2グループ合計では50匹釣れる，と予想されます。つまり，船と漁師の数が2倍になれば，伊勢エビの数も2倍になる，と考えられるのです。

　このように，すべての生産要素の投入量を2倍にしたときに，生産物の産出量も2倍になる，という技術的な性質を，「生産関数は規模に関して収穫一定である」といいます。

規模に関して収穫逓増・収穫逓減

　この「規模に関して収穫一定」という生産関数の性質はどのような産出量や生産関数に対しても常に正しいのでしょうか。残念ながら違います。多くの企業においては，産出量が小さいうちは，すべての生産要素の投入量を2倍にすると，生産物産出量は2倍以上になりがちであることが知られています。この場合，生産関数は「規模に関して収穫逓増」であると呼ばれます（あるいは，「規模の利益がある」ともいわれます）。

　これとは逆に，産出量が大きくなりすぎると，すべての生産要素の投入量を2倍にしても生産物産出量は2倍未満になりがちであることが知られています。この場合，生産関数は「規模に関して収穫逓減」であると呼ばれます（あるいは，「規模の不利益がある」といわれます）。

　以下で説明しますように，個々の企業については，小規模の産出量では規模に関して収穫逓増，中規模の産出量では規模に関して収穫一定，大きくなると

🔍クローズアップ3.5　　コブ=ダグラス型生産関数

　生産要素が X_1 と X_2 の2種類で，1種類の生産物 Q を生産する場合には，生産関数は，$Q = F(X_1, X_2)$ という数式であらわされます。X_1 と X_2 だけの生産要素の投入から，Q だけの生産物が生まれたという関係です。たとえば，「規模に関して収穫一定」を，この数式を利用して表現してみましょう。すべての生産要素を2倍投入することは，$2X_1$ と $2X_2$ だけ投入することに他なりません。そして，生産物が2倍になるとは $2Q$ です。それで，規模に関して収穫一定とは，$2Q = F(2X_1, 2X_2)$ が成立することということになります。この関係を<u>一次同次</u>とも言います。

　この $Q = F(X_1, X_2)$ の具体的な形として，<u>コブ=ダグラス型</u>生産関数と呼ばれるものが知られています。これは

$$Q = F(X_1, X_2) = A X_1^\alpha X_2^{1-\alpha}$$

という形をしている生産関数です。ここで A は正の定数，また α は $0 < \alpha < 1$ である定数です。コブとダグラスという2人の経済学者が，生産関数がこのような形をしていると想定して，アメリカ経済について実証研究をおこないました。コブ=ダグラス型生産関数は，

$$F(2X_1, 2X_2) = A(2X_1)^\alpha (2X_2)^{1-\alpha} = 2(A X_1^\alpha X_2^{1-\alpha}) = 2F(X_1, X_2) = 2Q$$

ですから，たしかに一次同次になっています。つまり，規模に関して収穫一定であるわけです。コブ=ダグラス生産関数は，後に述べるような「限界生産物逓減の法則」など，生産関数としてもつべき標準的な性質をすべてもっているので，経済学でもっとも多用される生産関数です。

🔍クローズアップ3.6　　金融仲介機関

　正確にいえば，現実のすべての企業が本書で述べられたような生産関数をもつわけではありません。たとえば，<u>金融仲介機関</u>（銀行・保険会社等）は一方で資金を預かり，これを企業や家計へ貸し付けることによって利潤を得ています。この際，預かるときの預金利子率と貸し付けるときの貸付利子率との差が金融仲介機関の利潤の源となるのです。これは通常の製造業における生産要素の投入による生産物の産出による利潤の発生とは，かなり異なった性質の利潤の作り方であると考えられます。というわけで，金融仲介機関については通常の企業の理論は適用しにくく，このために<u>金融論</u>という一つの分野が成立するのです。

規模に関して収穫逓減が生じやすいと考えられます。しかし，産業全体では生産関数は規模に関して収穫一定と想定することが普通です。なぜなら，個々の企業がもっとも生産効率のよい産出量を生産していて，この産出量を変更することはできないとしても，企業数を2倍にすることによって産業全体の産出量を2倍に増やすことができるからです。

収穫逓増の理由

　企業の生産関数の場合，なぜ，産出量が少ないと規模に関して収穫逓増となりやすいのでしょうか。それは各生産要素の分割不可能性が主たる原因だといわれます。分割不可能性とは，ある生産要素の投入量については，これ以下に小さくすると能率が落ちる，あるいは物理的にこれ以下には小さくできない，という性質をいいます。

　たとえば，漁師の投入量は2人や1人にはできますが，0.5人にはできません。このため，本来ならば0.5人の漁師で十分な場合にも，企業は漁師を最低限1人雇わなくてはなりません。つまり最適な投入量より多くの漁師を投入しなくてはならないのです。このような場合には，漁師以外のすべての生産要素の投入量が2倍になって漁師の最適な投入量が0.5人ではなく1人になると，漁師0.5人とその他の生産要素の投入の結果として生産物の産出量が0である場合に比べて無限倍に産出量は増加します。生産要素にこのような性質がありますと，生産関数は規模に関して収穫逓増となります。

　収穫逓増には他の原因もあげられています。純粋に工学的な理由から，重化学工業の固定的設備では，その建設費用を2倍にすると，産出量は3倍以上になるといわれています。このような関係が存在すると，すべての生産要素の投入量を2倍にすると，その結果，産出量は2倍以上になるので，規模に関して収穫逓増になります。なお，さらに別の収穫逓増の理由として，アダム・スミスは分業の利益をあげています（クローズアップ3.8を参照）。

クローズアップ3.7　固定係数型生産関数

　極端な形状をした生産関数として，2種類の生産要素の投入量のうち少ない方が産出量を決める，というものがあります。これを**固定係数型生産関数**（ないしは**レオンティエフ型生産関数**）と呼びます。式で表しますと，aとbを技術的な定数として，

$$Q = F(X_1, X_2) = \min\{aX_1, bX_2\}$$

という形をしているものです。ここで，$\min\{x, y\}$とはxとyのうち小さい方の値，という意味です。

　簡単化のために，$a = b = 1$として，レイ林業について説明しましょう。レイ林業は木こりと斧とを生産要素とし，材木を生産物としています。木こりと斧の関係では，木こり1人と斧1丁で生産している場合に比べて，木こりだけ2人にしても，あるいは斧だけ2丁にしても，産出量が増えることはないでしょう。つまり，生産要素投入量が$\{2, 1\}$の組合せでも，$\{1, 2\}$の組合せでも産出量は$\{1, 1\}$の組合せの場合と変わらないのです。これは$\{x, y\}$のうちの小さい方の水準に産出量が決まることを示しています。つまり，生産関数は固定係数型であると考えられます。

　固定係数型生産関数は，要するに片方の生産要素で他方の生産要素の不足を補う，ということが技術的に不可能な場合に成立しますので，かなり特殊な生産技術についての場合のみ成立する，と考えられます。固定係数型生産関数は規模に関して収穫一定ですが，後に説明する限界生産物が0か1かのどちらかしか成立しませんので，限界生産性逓減の法則は成り立ちません。

収穫逓減の理由

企業の産出量の水準が十分大きくなると，規模に関して収穫逓減になる可能性が強くなります。これは，企業の経営者の経営管理能力が，産出規模に追いつかなくなる可能性があるからです。つまり，企業の経営は，経営者によるさまざまな調整によって達成されるわけですが，調整という作業はその性質上分業が不可能です。このために，産出量が増加し，産出規模が大きくなると，経営者の能力が次第に産出量に比して相対的に枯渇し，企業の経営能率が低下すると考えられるのです。

レッスン 3.2 限界生産性逓減の法則

1種類の生産要素投入量のみの変化

他の生産要素の投入量を一定にしたまま，ある1種類の生産要素の投入量を増やしてみる，という実験をしてみます。たとえば，アスカ水産で船の投入量を一定にしたまま，漁師の投入量を増やしてみましょう。漁師数が増えるほど，伊勢エビの収穫量が増えるはずです。

漁師数を1人ずつ増やすことによって，伊勢エビの生産量が変化する様子を図3.1に示しました。漁師数を横軸，伊勢エビの生産量を縦軸にとると，図示されるような右上がりの曲線となります。つまり漁師数が増えるならば，伊勢エビの生産量が増加することがわかります。この曲線を生産可能性曲線と呼びます。

限界生産物

経済学においては，「限界」とは「追加的」という意味で使われます。そこで，限界生産物という言葉を以下のように定義しましょう。

漁師の投入量を今までより1人増やした結果，伊勢エビが追加的に5匹獲れたとします。このとき，漁師の限界生産物は伊勢エビ5匹であるといいます。

🔍クローズアップ3.8　分業の利益と規模に関して収穫逓増

アダム・スミスの『国富論』は，分業の利益の議論から始まります（アダム・スミスについてはクローズアップ6.6で詳しく紹介します）。彼によりますと，ピン製造はいくつもの工程に分割されます。たとえば，針金を引き延ばす，この針金をまっすぐにする，切る，とがらせる，頭部をつくる，頭部をつける，頭部を白くする，ピンを紙に包む，などなんと18の工程にも上るそうです。もし，1人の労働者がこれをすべてこなすと，1日に20本もつくることができないでしょう。しかし，もし10人の労働者がそれぞれの工程を担当すると，熟練の結果，全員で4800本ものピンが作れる，というのです。つまり，1人で担当する場合の，240倍もの量を作ることができるのです。

このような分業の利益は，規模に関して収穫逓増となる一つの理由となります。産出量が小さいうちは労働者を多くは雇えませんから，一人一人の労働者は一つ一つの工程に特化して作業できません。ところが，産出規模が大きくなりますと，労働者数が増えるので，一人一人の労働者が1つの工程に特化できます。この結果，生産の能率は大いに上がり，労働者や他の生産要素の量が2倍になると，生産物の数量は2倍以上になると考えられます。

以上は，労働者の熟練の観点から分業の利益を考えましたが，機械の使用能率を考えても同じ結論に達します。一般に機械にも分割不可能性があり，最低限の大きさというものがありますから，産出量が少ないと，各工程の機械の能力を十分使いつくすということができません。各機械を少しずつ使うことになり，機械使用上の能率が下がるのです。産出量が大きくなるにしたがって，1日に各工程で処理される生産過程品が増え，機械を能力限度一杯まで使用できるようになります。この際には，機械や他の生産要素の量が2倍になると，生産物の数量は2倍以上になると考えられます。

ところが，企業規模が十分大きくなりますと，すでにすべての労働者は1つの工程に特化しています。ゆえに，新しい労働者が参加しても各労働者の生産能率が上がるわけではありません。こうして，企業規模が大きい場合には，分業の利益による規模に関して収穫逓増の性質は失われ，生産関数は規模に関して収穫一定になるのです。

このように，（他の生産要素の投入量は一定にしたままで）ある生産要素の投入を 1 単位増やしたときに，追加的に産出される生産物の量を，限界生産物と呼びます（限界生産物は，限界生産性と呼ばれることもありますし，限界生産力と呼ばれることもあります）。

限界生産物逓減の法則

さて，投入量次第で，漁師の限界生産物は変化することに気をつけておきましょう。たとえば，漁師の数が 2 人で 40 匹獲っている場合に漁師があと 1 人増えるのと，漁師の数が 5 人で 50 匹獲っているときにあと 1 人増えるのとでは，この「あと 1 人」のおかげで捕獲できる伊勢エビの数は違うはずです。なぜでしょうか。

たとえば，船が 1 隻に漁師が 2 人の場合，船の投入量に比して漁師が不足気味です。このときには漁師が 1 人増えると，たいへん手助けになり，伊勢エビの収穫の増加は著しいことでしょう。つまり，漁師の限界生産物は大きいことになります。

しかし，船が 1 隻に漁師が 5 人いる場合には，前に比べて漁師が余り気味になっています。この場合には，漁師がさらに 1 人増えても，あまり手助けにならないことでしょう。つまり，この漁師 1 人の増加による伊勢エビの収穫増加はあまり大きくありません。漁師の限界生産物は小さいことになります。以上の意味するところは，船の数が一定だと，漁師数が増えるにしたがって，漁師が相対的に余っていき，漁師の限界生産物が減少していくということです。

このように，（他の生産要素の数量を一定として）1 種類の生産要素のみを増加していくと，その限界生産物は次第に逓減すると予想されます。この生産関数の性質を，限界生産性逓減の法則（あるいは収穫逓減の法則）と呼びます。

以上の生産要素と生産物の関係を図にあらわすと，図 3.1 のようになります。この図においては，他の生産要素（船）の量は一定に保たれていることに注意してください。

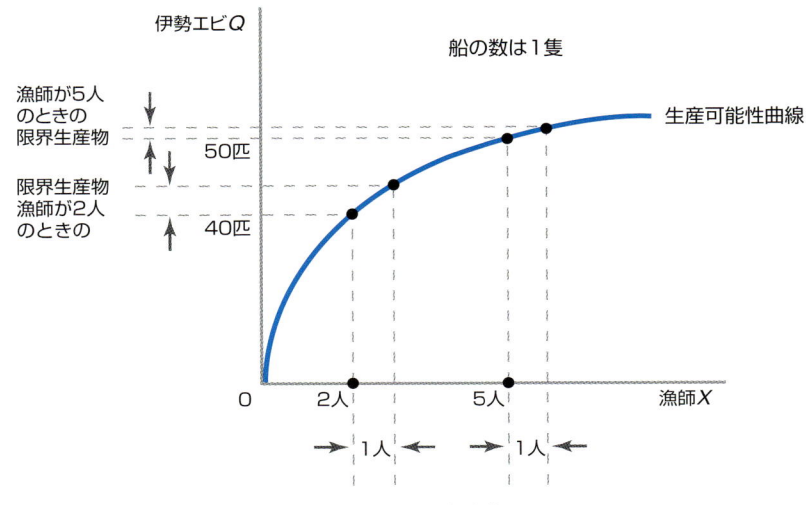

図3.1 限界生産物

船の数を1隻に保ったままだと，漁師数が5人のときの限界生産物は，漁師数が2人のときの限界生産物より小さくなります。

> 🔍 **クローズアップ3.9**　貨　幣

　ミクロ経済学のどこを探しても貨幣という財は出てきません。なぜでしょうか。これはミクロ経済学は情報の完全性を仮定しているからです。ミクロ経済学の世界では，情報が完全であるために，ある財・サービスはどこの誰からいくらで購入できるか，またいくらで販売できるか，が完全にわかっています。このために，ある財・サービス（たとえば，労働）を他の財・サービス（たとえば，米）に交換することは，費用なしに可能です。

　ところが，現実世界では，情報は完全ではなく，このような交換を直接おこなうには手間暇がかかります。ところが，ある理由があって（その理由は金融論で勉強してください），この手間暇を大いに減らすのが貨幣なのです。このように，情報の不完全性を補って交換を円滑ならしめる財が貨幣なのであり，情報が完全であると仮定するミクロ経済学の世界ではかえって貨幣の役割はなくなってしまうのです。

等利潤線

さて，企業の利潤最大化の結果，生産要素価格・生産物価格・生産物産出量が互いにどのような関係になるか，を示しましょう。以下のような状況を考えます。アスカ水産は船と漁師を生産要素としていて，伊勢エビを生産物としています。さしあたり，何らかの理由で船の数量を変えることはできないとしましょう。これは短期なので船が固定的生産要素であるからかもしれません。あるいは，長期であるとしても，すでに船の投入量は最適なのでアスカ水産の経営者はさしあたり漁師の数量だけを変更することを考えているせいかもしれません。

こうして，アスカ水産の経営者は船の投入量を一定に保つ一方で，漁師の数を何人にしたら一番もうかるかを考えています。伊勢エビの価格は1匹2000円，漁師の日給は3万円とします。アスカ水産は船を1隻賃借していて，船の賃借料として1日1万円かかるとします。このとき，アスカ水産の等利潤線を考えましょう。等利潤線とは，同じだけの利潤をもたらす生産物と生産要素の組合せをあらわします。

たとえば，利潤が4万円になるためには，生産物である伊勢エビの量がいかほどであり，生産要素である漁師の数がいかほどであればよいか，を考えましょう。伊勢エビを Q 匹釣って販売すると，$(2000 \times Q)$ 円だけの収入が入ります。漁師を X 人雇うと $(30000 \times X)$ 円だけ賃金がかかります。他に，船に1万円賃貸料がかかります。これらが費用になります。収入と費用の差が利潤ですから，利潤が4万円であるためには，

$$40000 \text{円（利潤）} = (2000 \times Q) \text{円（収入）}$$
$$-\{(30000 \times X) \text{円（賃金）} + 10000 \text{円（傭船料）}\}$$

という式が満たされなくてはなりません。この式をみたす Q と X の組合せならば，どの組合せでも同じだけの利潤4万円をもたらします。この式の両辺を生産物価格2000円で除し，賃金と傭船料とを移項すると，

$$Q = 15X + 25$$

となります。これは切片25，傾き15の直線の方程式に他なりません。これを縦軸が伊勢エビの数量 Q，横軸が漁師の数 X の図にえがくと，図3.3の AA 線

クローズアップ3.10　限界生産物と接線の傾き

図3.2の E 点における労働の限界生産物をより詳しく見てみましょう。E 点から漁師を1人追加して G 点で伊勢エビの生産をしたとすると、伊勢エビの追加生産量は図の FG となります。したがって E 点における労働の限界生産物は FG であらわされることになります。しかし、生産可能曲線に E 点で接する補助線 AA をひきますと、EFH は直角三角形になります。すると、傾き HEF×線分 EF＝線分 HF になります。線分 EF は1ですから、線分 HF＝傾き HEF です。ところが、生産可能性曲線がなめらかな曲線である限り、線分 HF と線分 FG は近似的にほとんど同じ長さであることがいえます。ですから、近似的に、限界生産物＝線分 FG≈線分 FH＝傾き HEF となり、E 点の限界生産物は E 点の接線の傾きで近似されるのです。

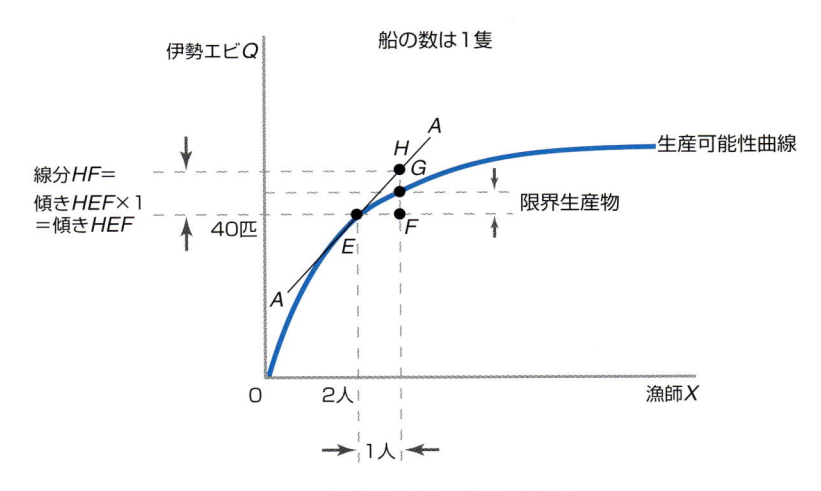

図3.2　限界生産物＝接線の傾き

近似的に、E 点の限界生産物は線分 FG≈線分 FH＝傾き HEF となり、E 点の限界生産物は E 点の接線の傾きで近似されます。

のようになります。これを 4 万円の利潤をもたらす<u>等利潤線</u>といいます。

等利潤線群

同様に，7 万円の利潤をもたらす等利潤線をえがきますと，

利潤 70000 円 = 収入 20000Q 円 −（賃金 30000X 円 + 傭船料 10000 円）

ですから，この両辺を生産物価格 2000 円で除し，賃金と傭船料とを移項すると，

$Q = 15X + 40$

となります。これは図 3.3 の BB 線のようになります。AA 線と比較すると，傾きが同じで切片が大きくなっていることがわかります。このように，等利潤線は，

$$Q = \frac{賃金率}{生産物価格} X + \frac{利潤 + 傭船量}{生産物価格}$$

の形になっていますので，利潤の水準をさまざまに変えて等利潤線をたくさんえがくと，互いに平行な直線になります。切片が {（利潤 + 傭船料）/ 生産物価格} なので，これらの等利潤線は切片の大きいもの，つまり，上方のものほど利潤が高いことに注意してください。

利潤最大化供給量の決定

図 3.3 に，生産物 Q と生産要素 X との生産可能性曲線を書き加えましょう。船の数量は変わらず，漁師の投入量のみを変化させている場合を考えているので，図 3.4 のように右上がりの上に凹な曲線になります。アスカ水産の経営者にとって技術的に選択可能な点はこの生産可能性曲線の上のどこかになります。アスカ水産の経営者は利潤最大化を目指していますから，生産可能性曲線の上でもっとも利潤が大きくなる点を選びます。生産可能性曲線上の各点をさまざまな等利潤線と比べると，図 3.4 の E 点がもっとも高い等利潤線上にあります。こうして，アスカ水産の漁師の投入量とそのときの生産物の量が決まりました。この E 点を利潤最大化点と呼びましょう。

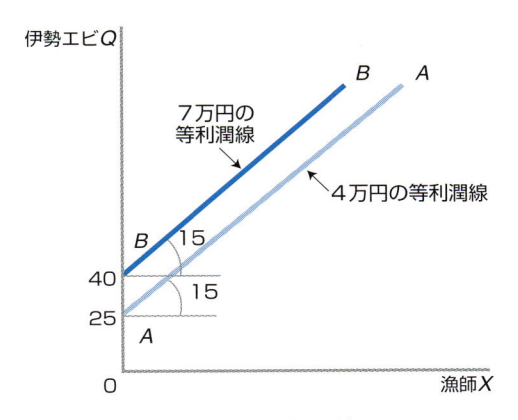

図 3.3 等利潤線
利潤が同じになるような産出量 Q と生産要素 X との組合せを等利潤線といいます。

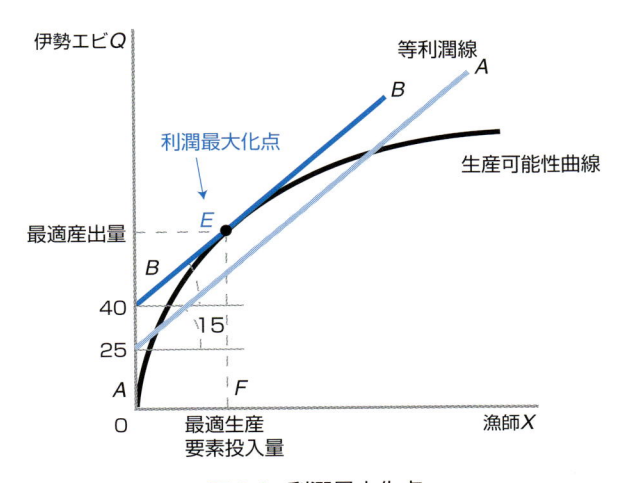

図 3.4 利潤最大化点
利潤を最大化する生産要素投入量と産出量との組合せは，生産可能性曲線と等利潤線 BB との接点 E で与えられます。

利潤最大化点の特徴

利潤最大化点の特徴は何でしょうか。図 3.4 の E 点では，等利潤線 BB は生産可能性曲線の E 点での接線になっています。つまり，等利潤線の傾きと生産可能性曲線の傾きが等しくなるような点が E 点なのです。ところが，賃金率をもう少し一般的に生産要素価格と書くことにしますと，等利潤線の傾きは，(生産要素価格 / 生産物価格) であらわされます。また，**クローズアップ 3.10** によれば，生産可能性曲線の傾きは限界生産物に等しいので，利潤最大化点 E では，

$$\frac{生産要素価格}{生産物価格} = 限界生産物$$

となっていることが，わかります。これを利潤最大化点の特徴として，**キーポイント** 3.1 としておきます。

生産物価格・生産要素価格の変化

可変的生産要素が 1 種類しかない場合には，生産物価格と可変的生産要素価格の変化がどのような効果をもつかは図 3.4 からわかります。利潤最大化点では「(生産要素価格 / 生産物価格) = 限界生産物」となっています。このために，もし生産要素価格が不変であるのに生産物価格が上がりますと，限界生産物が下がるように利潤最大化点が変わらなくてはなりません。限界生産物は，生産可能性曲線の傾きであらわされましたが，図 3.4 の生産可能性曲線によると，生産要素の投入量が多いほど，生産可能性曲線の傾きが小さくなります。ですから結局，生産物価格が上がると，生産要素の投入量が増え，生産物の産出量が増えなくてはならないことがわかります。

逆に，生産物価格が不変で，生産物要素価格が上昇した場合には，限界生産物が増えなくてはならないので，生産要素の投入量が減り，生産物の産出量が減らなくてはならないことがわかります。

なお，2 種類以上の可変的生産要素がある場合には，一方の可変的生産要素価格の変化にともない，両方の可変的生産要素の最適投入量が変化しますので，議論がやや複雑になりますが，同じ結論に至ることが示せます。

◆ **キーポイント 3.1　利潤最大化供給量**

生産要素価格と生産物価格とが与えられているとしましょう。このとき，

$$\frac{生産要素価格}{生産物価格} = 限界生産物$$

が成立するような生産物産出量が利潤を最大にする産出量です。

クローズアップ 3.11　派生需要

　家計が伊勢エビを需要し，この伊勢エビを供給するためにアスカ水産は漁師を需要しています。つまり，アスカ水産の漁師への需要は伊勢エビへの需要から導き出されたことになります。このために，漁師への需要は派生需要と呼ばれます。漁師への需要にかぎらず，企業による生産要素への需要は，すべてこのように生産物の需要から導かれる派生需要に他ならないのです。

　アスカ水産の利潤を最大にするような産出量は図 3.4 から求まります。つまり，漁師の賃金率が W であるときには，アスカ水産は利潤最大化のために，漁師を OF だけ需要することになります。

　アスカ水産にとって，伊勢エビ価格 P と漁師の賃金率 W とは所与です。生産物価格 P を一般消費財価格と解釈すれば，W は名目賃金率と呼ばれ，比率 W/P は実質賃金率と呼ばれることは，消費の理論の労働供給の理論のところで説明しておきました。

　レッスン 3.2 で説明しましたように，「限界生産物＝W/P」という式が成立するように，漁師への需要が変わりますから，実質賃金率 W/P が増えると，漁師への需要は減ることになります。これを図に書きますと，図 3.5 のようになりますので，企業による生産要素への右下がりの派生需要曲線がえがけることになります。

　第 2 章において，家計が実質賃金率 W/P に対応して，どれだけ労働を供給するかを説明しました。ここでは，これに対応して，企業が実質賃金率に対応してどれだけ労働を需要するかが示されました。これらの労働への供給曲線と需要曲線とから，労働市場の均衡が決まり，均衡価格として実質賃金率が決まることになります。

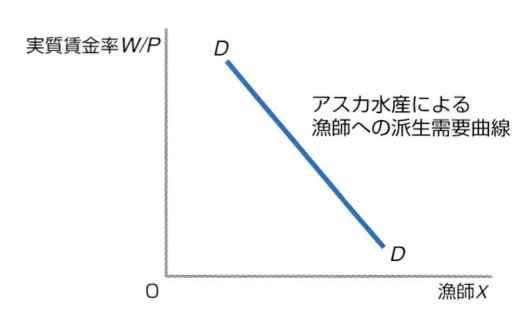

図 3.5　派生需要曲線

レッスン 3.3 等量曲線

生産要素間の最適関係

図 3.6 に示すように，アスカ水産では，船と漁師を生産要素として伊勢エビを生産しています。前レッスン 3.2 においては，図 3.6 の関係 A のように船の数量を一定として，最適な漁師と生産要素の数量とを導きました。まったく同じ方法を用いて図 3.6 の関係 B のように，漁師の数量を一定として，船の数量を変えたときに，船と伊勢エビの数量との最適な関係も導かれます。これはどちらの関係も，生産物と 1 種類の生産要素との関係ですから，同じ議論によって導かれるのです。以下では，残る 1 つの関係である 2 つの生産要素（船と漁師）の数量間の最適な関係 C を調べましょう。

等量曲線

一定量の生産物を産出するのに必要とされる生産要素の数量の組合せは，幾通りも考えられます。たとえば 50 匹という一定の数量の伊勢エビを生産するには，2 人の漁師と 2 隻の船でも可能かもしれませんし，または 3 人の漁師と 1 隻の船という組合せでも可能かもしれません。このように同じ数量の生産物を生産するにしても，そのために必要とされる生産要素（船と漁師）の数量の組合せは幾通りも考えられます。

一定の産出量を生産するのに必要な生産要素の数量の点の集まりを，等量曲線と呼びます。漁師の数量を X_1，船の数量を X_2 であらわし，X_1 を横軸，X_2 を縦軸にとった図をえがき，この図上に一定量の生産物（伊勢エビ）を産出するのに必要な X_1，X_2 の組合せを示しましょう。

経済学ではある変数が一定値であることを示すとき，その変数に ¯ をつけます。そこで，この一定量を $\overline{Q}$ であらわしましょう。そのとき，$\overline{Q}$ だけの産出量に対応する等量曲線は図 3.7 のように，右下がりで原点に対して凸の形になると考えられます。

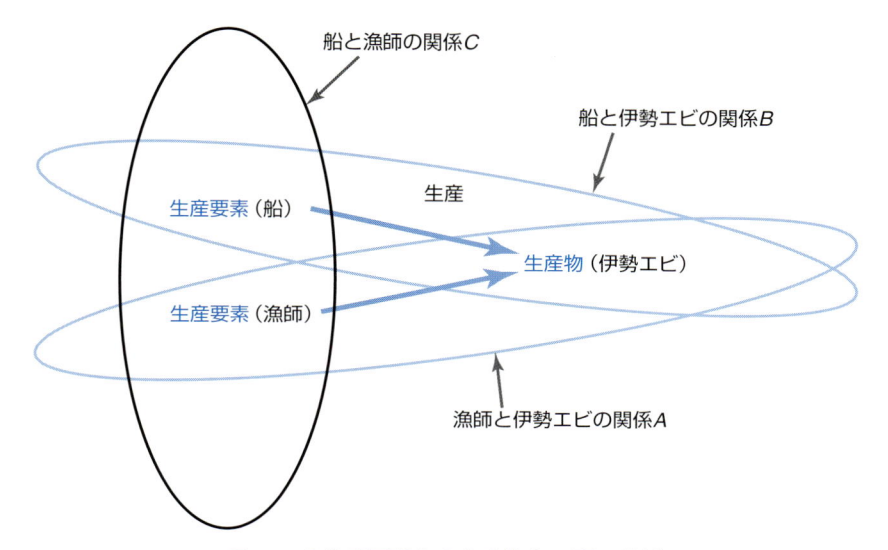

図3.6 ２生産要素と１生産物との間の分析

漁師と伊勢エビとの関係 A の分析は**レッスン3.2**でおこなわれました。まったく同じようにして，船と伊勢エビとの関係 B も分析できます。生産要素と生産要素の間の関係 C の分析を**レッスン3.3**でおこないましょう。

> **コーヒーブレイク 3.1　公務員試験**
>
> 　生産の理論は初等的な問題としては出題されにくい分野です。おそらく**図3.4**の生産可能性曲線が出題の中心になるでしょうが，基本的な概念を理解していれば容易に解答できる範囲でしか出題されないはずです。これに対して，難易度の高い問題の出題が許される高度な公務員試験では，ラグランジュの未定乗数法を用い，生産関数の形を具体的に指定した上で最適な産出量を計算するなどの問題の出題が可能となりますので，注意しなくてはなりません。

3.3　等量曲線

右下がりで原点に対して凸

なぜ，等量曲線は右下がりになり，また原点に対して凸になるのでしょうか。これは消費の無差別曲線のときとまったく同じ論法で導かれます。漁師の数量 (X_1) が十分増えれば，船の数量 (X_2) が減っても同じ数量の伊勢エビが捕れます。ですから，同じ数量の伊勢エビ $\overline{Q}$ を生産する組合せは，漁師が多く船が少ない組合せか，漁師が少なく船が多い組合せかになります。つまり，等量曲線は右下がりになるのです。

漁師の数量が少ないと，漁師が不足していますので，1人漁師が増えると多くの伊勢エビが捕獲できます。逆にいえば，伊勢エビの捕獲量を一定に保つためには，漁師1人の増加と引き替えに船の数量を大幅に減らすことができることになります。漁師の数量が多い場合には，漁師は相対的にあまっていることになります。このために，あと1人漁師が増えても伊勢エビの捕獲量はあまり増えません。この場合に，伊勢エビの捕獲量を一定に保つためには，漁師1人の増加と引き替えに船を少し減らすことしかできません。

以上をまとめると，図 3.7 のように，漁師数が X_1 の場合より，X_1' の場合の方が，漁師1人の増加と引き替えに減らせる船の数量が減ります。その結果，等量曲線は右にいくほど傾きが小さくなり，原点に対して凸な形になるのです。生産物の産出量 $\overline{Q}$ を変えれば，別の等量曲線がひかれますので，等量曲線は無数に存在することになります。右上方にある等量曲線ほどより多い産出量に対応します。

利潤最大化

アスカ水産が生産物の産出量 $\overline{Q}$ を一定にした場合に，利潤を最大にする方法を考えましょう。産出量が一定のままなので，収入（＝産出量×生産物価格）は一定のままとなります。利潤とは収入から費用を差し引いたものですから，アスカ水産が利潤を最大化するためには，費用を最小にすればよいことになります。ですから，生産物の産出量を一定に保つような2種類の生産要素の組合せの中で，費用が最小になる組合せを求めればよいことになります。

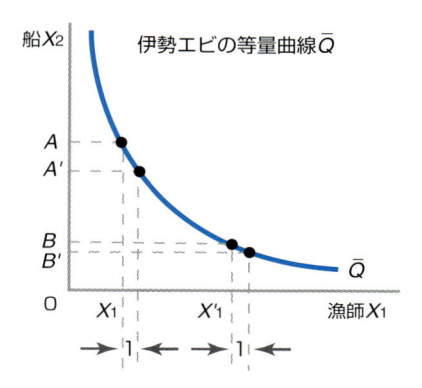

図3.7　等量曲線は原点に対して凸

第1生産要素の投入量を X_1 から1単位だけ増やしたとき，産出量を $\bar{Q}$ で一定に維持するためには第2生産要素の投入量を AA' だけ減少させることができます。また第1生産要素の投入量を X_1' から1単位だけ増やしたときに，$\bar{Q}$ を維持するためには第2生産要素を BB' だけ減少させることができます。$AA' > BB'$ ならば，等量曲線は原点に対して凸となります。

クローズアップ3.12　限界価値生産物

限界生産物と似た考え方に，限界価値生産物というものがあります。ここでは価値とは，価格×産出量，つまり収入を意味します。限界価値生産物とは，ある生産要素の投入量が1単位増えたときに収入が追加的にいくら増えるかを示します。

たとえば，アスカ水産では，漁師数が2人のときに伊勢エビが30匹獲れ，漁師数が3人に増えると伊勢エビは40匹獲れるとしましょう。この場合の漁師の限界生産物は10匹です。伊勢エビ価格を2000円とすると，この漁師1人の増加により，2000円×10匹＝2万円だけ収入が増えることになります。こうして，漁師の限界価値生産物は2万円であることがわかります。

以上から，限界価値生産物は，生産物価格×限界生産物であることがわかります。これを使うと，**キーポイント3.1**は，「限界価値生産物＝生産要素価格」が成立するような投入量において利潤は最大化される，といい換えることもできます。

なお，以上の「限界価値生産物＝生産物価格×限界生産物」という式は伊勢エビ市場が完全競争であり，アスカ水産がいかほど伊勢エビを供給しようが，伊勢エビ価格が変わらない場合についてのみ成立します。伊勢エビ市場においてアスカ水産が独占企業である場合（第5章参照）には，アスカ水産の供給量に応じて伊勢エビ価格が変化してしまいますので，限界価値生産物の式は異なった形になります。

等費用線

縦軸に生産要素 X_2（船）の投入量，横軸に生産要素 X_1（漁師）の投入量をとった図 3.8 をえがきます。この図上で，ちょうど費用が同じになるような X_1 の量と X_2 の量との組合せをみつけましょう。漁師の価格（賃金率）を W_1，船の価格（賃貸料）を W_2，とします。すべての生産要素の購入にかかる費用 C は，
$$C = W_1 X_1 + W_2 X_2$$
になります。この費用 C が一定の値 $\overline{C}$ になるような，X_1 と X_2 の組合せの集まりを**等費用線**と呼びます。この式の両辺を W_2 で除して，X_1 の項を移項すると，
$$X_2 = -\frac{W_1}{W_2} X_1 + \frac{C}{W_2}$$
となります。これは傾き $-(W_1/W_2)$，切片 C/W_2 の直線の方程式です。図 3.8 の FF 線で，この直線をえがきましょう。この直線上のどの点をとっても，その X_1 と X_2 の組合せは同じだけの費用を企業にもたらします。

費用の水準 $\overline{C}$ を $\overline{C'}$ へ増やしますと，別の等費用線がえがかれます。その場合，変化するのは切片が $\overline{C}/W_2$ から $\overline{C'}/W_2$ へ増えるだけで，等費用線の傾き W_1/W_2 は変わりません。ゆえに，費用が増えるほど，等費用線は上方に平行移動します。図 3.8 では AA 線に対応します。

費用最小化生産点

生産物の産出量を一定に保ちながら，費用を最小にする生産要素の組合せを求めてみましょう。図 3.9 の等量曲線 $\overline{Q}$ は，この曲線上のどの生産要素の組合せでも同じだけの産出量 $\overline{Q}$ をもたらします。等費用線群を書き加えれば，同じ等量曲線上の点でも A 点よりは B 点の方が，そして B 点よりは E 点の方が費用が少なくてすむことがわかります。結局，もっとも費用が少なくなるのは，等量曲線と等費用線とが接する E 点であることになります。

等費用線の傾きは，2 つの生産要素の価格比 W_1/W_2 でしたから，費用最小化生産要素投入量では，「等量曲線の傾きは 2 つの生産要素の価格比に等しい」ことがわかります。これが最適な生産要素の組合せの特徴なので，**キーポイント 3.2** としておきます。

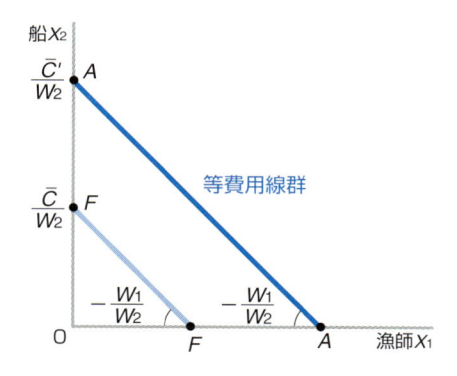

図 3.8 等費用線

費用が同じになるような生産要素 X_1 と X_2 の組合せを等費用線と呼びます。等費用線群は同じ傾きをもった直線になりますが，費用が小さい等費用線ほど左下に位置します。

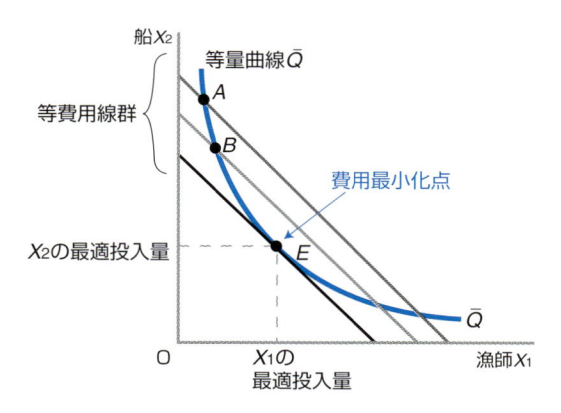

図 3.9 費用最小化点

一定の産出量 $\bar{Q}$ を保ちながら費用を最小にするような生産要素 X_1 と X_2 の組合せは，等量曲線 $\bar{Q}$ と等費用曲線との接点 E で与えられます。

◆キーポイント 3.2　費用最小化点

　費用最小化点では，等量曲線の傾きは生産要素の価格比に等しくなります。

3.3　等量曲線

クローズアップ3.13　キーワード一覧

第3章で出てくるキーワードに対応する英語の一覧表を以下にあげておきましょう。

企業	firm
利潤最大化	profit maximization
生産	production
生産要素	factor of production
生産物	product
投入	input
産出	output
短期	short-run
長期	long-run
結合生産物	joint product
固定的生産要素	fixed factor
可変的生産要素	variable factor
生産関数	production function
生産可能性曲線	production possibility curve
規模に関して	
収穫一定・逓増・逓減	constant (increasing・decreasing) returns to scale
規模の利益・不利益	economies (diseconomies) of scale
一次同次	homogeneous of degree one
派生需要	derived demand
限界生産物	marginal product （記号：MP）
限界生産性逓減の法則	law of decreasing marginal product
等利潤線	isoprofit curve
等量曲線	isoquant curve
等費用線	isocost curve

第 4 章

費用の理論

レッスン
4.1 総費用曲線
4.2 限界原理
4.3 長期の分析

企業の理論の後半は，費用の理論です。費用の面から見て，利潤を最大にする企業の産出量を調べます。この関係から，企業の個別供給曲線が導き出されます。

レッスン 4.1 総費用曲線

総費用

さまざまな費用概念について説明しましょう。アスカ水産が伊勢エビを Q 匹供給しようとしているとしましょう。このとき，この供給のためにかかるすべての費用を総費用といいます。生産物の産出量が変わればこの総費用は変わります。そこで，横軸に生産物の産出量 Q，縦軸に総費用をとって，各産出量に対応する総費用の関係を図 4.1 にあらわしてみましょう。この曲線は総費用曲線と呼ばれます。

総費用曲線はどのような性質をもっているかを考えてみましょう。以下では短期の場合を考えますので，固定的生産要素が存在すると仮定します。この場合の総費用曲線を短期総費用曲線と呼びます。長期総費用曲線は，短期総費用曲線から導かれることは後に示します。

何らかの理由で，企業経営者が生産物の産出量を 0 にしたとしましょう。短期の場合には，たとえ生産物の産出量が 0 の場合にも，固定的生産要素の投入量を変えることはできませんので，固定的生産要素の代金を支払わなくてはならず，一定の費用がかかります。この費用を固定費用と呼びます。こうして，図 4.2 において総費用曲線は縦軸と交わる点から右上がりになります。

たとえば，アスカ水産では漁師は「日雇い」で雇っているので，漁を休む日には給料を払う必要がありません。しかしながら，傭船は 1 年単位で借りているので，ある日に休漁して 1 匹も伊勢エビを捕獲しなくても傭船料の方は支払わなくてなりません。このような場合には，傭船料が固定費用となります。現実の企業でも土地建物の賃貸契約料，正社員の人件費，電話・電気・ガス・水道の基本料金など，生産物の産出量とは無関係に支出される費用項目が多くあ

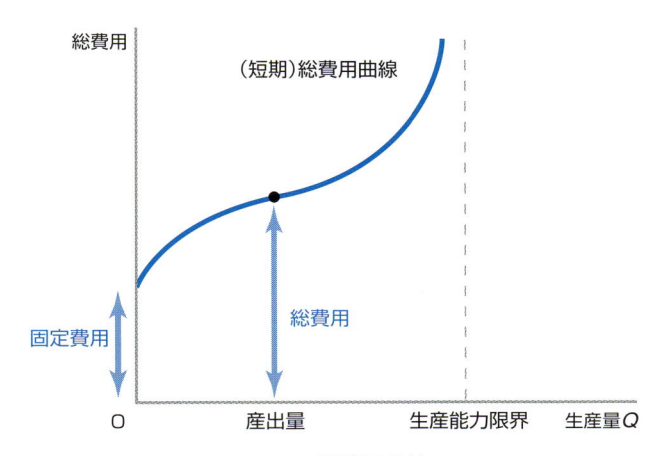

図 4.1　総費用曲線
各産出量に対応して総費用をその上にうつと，総費用曲線がえがかれます。

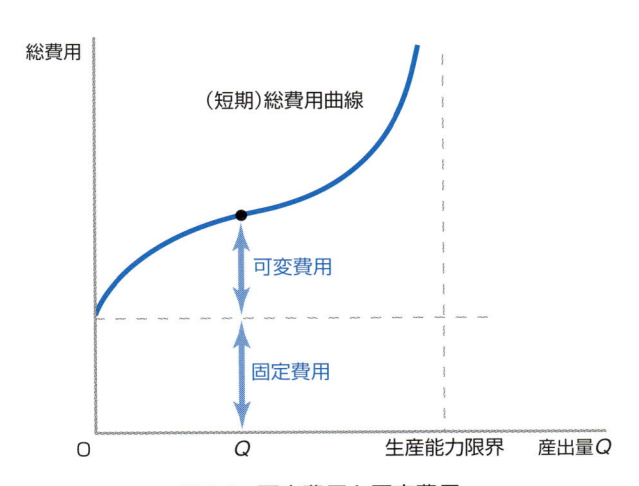

図 4.2　可変費用と固定費用
生産物を Q だけ産出するためには，固定費用と可変費用とがかかります。両者の和が総費用になります。

4.1　総費用曲線

ります。これらはすべて固定費用となります。

　生産物の産出量を 0 以上に増やすと，総費用は固定費用以上にかかります。こんどは固定的生産要素のみならず可変的生産要素を投入して生産量を正にしなくてはならないからです。この総費用のうちの固定費用を超える部分を**可変費用**といいます。生産物の産出量の変化に応じて変化する費用だからです。こうして，総費用は固定費用と可変費用の和であると定義されます。これを**キーポイント 4.1** としておきます。

総費用曲線の形状

　生産物の産出量が増えるほど，総費用は増えます。このために，総費用曲線は右上がりになります。たとえば，アスカ水産で伊勢エビを 50 匹ではなく 80 匹獲ろうとすれば，より多くの可変的生産要素（たとえば，漁師）の投入が必要となり，その結果より多くの費用がかかりますので，総費用が増えることでしょう。

　短期の場合，固定的生産要素の投入量を変化させることはできません。このために，可変的生産要素を増やして生産物の産出量を増やそうとしても，固定的生産要素の制約のせいで，次第に産出量を増やすのが困難になります。

　たとえば，船の数量は 1 隻に固定されているとしましょう。伊勢エビを 30 匹しか獲っていない状態では，伊勢エビをあと 1 匹余計に獲ろうとすると，操業時間をやや伸ばせば十分でしょう。しかし，すでに伊勢エビを 100 匹も獲っている状態では，漁師数も操業時間も船の操業能力の限度一杯に近づいているでしょう。このような状態では，さらに 1 匹余計に釣ろうとすると，能率の悪い状態で余分に操業しなくてはならないことでしょう。この結果，総費用が大きく増加します。

　つまり，短期の場合，生産物の産出量を増やしていくと，固定的生産要素の量によって決まる生産能力の上限のあたりで，急速に総費用が増加すると予想されます。これは図 4.1 で総費用曲線が生産能力に近づくほど急速に右上がりになることによって表現されています。以上から，短期の総費用曲線は図 4.1 のような形状になると考えられるのです。

◆**キーポイント 4.1　固定費用・可変費用**

　　総費用＝固定費用＋可変費用

🔍 **クローズアップ 4.1　　固定費用の例**

　巨大な固定費用の一つの例は，自動車生産における新車開発費用でしょう。現代における普通乗用車は，まったく新規に開発するとなると，1000 億円以上の開発費がかかるそうです。デザインをおこない，設計図をえがき，エンジンを開発し，車体の金型をつくり，試作車に種々の試験を繰り返す，という作業にそれだけの費用が出ていくのです。この 1000 億円はその自動車が 1 台も売れなくても，費用として支出されることになります。つまり，典型的な固定費用であることになります。

　ちなみに，実際には，この開発費を節約するために自動車メーカーは種々の便法を採用しています。たとえば，中味は同じ車でも，外観のデザインだけ変えてまったく別の自動車として売り出す，ということはしばしばあります。こうすると，この 2 番目の自動車についてはデザイン以外の開発費をすべて節約できるからです。

　また，エンジンだけは他の自動車メーカーから買ってくる，という方法もあります。これによって，エンジンの開発費を節約できますし，エンジンを売る方のメーカーもエンジンの売上台数が増えるので，エンジンの開発費を回収しやすくなるのです。あるいは，モデルチェンジといって，設計の古くなった車を新型に設計し直すときに，旧式車の部品の多くをそのまま新型車にも使い続けてしまう，という方法もあります。新規部品の開発費用を節約できるからです。

平均費用

平均費用とは，いわゆる単価のことで，生産物1単位あたりの費用をいいます。図4.3のA点では，生産物をQ単位産出し，そのためにAQ_Aだけの総費用がかかっています。この際，平均費用は，

$$平均費用 = \frac{総費用}{産出量}$$

の式で定義されます。アスカ水産の例でいえば，50匹の伊勢エビを獲るのに，10万円の総費用がかかったとしましょう。このとき，平均費用は10万円/50匹 = 2000円になります。

平均費用は生産物の産出量ごとに異なります。平均費用を図から読みとってみましょう。図4.3の総費用曲線で，A点では伊勢エビOQ_A単位を生産するために必要な総費用はAQ_Aです。ですから平均費用の定義から，平均費用は総費用AQ_A/産出量OQ_Aです。図4.3では，A点・原点O・産出量Q_Aとの3点に囲まれる領域は，直角三角形になりますので，総費用AQ_A/産出量OQ_Aは，線分OAの傾きに等しくなることがわかります。こうして，平均費用は図中の傾きAOQ_Aとして求められました。

同じようにして，B点での平均費用を求めると，線分OBの傾きBOQ_Bになることがわかります。A点と比べると，B点の方が傾きが小さくなっていることがわかります。しかし，さらに産出量が増えたC点の場合では，線分OCはB点より傾きが大きくなっています。つまり，平均費用は産出量によってさまざまに増減するのです。

横軸に生産物の産出量，縦軸に平均費用をえがき，各産出量に対応する平均費用を図4.4中にえがいてみましょう。図4.3から，当初，平均費用は減少し，やがて最低点に達した後は上昇に転じることがわかりますから，図4.4のように平均費用はU字形となります。この曲線を**平均費用曲線**と呼びます。図4.4において平均費用が最小となる産出量Q_Fは，図4.3のF点に対応していることに注意してください。F点では，原点と総費用曲線とを結ぶ線分の傾きが最小となっているからです。A点，B点，C点などでは原点とその点を結ぶ線分OA，OB，OCなどはすべて総費用曲線と交差し，交わっているのに対して，

図 4.3 平 均 費 用

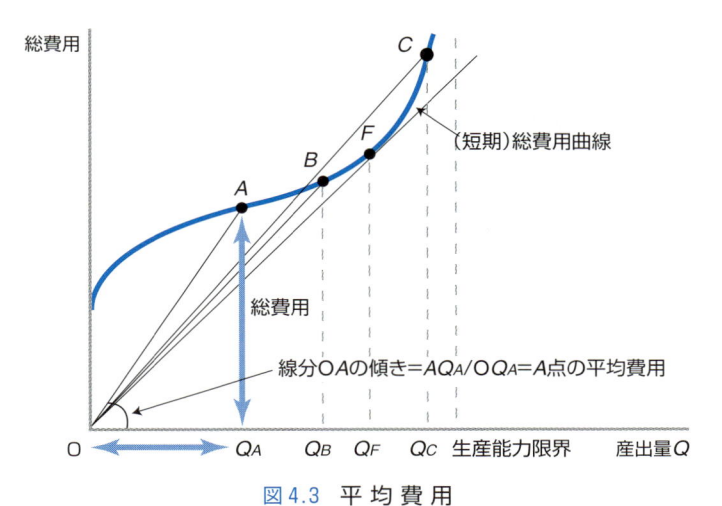

A 点の平均費用は線分 OA の傾きとして求まります。同様にして，B 点や C 点での平均費用も求まります。線分の傾きが最小となるのは F 点です。線分 OF は F 点で総費用曲線に接しています。

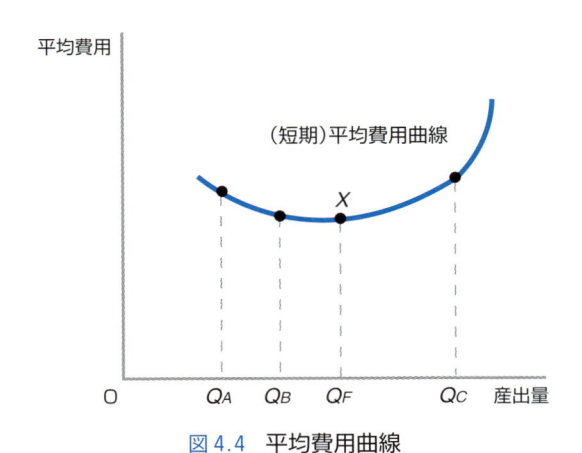

図 4.4 平均費用曲線

平均費用曲線は X 点を最低点とする U 字形になります。

4.1 総費用曲線

F 点では線分 OF は総費用曲線に接する形になっていることが図 4.3 から読みとれます。

平均可変費用

可変費用を，産出量で除したものを平均可変費用といいます。つまり，

$$\text{平均可変費用} = \frac{\text{可変費用}}{\text{生産量}}$$

という式が成立します。

図 4.5 で，産出量が OQ_A のときの平均可変費用を求めてみましょう。三角形 JAM は直角三角形ですから，可変費用である線分 AM を産出量 OQ_A で除すと，線分 JA の傾きに等しくなります。つまり，線分 JA の傾き AJM が平均可変費用をあらわします。同様に産出量が OQ_B のときには，線分 JB の傾き BJM が平均可変費用になります。こうして，さまざまな産出量に対応する平均可変費用を調べていきますと，産出量が少ないときには高く，産出量が増えるにしたがって低くなって最低点に到達し，やがてまた高くなる，という U 字形の形をしていることがわかります。この関係を横軸に産出量，縦軸に平均可変費用をとった図にあらわすと，図 4.6 の曲線のようになります。これを平均可変費用曲線といいます。

平均可変費用が最小となる産出量は，図 4.5 の G 点で与えられることに注意してください。この点で，J 点と総費用曲線とを結ぶ線分の傾きが最小となっているからです。このとき，J 点と総費用曲線とを結ぶ線分 JG は G 点で総費用曲線と接していることに注意してください。

図 4.5 で産出量 Q_A に対応する平均費用は線分 OA の傾きであらわされますが，同じ産出量 Q_A に対応する平均可変費用は線分 JA の傾きであらわされます。両方を比較すると，産出量 Q_A においては必ず平均費用（OA の傾き）の方が平均可変費用（JA の傾き）より大きくなることがわかります。他の産出量でもまったく同じことがいえますので，平均費用曲線と平均可変費用曲線とを同じ図にえがきますと，必ず平均可変費用曲線の方が平均費用曲線より下に来ます。

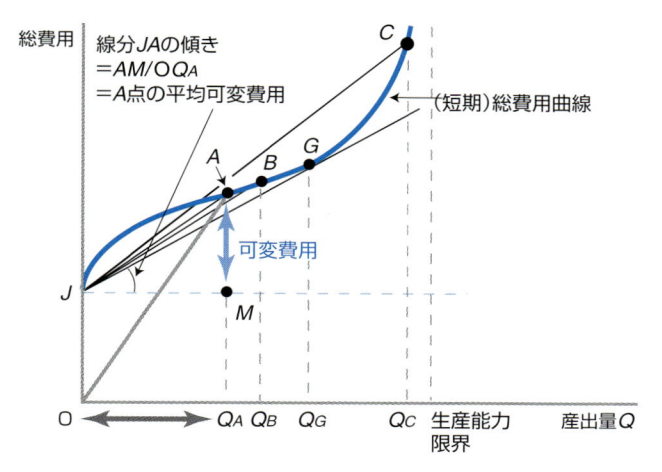

図 4.5 平均可変費用

A 点の平均可変費用は線分 JA の傾きとして求められます。B 点や C 点の平均可変費用も同様にして求まります。線分の傾きが最小になるのは G 点です。線分 JG は G 点で総費用曲線と接します。

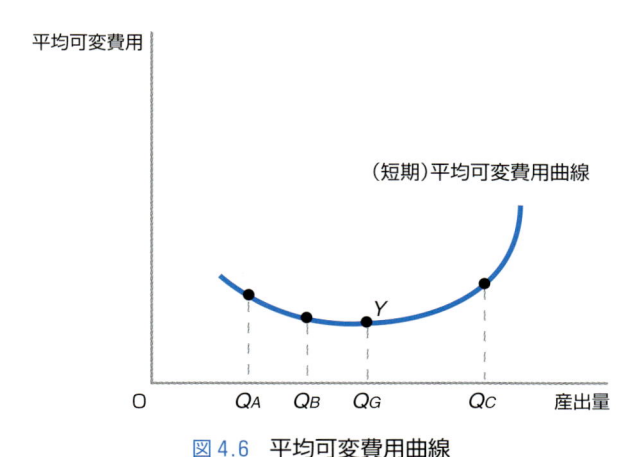

図 4.6 平均可変費用曲線

平均可変費用曲線は Y 点を最低点とする U 字形になります。

4.1 総費用曲線 163

限界費用

ある産出量から1単位さらに産出量を増やすときにかかる追加的な費用を**限界費用**と呼びます。経済学では,「限界」という言葉を「追加的」という意味で用いるからです。

たとえば,アスカ水産で30匹伊勢エビを捕獲するのに,7万円かかるとしましょう。また,31匹捕獲するのに,7万1000円かかるとしましょう。このとき,1匹余計に釣るためには1000円追加的に費用がかかりますので,これをさして伊勢エビの限界費用は1000円である,といいます。

限界費用を総費用曲線から読みとってみましょう。図4.7のA点の限界費用を定義通りに求めると,産出量Q_Aのときの総費用とQ_A+1のときの総費用との差です。これはA点とA'点との縦方向の距離になりますから,図4.7の縦軸のように示されます。しかし,このままではその大きさを読みにくいので,次のような限界費用の近似を用いましょう。

三角形$AA'A''$は直角三角形になります。限界費用は,図4.7では$A'A''$で示されますが,$AA''=1$なので,限界費用$A'A''=A'A''/AA''$と書き換えられます。ところが,この$A'A''/AA''$は傾き$A'AA''$に等しく,そしてこの傾きはA点での総費用曲線の接線の傾きに近似的に一致します。このために,A点での接線の傾き自体を限界費用として近似的にみなせます。こうして,総費用曲線の各点での傾きを使ってその点の限界費用を図から簡単に読みとることができます。

限界費用曲線

A点での限界費用は,A点での接線の傾きで与えられます。B点での限界費用はB点での接線の傾きで与えられます。C点での限界費用はC点での接線の傾きで与えられます。これらの限界費用をみますと,一般に産出量の増加とともに限界費用が増加するとは必ずしもいえません。しかし,産出量が十分大きくなって,企業の生産能力の限界に近づくと総費用曲線は急速に右上がりになりますので,限界費用は必ず増加していくことがわかります。

こうして,各点での限界費用を,横軸に産出量を縦軸に限界費用をとった図にえがきますと,図4.8のようになります。この曲線は,各産出量に対応する

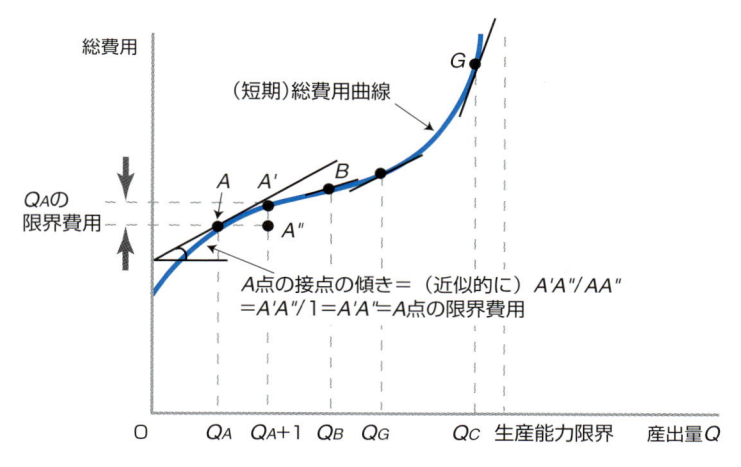

図 4.7　限 界 費 用

A 点の限界費用は，$A'A''$ で示されています。これは A 点での接線の傾きで近似されます。B 点，G 点，C 点での限界費用は，それぞれの点での接線の傾きで近似されます。

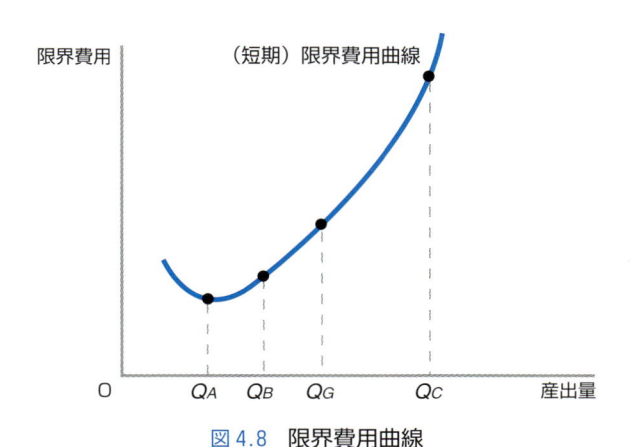

図 4.8　限界費用曲線

限界費用曲線は，右方では右上がりになります。

限界費用をあらわしますので，（短期）限界費用曲線と呼ばれます。限界費用曲線は一般には，右下がりか右上がりか断言できませんが，生産能力の限界に近い右方では右上がりになることが図 4.7 から読みとれます。

平均費用曲線・平均可変費用曲線・限界費用曲線

　平均費用曲線・平均可変費用曲線・限界費用曲線を図 4.9 に一緒にえがいてみます。縦軸にこれらの値をとり，横軸に産出量をとります。すると，この3つの曲線は図のような位置関係になることを証明できます。

　まず最初の位置関係として，必ず平均費用曲線は平均可変費用曲線より上方にあり，平均費用曲線と平均可変費用曲線とが交わることはないといえます。このことは，平均可変費用曲線の解説においてすでに説明しました。

　次に，平均費用曲線の最低点 F と平均可変費用曲線の最低点 G とを限界費用曲線が通ることが示せます。このため，平均費用曲線の最低点 F は平均可変費用曲線の最低点 G より必ず右側にあります。

　なぜ平均費用曲線の最低点を限界費用曲線は通るのでしょうか。まず，図 4.3（161 頁）の総費用曲線の F 点に注目してみます。図 4.3 で説明したように，線分 OF は F 点で総費用曲線に接します。つまり，線分 OF の傾きと総費用曲線の F 点での接線の傾きとは同じだということです。ところが，線分 OF の傾きとは F 点の平均費用であり，また，総費用曲線の F 点での接線の傾きとは F 点の限界費用でした。この結果，F 点つまり産出量 Q_F では平均費用と限界費用とが一致します。

　さて，F 点とは平均費用の最小となる点でもありました。この結果，平均費用が最小となる産出量では，平均費用と限界費用とが一致する，ということがわかります。つまり，限界費用曲線は平均費用曲線の最低点を通らなくてはならないのです。

　ちなみに，F 点以外の産出量では原点と総費用曲線とを結ぶ線分は総費用曲線と交わり，その結果その線分の傾きは総費用曲線の傾きとは一致しませんので，平均費用は必ず限界費用とは違った値になります。

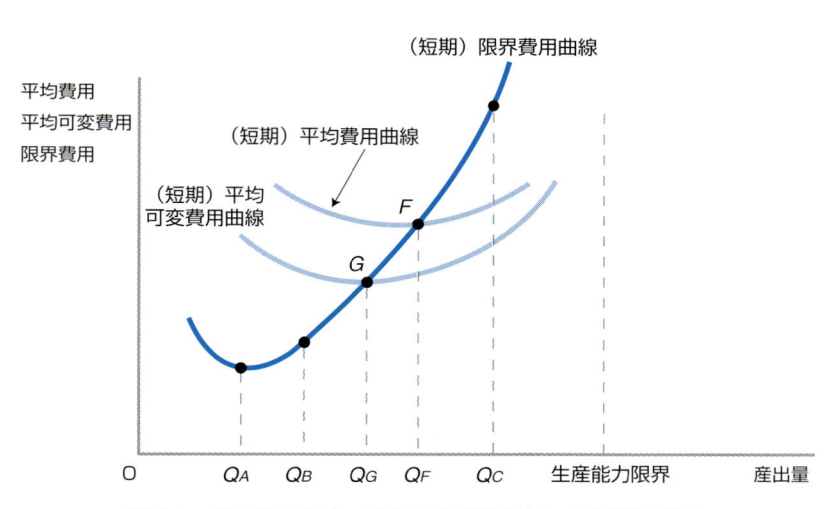

図 4.9 平均費用曲線・平均可変費用曲線・限界費用曲線

平均費用曲線は平均可変費用曲線より必ず上にあります。限界費用曲線は必ず平均費用曲線と平均可変費用曲線の最低点を通ります。F 点は損益分岐点，G 点は企業閉鎖点と呼ばれます。

> ◆キーポイント 4.2　費用曲線図
>
> 　費用曲線図は図 4.9 のようになります。

限界費用曲線と平均可変費用曲線

平均費用曲線の議論とまったく同じようにして平均可変費用曲線についての結論を導けます。図 4.5（163 頁）から，線分 JG は G 点で総費用曲線に接します。その結果 G 点の平均可変費用は G 点の限界費用に等しいことがわかります。G 点は平均可変費用が最小となる産出量でしたから，平均可変費用が最小となる産出量では，平均可変費用と限界費用は一致する，ということが示せました。この結果，限界費用曲線は平均可変費用曲線の最低点を通ることがわかります。また図 4.5 から，G 点以外の点では，平均可変費用と限界費用は必ず異なることが読みとれます。

3 つの曲線の関係

産出量が大きくなっているときには，限界費用曲線は右上がりになっています。平均費用曲線は平均可変費用曲線より上にあり，かつ限界費用曲線はそれぞれの最低点を通ります。以上の性質から平均費用曲線の最低点は平均可変費用曲線の最低点より右方になくてはならないことがわかります。これらの性質に気をつけて，平均費用曲線・平均可変費用曲線・限界費用曲線をえがくと，図 4.9 のような位置関係になります。

レッスン 4.2 で説明されますが，図 4.9 の平均費用曲線の最低点 F を損益分岐点，平均可変費用曲線の最低点 G を企業閉鎖点（あるいは操業停止点）と呼びます。図 4.9 をキーポイントにしておきます。

🔍クローズアップ4.2　「費用」記号一覧

　費用の理論では，さまざまな種類の費用が出てきます。ここで，これらの費用の定義と記号を，まとめておきましょう。

費用の種類（英訳：記号）

■**総費用**（Total Cost：TC）
　　生産物を産出するためのすべての費用。
■**固定費用**（Fixed Cost：FC）
　　生産物をまったく産出しないときにかかる費用。短期の場合にのみ存在する。
■**可変費用**（Variable Cost：VC）
　　生産物を1単位以上産出するときに，固定費用を超えてかかる費用。
　　総費用＝固定費用＋可変費用。
■**平均費用**（Average Cost：AC）
　　生産物1単位あたりにかかる費用。いわゆる「単価」。
　　平均費用＝総費用／産出量。
■**平均可変費用**（Average Variable Cost：AVC）
　　生産物1単位あたりにかかる可変費用。長期では平均費用と一致する。
　　平均可変費用＝可変費用／産出量。
■**平均固定費用**（Average Fixed Cost：AFC）
　　生産物1単位あたりにかかる固定費用。短期の場合にのみ存在する。
　　平均固定費用＝固定費用／産出量。
■**限界費用**（Marginal Cost：MC）
　　あと1単位生産物を産出するのに必要な追加的費用。
■**短期平均費用**（Short-Run Average Cost：SAC）
　　短期の平均費用。
■**長期平均費用**（Long-Run Average Cost：LAC）
　　長期の平均費用。
■**短期限界費用**（Short-Run Marginal Cost：SMC）
　　短期の限界費用。
■**長期限界費用**（Long-Run Marginal Cost：LMC）
　　長期の限界費用。

レッスン 4.2 　限界原理

利潤最大化行動

　企業は利潤最大化を目的とする組織です。費用を払って生産要素を購入し，技術を用いてある財・サービスを生産し，これを販売して収入を得ます。この収入と費用の差が利潤です。収入の方が費用より大きければ利潤が生じ，企業はもうかります。しかし，費用の方が収入より大きければ利潤は負となり，企業は損失をこうむります。

　長期では，すべての生産要素の投入水準を変えることができます。ゆえに，損失をこうむる場合には，すべての生産要素の投入量を 0 にすることによって総費用を 0 にすることができます。そのときには，生産物の産出量も 0 になり収入も 0 になります。ゆえに，利潤＝収入 0 － 総費用 0 ＝ 0 ですから，利潤は 0 になり損失は出ません。つまり，長期には損失をこうむる企業は生産を停止し，その産業から退出してしまいます。ですから，長期的に損失をこうむる企業というものはないのです。

　しかし，短期の場合，これは必ずしも正しくありません。短期とは固定的生産要素の投入量を変えるのに十分な時間がない，という意味ですから，生産物の産出量を 0 にしても固定費用だけ費用が生じます。つまり，固定費用と同じか，それ以下の損失が生じえます。以下では，この短期の場合の費用の理論を説明します。

企業利潤

　企業の目的は利潤最大化です。では，利潤を最大にする生産量は，どのように求められるのでしょうか。今，伊勢エビの市場価格を P 円としましょう。アスカ水産が Q 匹だけ伊勢エビを毎日供給すると，$P \times Q$ 円だけの収入を得ます。また，Q 匹だけ供給するためにアスカ水産は，$C(Q)$ 円だけの費用を支払っているとしましょう（C の後ろの (Q) は，産出量 Q が変わると総費用 C も変わ

例題 4.1　利潤

　伊勢エビ価格は 3000 円とします。アスカ水産は船を 1 隻，漁師を 2 人雇って，伊勢エビを 40 匹供給しているとします。船は年間契約で 1 日あたり 1 万円で借りています。漁師は日雇い契約で 1 人につき 1 日 2 万円で雇えます。また，アスカ水産が 41 匹供給するためには，漁師 2 人に合計 2000 円余計に時間外超過手当を払わなくてはなりません。このようなときに，以下の質問に答えなさい。

① アスカ水産の収入はいくらですか。
② アスカ水産の総費用はいくらですか。
③ アスカ水産の利潤はいくらですか。
④ アスカ水産の固定費用はいくらですか。
⑤ アスカ水産の平均費用はいくらですか。
⑥ アスカ水産の平均可変費用はいくらですか。
⑦ アスカ水産の限界費用はいくらですか。
⑧ アスカ水産の限界収入はいくらですか。

[解答]
①価格 3000 円×産出量 40 匹＝収入 12 万円。②船 1 隻を 1 日 1 万円，漁師 2 人を 1 人 2 万円で雇ったのですから，1 万円＋2 万円×2 人＝5 万円が総費用になります。③利潤は収入 12 万円から総費用 5 万円を差し引いた 7 万円になります。④船は年間契約ですから，1 日あたりの産出量とは無関係に 1 日 1 万円かかります。つまり，1 万円が固定費用です。⑤総費用 5 万円を 40 匹で除して，平均費用は 1250 円になります。⑥ 40 匹を供給するためのアスカ水産の可変費用は，2 万円× 2 人＝4 万円になります。これを 40 匹で除して，1000 円が平均可変費用になります。⑦ 41 匹供給するのには，40 匹供給するときに比べて，あと 2000 円余計に費用が追加的にかかります。つまり，限界費用は 2000 円です。⑧伊勢エビ市場が完全競争の場合には，限界収入（172 頁参照）は生産物価格と一致しますので，価格 3000 円に等しくなります。

るという意味です)。この結果，アスカ水産の利潤は $PQ-C(Q)$ となります。

完全競争市場では，個々の企業は市場価格 P を変える力はありません。これを「伊勢エビ価格はアスカ水産にとって所与である」と表現します。そこで，アスカ水産は産出量 Q を変えることによって利潤の最大化を追求します。

企業利潤最大化

生産物産出量がどの値のときに，アスカ水産の利潤は最大になるでしょうか。これを以下のように考えてみましょう。現在，アスカ水産は Q 匹生産しているとします。では，このとき，アスカ水産の利潤は一番大きくなっているでしょうか。これを知るために，あと1匹伊勢エビを余計に供給してみて，現在より利潤が増えるかどうか調べてみます。現在より利潤が増えれば，現在の産出量 Q は利潤を最大化していないことになります。

利潤は収入と費用の差です。現在の産出量 Q より1匹余計に供給したとき，追加的に増える収入の金額のことを限界収入と呼びます。

完全競争市場には多数の売り手がいますので，アスカ水産の供給する伊勢エビの量は市場全体からみればたいへん小さな割合にすぎません。このために，アスカ水産がどのように産出量を変えても伊勢エビ価格は変わりません。つまり，アスカ水産にとって伊勢エビの価格は所与です。このときに，伊勢エビを1匹追加的に販売すると，伊勢エビ1匹の価格 P だけ収入が追加的に増えます。このことから，「アスカ水産の限界収入は生産物価格に等しい」といえます。これを**キーポイント4.3**としておきましょう。その一方で，産出量 Q より1匹余計に供給したときには，総費用は限界費用だけ増えます。これは限界費用の定義でした。

利潤最大化条件

以上をまとめると，アスカ水産はあと1匹余計に生産することによって限界収入（＝生産物価格）だけ収入が増える一方で，限界費用だけ総費用が増えます。ゆえに，差し引きでは「限界収入－限界費用」だけ利潤が増えることになります。産出量が Q 匹のときに，たまたま「限界収入＞限界費用」であったと

◆ *キーポイント 4.3* 限 界 収 入

完全競争市場で生産物を産出している企業の限界収入は，生産物価格と等しくなります。

🔍 *クローズアップ 4.3* 限 界 原 理

本文のように，「あと1単位余計に生産したらどうなるか」という方法を用いて経済問題を分析することを<u>限界原理</u>といいます。直感的にいえば，限界原理とは霧で覆われた丘の上で，自分が頂上にいるのか，まだ中腹にいるのかを確かめる方法に例えられます。

霧のために，丘全体を見渡すことはできませんが，足下の周辺は見渡せます。もし，足下の周辺の地面がどちらかの方角に向かって上がり気味になっていれば，自分は丘の頂上にはいません。少なくとも，今よりもっと高い地面があるからです。逆に，足下周辺の地面が平坦になっていれば，自分は頂上に立っている可能性がでてきます。

以上の理由ゆえに，限界原理では，あと1単位余計に生産しても利潤が変わらないときに，利潤が最大化されていると考えるのです。数学に詳しい方なら，限界原理とは微分の極値の考え方であることに気づかれるでしょう。

しましょう。このときには，現在より1匹余計に供給すれば「限界収入 − 限界費用」（＞0）だけ利潤が増えることになります。逆にいえば，現在の産出量 Q はアスカ水産の利潤を最大にしてはいないことになります。

また，逆に現在の産出量 Q では，たまたま「限界収入＜限界費用」であったとしましょう。このときには，1匹伊勢エビの供給を減らすと，限界費用だけ費用が減り，限界収入だけ収入が減ります。限界費用の減り方の方が大きいので，差し引きでは利潤は増えることになります。つまり，この場合も現在の産出量 Q はアスカ水産の利潤を最大にはしていないことになります。

以上の議論から，現在の産出量 Q でもし「限界収入＞限界費用」であったり「限界収入＜限界費用」であったりすると，アスカ水産は伊勢エビの供給量をあと1匹増やしたり減らしたりすることによって利潤を増やすことができます。つまり，現在の産出量 Q は利潤を最大にする産出量ではありません。逆にいえば，もし産出量 Q が利潤を最大にする産出量であれば，上のどちらの不等式でもない「限界収入＝限界費用」が成立するような産出量でなくてはなりません。こうして利潤最大化の条件が見つかりました。この式を利用して，アスカ水産の利潤最大化産出量を求めることができます。

最適な産出量

伊勢エビ市場が完全競争であるとき，前記のようにアスカ水産の限界収入は伊勢エビ価格と一致します。ゆえに，上の最適条件式は，「価格＝限界費用」と書き換えられます。これを**キーポイント4.4**としておきましょう。

さて，図4.10において，この式が成立するような産出量をみつけてみましょう。伊勢エビ価格 P を縦軸に表示し，そこから横軸に平行な横線を補助線としてひきますと，この横線と限界費用曲線とが交わる X 点をみつけることができます。この X 点に対応する産出量 Q^* が，利潤最大化をもたらす産出量です。なぜなら，この産出量においては限界費用が XQ^* であり，それは価格 OP と一致しているので，「価格＝限界費用」が成立しているからです。図4.10によれば，これ以外の産出量 Q のときには，この「価格＝限界費用」が成立しないので，最適な産出量ではないことがわかります。

🔍 クローズアップ 4.4　供給曲線と需要曲線の傾き

　経済には家計と企業との2種類の経済行動の主体がいます。家計と企業は互いに取引をおこなっています。企業は生産物を家計へ販売し，家計はこの生産物を消費します。このような生産物を最終生産物と呼びます。この際，この生産物の産出のために企業は生産要素が必要となります。このような企業による生産要素への需要を，派生需要と呼びます。家計による生産物への需要をみたすために生じる，生産要素への需要だからです。

　この企業の必要とする生産要素の一部は他の企業から購入されます。しかし，生産要素の他の部分は家計から購入されます。なぜなら，家計は労働・資本（機械）・土地などの生産要素を所有しているからです。これらのうち，労働と土地とは本源的生産要素と呼ばれます。生産活動によって，存在量を変えることはできない生産要素だからです。

　市場の理論で取り扱われた生産物の多くは，最終生産物でした。最終生産物の場合，それを需要するのは家計，供給するのは企業です。消費の理論（家計の理論）において示されましたように，家計による需要曲線は「代替効果が負の所得効果より強い限り」右下がりになりますから，市場の理論においての「個別需要曲線は右下がり」の仮定は条件付きで正しかったことになります。では，「個別供給曲線は右上がり」の仮定はどうでしょうか。企業による供給曲線は必ず右上がりになりますので，この仮定は無条件に正しかったことになります。

　ところが，以上の結論は，最終生産物についてのみ成立します。生産要素の一部では，事情が異なります。たとえば，労働サービスの場合，労働の需要者は企業であり，労働の供給者が家計であって，立場が逆転します。この場合には，労働の需要曲線は必ず右下がりになりますが，労働の供給曲線は必ずしも右上がりになりません。所得効果と代替効果との相対的な大きさに基づいて，右下がりになる可能性があるだけです。ですから，労働市場においては，「個別需要曲線は右下がりであるが，個別供給曲線は一定の条件下でのみ右上がりになる」といわなくてはなりません。

　このように，需要者としてにしろ，供給者としてにしろ，家計の場合には，所得効果と代替効果の相対的な大きさが問題となってしまい，無条件で需要曲線や供給曲線の傾きを述べることはできなくなるのです。

◆キーポイント 4.4　最適産出量

　完全競争市場では企業の利潤最大化産出量においては，価格と限界費用とが等しくなります。

というわけで，もしアスカ水産の経営者が利潤を最大化しようとしているのなら，アスカ水産の産出量は Q^* となることがわかります。

個別供給曲線

それでは，価格が下がって P' になったときには，産出量はいくらになるでしょうか。図 4.10 に，縦軸に P' をとり，そこから水平に線をひいて，限界費用曲線と交わる点 X' をみつけると，そのとき最適な産出量 $Q^{*\prime}$ がわかります。

これを繰り返しますと，縦軸の各価格に対応してアスカ水産の供給する伊勢エビの各数量がわかります。この価格と数量の組合せは図 4.10 の限界費用曲線と一致する右上がりの曲線になります。この曲線は各価格に対応するアスカ水産の伊勢エビの供給量を示しますので，(市場の理論で定義された) アスカ水産による伊勢エビの個別供給曲線に他なりません。ところが，図 4.10 によれば，価格から決まる供給量の関係は限界費用曲線と一致しました。

こうして，市場の理論において説明された個別供給曲線は費用の理論における限界費用曲線に一致することが証明されました。後に説明しますように，企業閉鎖点 G より右側では，限界費用曲線は右上がりですので，企業の個別供給曲線は必ず右上がりであることがわかります。

利　潤

図 4.11 で価格が P のとき，利潤を最大にする産出量は Q^* でした。ではそのときの利潤はいかほどでしょうか。

このときの収入は価格 OP × 産出量 OQ^* ですから，これは四角形 PXQ^*O の面積であらわされます。その一方で，生産量が OQ^* のときの総費用は，図 4.11 の平均費用 YQ^* に生産量 OQ^* を乗じたものになります。つまり，総費用は図 4.11 の四角形 $Y'YQ^*$ の面積であらわされます。利潤とは収入から総費用を差し引いたものですから，収入の四角形 PXQ^*O の面積から総費用の四角形 $Y'YQ^*O$ の面積を差し引いた四角形の面積 $PXYY'$ が利潤であることがわかります。

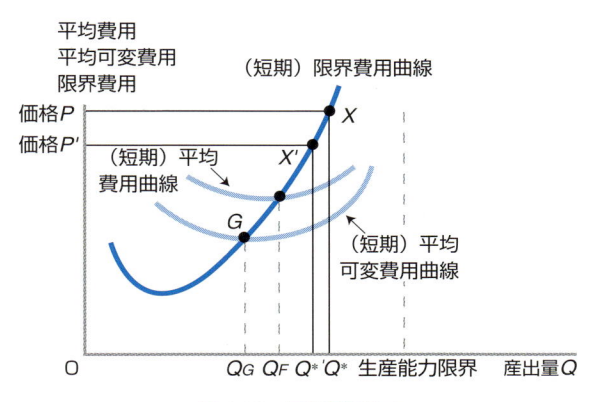

図 4.10 最適産出量

価格 P が与えられたとき，水平に線を引くと限界費用曲線と交わります。ここから，利潤を最大にする最適産出量 Q^* が決まります。価格が P' に下がりますと，最適な産出量は $Q^{*\prime}$ に減ります。

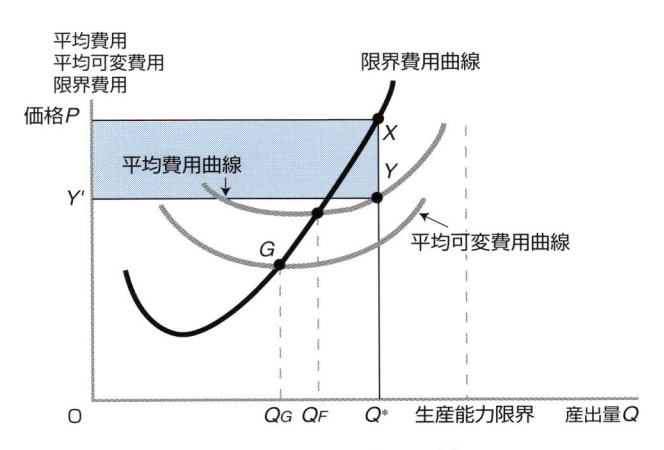

図 4.11 収入・総費用・利潤

価格が P，産出量が Q^* のとき，収入は四角形 PXQ^*O，総費用は四角形 $Y'YQ^*O$，利潤は四角形 $PXYY'$ に等しくなります。

4.2 限界原理

損益分岐点

さて，価格が下がった場合に利潤がどのように変化するかを調べましょう。図 4.12 で，価格が P'' に下がったときの最適生産量は限界費用曲線との交点 X によって定まる生産量 $Q^{*''}$ です。このときの利潤を調べてみると，収入の四角形 $P''XQ^{*''}O$ から総費用の四角形 $Y'YQ^{*''}O$ を差し引いたものです。ところが，価格が P'' のときには総費用の四角形 $Y'YQ^{*''}O$ の面積の方が収入の四角形の面積より大きいですから，四角形 $Y'YXP''$ だけの損失が出ることになります。このように，価格が十分下がりますと，企業は損失をこうむります。

では，どのような価格のときに利潤が生じ，どのような価格のときに損失が生じるのでしょうか。それには図 4.12 に示されますように，平均費用曲線と限界費用曲線の交点（＝平均費用曲線の最低点）が分水嶺になります。この点より価格が高いときには利潤が生じ，この点より価格が低くなると損失が生じますので，この点を**損益分岐点**と呼びます。

損益分岐点より価格が低くなると，図 4.12 のように最適な産出量 $Q^{*''}$ に対応する平均費用 $YQ^{*''}$ は価格 OP'' より高くなってしまいます。この結果，総費用の方が収入より大きくなってしまうのです。損益分岐点より価格が高いと，図 4.11 のように最適な産出量 Q^* に対応する平均費用は価格より低いので，収入は総費用より大きく利潤が生じました。

さて，価格が P'' のとき，損失が生じているのに，なぜこの企業は操業しているのでしょうか。前に述べましたように，短期では固定的生産要素の投入量を変化させられませんので，たとえ生産量を 0 にして可変費用を 0 にしても，固定費用だけの損失が生じます。ですから，四角形 $Y'YXP''$ だけの損失が生じてもその損失が固定費用より小さいかぎり，この企業は操業し続けた方が有利なのです。

企業閉鎖点

さて，価格がさらに低下して図 4.13 の P''' まで下がったとしましょう。限界原理によれば，価格と限界費用が等しくなる X 点での生産が最適になるはずです。その結果，この企業が $Q^{*'''}$ だけ生産したらどうなるでしょうか。この

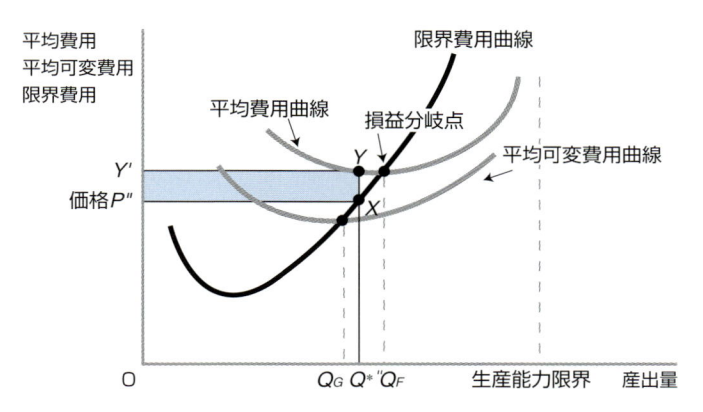

図 4.12　損益分岐点

損益分岐点以下に価格が下がると，四角形 $Y'YXP''$ に等しいだけの損失が生じます。

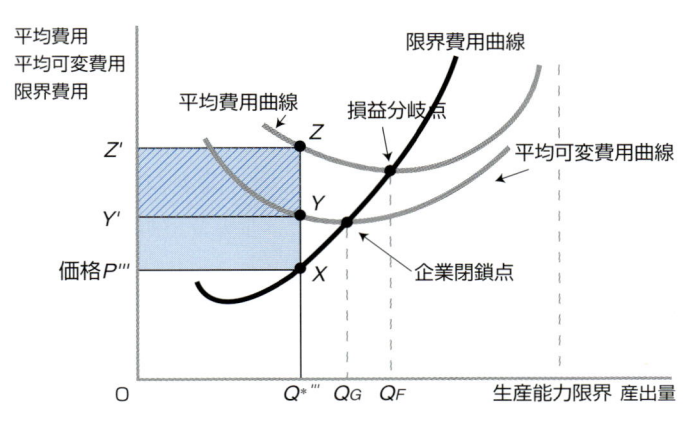

図 4.13　企業閉鎖点

企業閉鎖点以下に価格が下がると，企業は生産物の産出をやめます。それは生産した場合の損失 $Z'ZXP'''$ より固定費用 $Z'ZYY'$ の方が小さくなるからです。

4.2　限界原理

ときの損失は，四角形 $Z'ZXP'''$ の面積であらわされます。ところが，この損失は固定費用より大きくなってしまいます。というのは，固定費用は総費用から可変費用を差し引いたものですが，可変費用は生産量 $OQ^{*'''}$ ×平均可変費用 $YQ^{*'''}$ であらわせますから，固定費用は $Q^{*'''}$ だけ生産する際の総費用の四角形 $Z'ZQ^{*'''}O$ から可変費用の四角形 $Y'YQ^{*'''}O$ を差し引いた四角形 $Z'ZYY'$ であらわされます。この四角形と生産量 $Q^{*'''}$ のときの損失 $Z'ZXP'''$ とを比べますと，損失の方が固定費用より大きいことがわかります。それならば，生産物の産出量を 0 にして総費用を固定費用だけにとどめた方が損失を少なくくい止められます。このため，価格が P''' のときには，企業は生産を停止し，産出量を 0 にしてしまいます。

　それでは，価格がどこまで下がると，このようなことが起きるのでしょうか。それは，平均可変費用曲線と限界費用曲線の交点（＝平均可変費用曲線の最低点）に対応する価格が分水嶺になります。この平均可変費用曲線と限界費用曲線の交点を企業閉鎖点（あるいは操業停止点）と呼びます。

　価格が企業閉鎖点より低い場合には，図 4.13 の X 点から価格と限界費用が等しくなるような産出量は $Q^{*'''}$ であることがわかります。この産出量のとき，価格 OP''' は平均可変費用 $YQ^{*'''}$ より低くなりますので，収入は可変費用に満たず，損失が固定費用より大きくなるということが起きてしまうのです。

個別供給曲線

　以上の結果，（短期）個別供給曲線は正確には，図 4.14 のようになります。つまり，個別供給曲線は企業閉鎖点より上では限界費用曲線と一致しますが，企業閉鎖点より下では縦軸と一致します。最適な産出量は 0 であるからです。企業閉鎖点より右では限界費用曲線は必ず右上がりですから，個別供給曲線は右上がりであることがわかります。こうして，市場理論で仮定された個別供給曲線は右上がりであるという前提は費用の理念の観点から正しいことが確かめられました。図 4.14 をキーポイント 4.5 にしておきます。

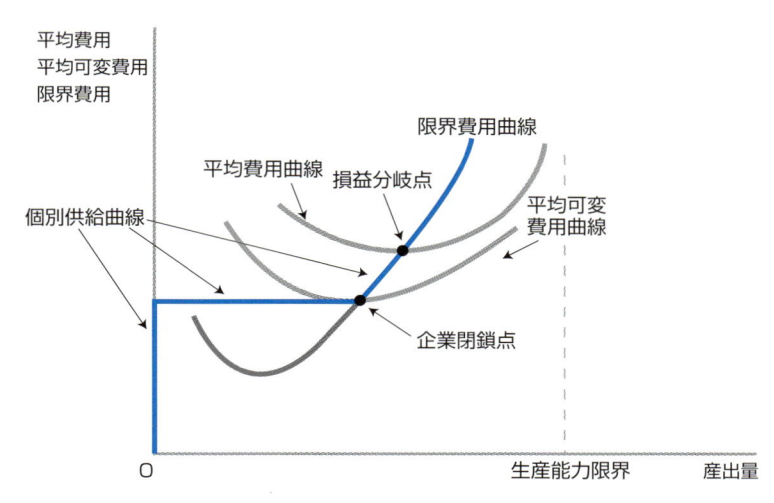

図 4.14 (短期) 個別供給曲線

(短期) 個別供給曲線は企業閉鎖点より右側では，限界費用曲線と一致し，左側では縦軸と一致し等しくなります。

◆ **キーポイント 4.5　損益分岐点・企業閉鎖点**

価格が損益分岐点より高いと利潤が生じ，低いと損失が生じます。価格が企業閉鎖点より低くなると企業は生産を停止し，固定費用だけの損失をこうむります。この結果，企業の個別供給曲線は図 4.14 の青色の太線になります。

🔍 **クローズアップ 4.5　キーワード一覧**

本レッスンで出てくるキーワードに対応する英語の一覧表を以下にあげておきましょう。

収入	revenue
利潤	profit（記号：π）
限界収入	marginal revenue（記号：MR）
損益分岐点	breakeven point
企業閉鎖点	shutdown point

(操業停止点とも呼ばれます)

4.2 限界原理

クローズアップ4.6　企業閉鎖点

　企業閉鎖点の議論にはややおかしな部分があります。というのは，限界原理の議論によれば，「価格＝限界費用」という関係が成り立つような産出量で利潤が最大になるはずでした。それでは，なぜ企業閉鎖点以下の価格については，「価格＝限界費用」となる点ではなく産出量0で利潤最大化（というより損失最小化）がおこるのでしょうか。逆に言えば，なぜ限界原理の考え方は働かないのでしょうか。

　限界原理は，産出量 Q から産出量を少し増減して利潤が増えるならば産出量 Q では利潤最大化されていない，逆に言えば利潤が最大ならば産出量を少し増減したとしても利潤は変化しないはずだ，という論理を用います。ところが，産出量 Q というのは負の値をとることはできませんので，当初の産出量 Q が0の場合にはそれより小さくして利潤が増えるかどうかを調べることはできません。つまり，産出量0に対しては，「価格＝限界費用」という判定方法を用いて，利潤最大化産出量であるか判定することはできないのです。

　総費用曲線図をもちいて以上の問題を考えましょう。企業の総収入は価格 P ×産出量 Q であらわされます。横軸に産出量，縦軸に総収入をとった図4.15で総収入 PQ をあらわすと，原点を通る傾き P の直線になります。この直線を収入線と呼びましょう。この図に総費用曲線を書き加えます。利潤は収入と総費用との差ですから，各産

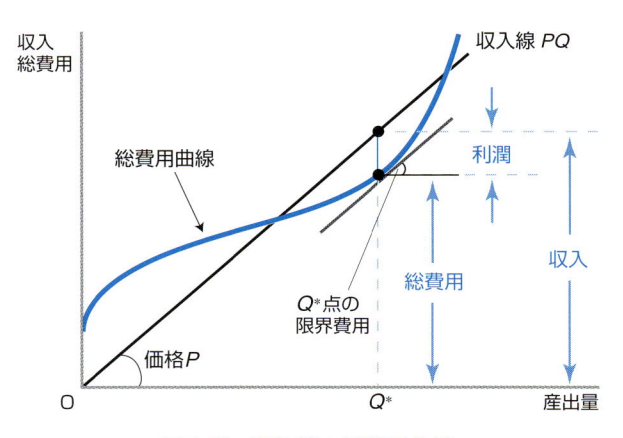

図4.15　収入線と総費用曲線

産出量 Q に対する収入 PQ を図で表現しますと，傾き P の，原点を通る直線になります。
各産出量に対応する利潤は収入線と総費用曲線との垂直方向の距離で示されます。

出量に対する収入線と総費用曲線の垂直方向の差が利潤を示します。この差が最大となる図 4.15 の Q^* 点が利潤最大化産出量であることがわかります。こうして，図 4.15 の場合には正の利潤が生じます。この利潤最大化産出量 Q^* 点では，図 4.7 で説明したように収入線の傾き（価格 P）は総費用曲線の傾き（限界費用）に等しくなることが示せますので，「価格＝限界費用」となる産出量で利潤が最大になるという限界原理が成立しています。

価格 P が下がると収入線 PQ の傾きは小さくなります。図 4.16 のように，価格が損益分岐点以下まで下がり，P' になると，収入線は収入線 1 となり，どの産出量でも収入より総費用の方が大きくなり，損失が生じます。この際に損失が最小となるのは，収入線 1 の傾きと総費用曲線の傾きとが一致する産出量 Q' 点です。つまり，価格 P' においては，限界原理はやはり成立します。

さらに価格が企業閉鎖点以下まで下がり，P'' になると収入線は収入線 2 となります。ここでは，収入線 2 の傾きと総費用曲線の傾きとが一致する産出量 Q'' に対応する損失 AB よりも，固定費用（産出量 0 の場合の損失）の方が小さくなることが，図 4.16 から読みとれます。つまり，ここまで価格が下がると，「価格＝限界費用」が成立する産出量で損失は最小にならず，産出量 0 で損失が最小になります。これが企業閉鎖点以下の価格の場合の利潤最大化点に他なりません。こうして，限界原理は企業閉鎖点以下の価格では成立しないことが図 4.16 から読みとれるのです。

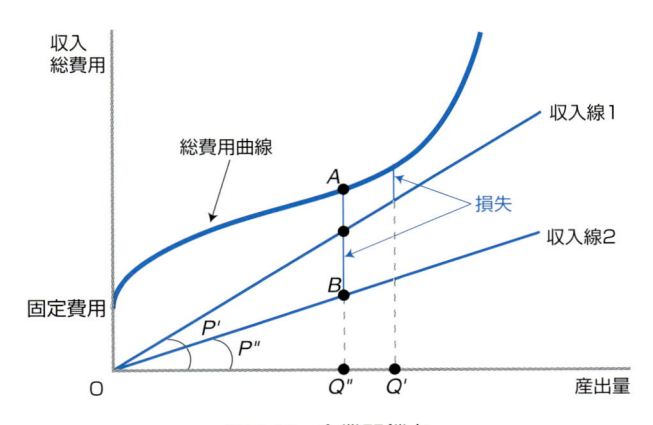

図 4.16　企業閉鎖点
価格が P' のときには，産出量 Q' で損失が最小になります。価格が P'' のときには，限界原理の成立する産出量 Q'' ではなく産出量 0 のときに損失が最小になります。

レッスン 4.3　長期の分析

短期と長期

　以上では短期の費用曲線の話をしてきました。次に，長期の費用曲線の話をしましょう。短期とは可変的生産要素と呼ばれる一部の生産要素の投入量のみを変化させられるだけの時間であり，長期とはすべての生産要素の投入量を変化させられるだけの時間であると定義されることは，前に説明しました。

さまざまな短期総費用曲線

　短期の分析では固定費用の存在を前提としていましたが，長期の分析では，すべての生産要素の投入量を変えられるとみなしたときの分析をおこないます。長期の場合には，産出量0のときには，すべての生産要素投入量を0にできますので，総費用は0になります。つまり，長期には固定費用は存在しないのです。以下では，まず長期の平均費用曲線を導きましょう。

　時間が十分あるのでアスカ水産は短期では固定的であった生産要素の投入量を変更できる，という場合を考えます。たとえば，短期的には固定的生産要素である船の数量を長期において1隻，2隻，3隻と変える場合です。まず，傭船が1隻であることを所与として，総費用曲線をえがきますと，これは固定的生産要素を1隻に固定した短期総費用曲線になります。これを短期総費用曲線1と呼びましょう。これを図4.17にえがきます。この短期総費用曲線1から導いた平均費用曲線と限界費用曲線とをえがきますと，図4.18の短期平均費用曲線1，短期限界費用曲線1のようになるとしましょう。

　次に，船の数を2隻にして，このときに産出量を変える場合に生じる短期総費用曲線2を求めます。短期総費用曲線2は，短期総費用曲線1に比べて固定的生産要素の量が多いので，固定費用がより高い一方で，生産能力の限界が短期総費用曲線1より右方にあります。こうして，2つの短期総費用曲線は図4.17のような位置関係になります。この結果，短期総費用曲線2から導かれる短

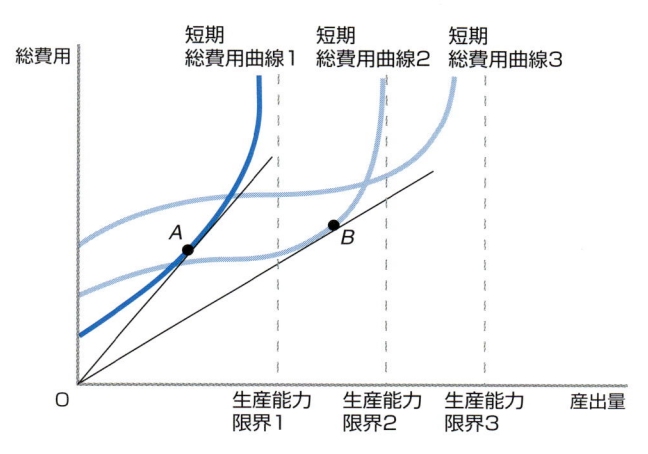

図 4.17　3 つの短期総費用曲線
固定的生産要素の投入量が増えるほど，短期総費用曲線の位置は右方に動きます。

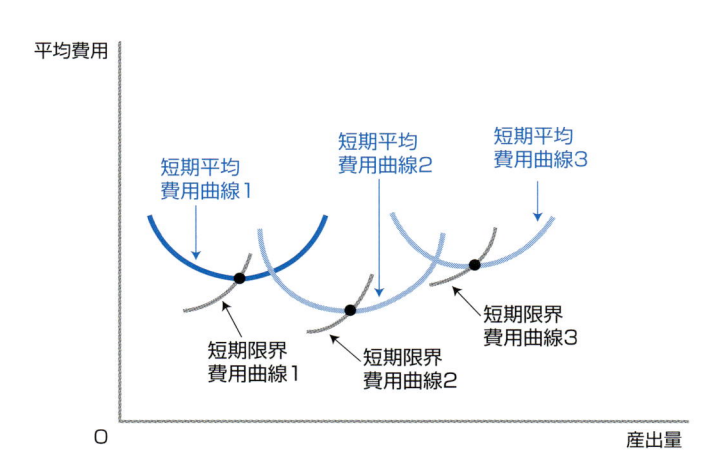

図 4.18　3 つの平均費用曲線・限界費用曲線
短期総費用曲線 1 から平均費用曲線 1 と限界費用曲線 1 とが導かれます。同様に，他の 2 つの総費用曲線から，他の 2 つの平均費用曲線と限界費用曲線とが導かれます。

4.3　長期の分析

期平均費用曲線2は，短期平均費用曲線1に比べて，図4.18のように，より右方に最低点がきます．図4.17のA点とB点の位置を比べるとわかるように，短期総費用曲線2の平均費用最低点がより右方に位置するからです．さらに，船の数を3にして短期総費用曲線3と，そしてそれから短期平均費用曲線3をえがくと，図4.18のようになります．

長期平均費用曲線

長期にはこの，短期では固定的な生産要素の投入量を変化させることによって，短期平均費用曲線の中からもっとも適したものを選ぶことができます．たとえば，図4.19では，産出量Qを生産するためには，短期平均費用曲線1ですと，平均費用はAC_1だけかかります．短期平均費用曲線2ですと，平均費用はAC_2だけかかります．短期平均費用曲線3ですと，平均費用はAC_3だけかかります．これらの中では，AC_2が一番小さい値ですから，Qだけ産出するための総費用$AC_2 \times Q$も3つの短期平均費用曲線の中では最小になります．つまり，産出量Qを生産するためには，短期は固定的な生産要素である船の数を2隻にして，短期平均費用曲線2によって生産するのがもっとも安あがりであることがわかります．こうして，AC_2が産出量Qに対応する長期平均費用であることになります．同様にして考えると，図4.19の産出量Q'では，長期平均費用は短期平均費用曲線1に対応し，産出量Q''では短期平均費用曲線3に対応します．同じようにして，他の産出量についてももっとも小さくなる平均費用の点を選びますと，図4.20の実線のように，3つの短期平均費用曲線の最低の部分をつないだ曲線が，長期平均費用曲線になることがわかります．

固定的生産要素の投入量が3つのみではなく，無数に変化できる場合には，短期平均費用曲線も無数にえがけます．この場合の長期平均費用曲線は，3つの短期平均費用曲線の場合と同じように，ある産出量に対して平均費用が一番低くなるような短期平均費用曲線の点の集まりになります．短期平均費用曲線は無数にあるので，長期平均費用曲線は図4.21のようななめらかな曲線になります．このことを，長期平均費用曲線は短期平均費用曲線の包絡線になる，といいます（**キーポイント4.6**）．注意するべき事実は，図4.21のA点とB点

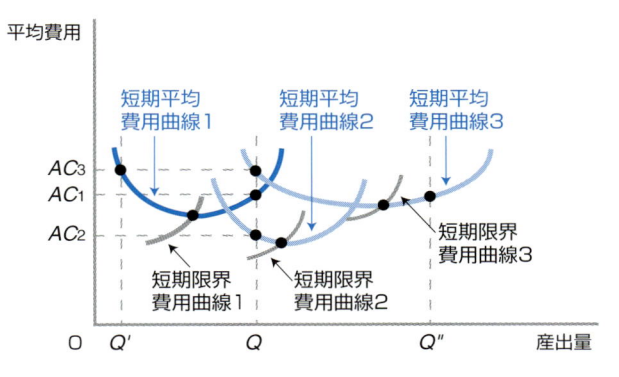

図 4.19　最適な短期平均費用曲線

長期において Q だけ産出するときには，短期平均費用曲線 2 になるように固定的生産要素の投入量を決めると，もっとも総費用（ $= AC_2 \times Q$ ）が小さくなります。同様に，Q' のときは短期平均費用曲線 1，Q'' のときには短期平均費用曲線 2 を使うと，もっとも総費用が小さくなります。

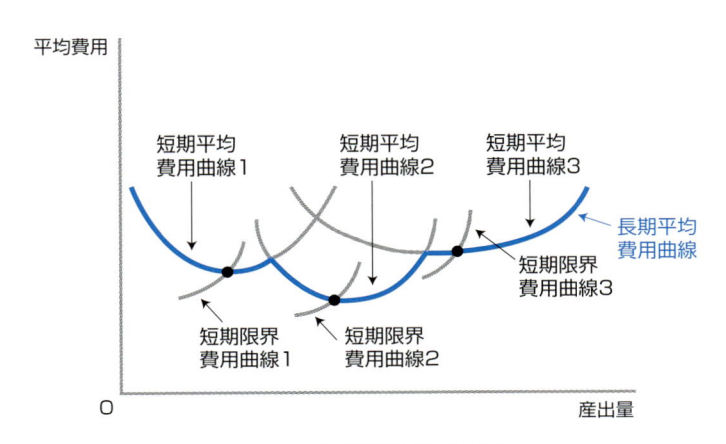

図 4.20　長期平均費用曲線

長期平均費用曲線は，3 つの短期平均費用曲線の一番下の部分をつないだものになります。

との比較からわかりますように，必ずしも短期平均費用曲線の最低点（B 点）が長期平均費用曲線上の点（A 点）になるわけではないことです。

長期総費用曲線・長期限界費用曲線

長期限界費用曲線を求めましょう。長期限界費用とは，短期では固定的生産要素として扱われる生産要素の水準をも変えられるときに，あと 1 単位余計に生産物を産出するために必要な追加的な費用をいいます。

図 4.22 のように 3 つの短期総費用曲線がある場合において，産出量が Q である場合の長期限界費用を求めてみましょう。長期的に Q だけ生産するときに総費用が最低になるには，長期総費用曲線が短期総費用曲線 1 に一致するように固定的な生産要素の投入量を決めればよいことになります。同じようにして，Q' だけ生産するためには，短期総費用曲線 2 に対応するだけの固定的な生産要素が選ばれます。Q'' だけ生産するためには，短期総費用曲線 3 に対応するだけの固定的な生産要素が選ばれます。

この結果，長期総費用曲線は図 4.22 の太線部分のように，3 つの短期総費用曲線の最低部分をつないだ曲線になります。この長期総費用曲線の上で，産出量 Q に対応する限界費用は，A 点での接線の傾きで与えられます。つまり，A 点は短期総費用曲線 1 の上の点であるとともに，長期総費用曲線の上の点でもあり，A 点では短期総費用曲線 1 における短期限界費用と長期限界費用とは一致します。同様に，産出量 Q' に対応する B 点では長期限界費用は短期限界費用曲線 2 の短期限界費用と一致し，産出量 Q'' に対応する C 点では長期限界費用は短期限界費用曲線 3 の短期限界費用と一致します。このように産出量をさまざまに変えて，短期限界費用から長期限界費用をみつけ出すことができるのです。

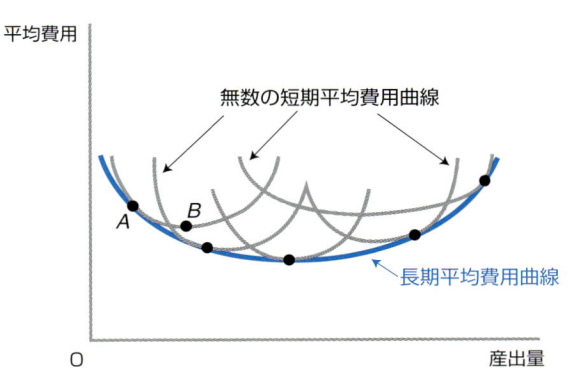

図 4.21　長期平均費用曲線

無数に短期平均費用曲線があるときは，長期平均費用曲線は各短期平均費用曲線と 1 点でのみ接するなめらかな曲線になります。

> ◆**キーポイント 4.6　長期平均費用曲線**
>
> 長期平均費用曲線は短期平均費用曲線の包絡線になります。

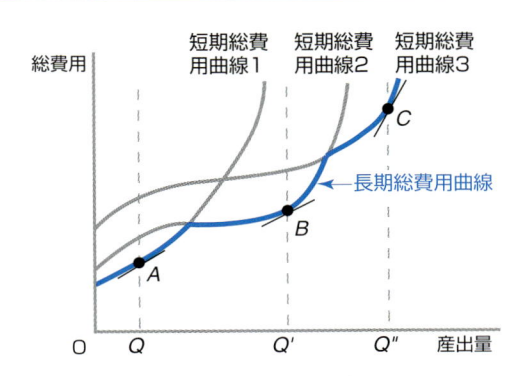

図 4.22　長期限界費用曲線の導出

短期総費用曲線 1 の A 点での限界費用は，A 点の接線の傾きであらわされます。ところが，A 点では長期総費用曲線と短期総費用曲線 1 とは一致しています。ゆえに A 点での長期限界費用は，短期総費用曲線 1 の A 点での限界費用と一致します。B 点，C 点についても同様です。

4.3　長期の分析

長期限界費用曲線

　以上のように，長期的には，総費用を最低にするように固定的な生産要素投入量が選ばれて，短期総費用曲線が決まります。この短期総費用曲線上の各産出量に対応する限界費用が，長期限界費用にもなります。

　この事実を利用して，以下のようにして長期限界費用曲線を求めることができます。図 4.23 のように，短期平均費用曲線が無数に存在する場合を考えましょう。長期平均費用曲線はこれらの無数の短期平均費用曲線の下方部分を結んだ曲線になります。産出量 Q を長期的に生産する場合，その産出量に対応する最低の短期平均費用曲線 1 が図 4.23 の A 点のように選ばれます。この産出量 Q における短期平均費用曲線 1 に対応する短期限界費用は，LQ です。ところが上で説明したように，この産出量 Q では短期限界費用曲線 1 の短期限界費用がこの産出量に対応する長期限界費用になります。同様に，Q' の産出量では長期的限界費用は BQ' になり，Q'' の産出量では MQ'' になります。これを繰り返して，各産出量に対応する長期限界費用を求めていきますと，結局図 4.23 のような曲線が求まります。これが長期限界費用曲線に他なりません。

　図 4.23 からわかりますように，長期限界費用曲線は右上がりの曲線で，長期平均費用曲線の最低点を通ります。各短期限界費用曲線と比較すると，長期限界費用曲線の傾きは，はるかに小さいことが読みとれます。

長期の個別供給曲線

　長期の場合，固定費用が 0 ですので，総費用と可変費用とは一致します。このために，平均費用曲線と平均可変費用曲線とは一致します。短期とまったく同じようにして，限界原理を使うと平均費用曲線の最低点 B が損益分岐点であることが示せます。ところが長期の場合，この点は平均可変費用曲線の最低点でもあります。平均可変費用曲線の最低点は企業閉鎖点でした。こうして，長期の場合には損益分岐点と企業閉鎖点が一致することがわかります。ゆえに，長期個別供給曲線は，この企業閉鎖点 B 以上では長期限界費用曲線に一致し，企業閉鎖点 B 以下では縦軸に等しくなることがわかります（キーポイント 4.7）。

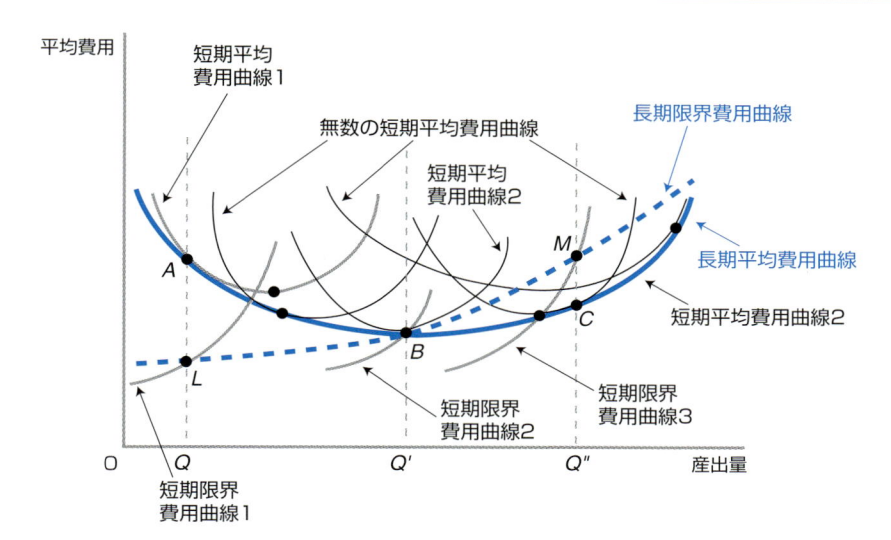

図 4.23　長期限界費用曲線

産出量 Q に対しては，A 点で長期平均費用曲線に接するような短期平均費用曲線 1 が選ばれます。この短期平均費用曲線 1 に対応する短期限界費用曲線 1 の産出量 Q における短期限界費用は L です。これが産出量 Q に対応する長期限界費用になります。同じ方法で，産出量 Q'，Q'' に対応する長期限界費用を求めると，B と M とになります。これらの点をつないでいくと，右上がりの長期限界費用曲線を求めることができます。

> ◆キーポイント 4.7　**長期限界費用曲線**
>
> 　長期限界費用曲線は，U 字形をした長期平均費用曲線の最低点 B を通る右上がりの曲線になります。長期平均費用曲線の最低点 B は長期の損益分岐点であり企業閉鎖点でもあります。長期の個別供給曲線は，この点より上では長期限界費用曲線に一致し，下では縦軸と一致します。

例題 4.2

伊勢エビの価格が 3000 円から 5000 円に上がり，そこにとどまり続けるとします。アスカ水産の供給する伊勢エビの数量は時間とともにどう変化するでしょうか。

[解答]
　短期的には，固定的生産要素（船）の投入量が固定されています。このため，短期限界費用曲線は図 4.23 の短期限界費用曲線 1 に等しいとしましょう。価格が上がると，この短期の個別供給曲線（短期限界費用曲線 1）に沿って生産物（伊勢エビ）の産出量は増加します。価格がそのまま高くとどまると，時間が十分にたちます。すると，長期になり固定的生産要素の投入量を変化させることができます。この結果，総費用を最小にするような固定的生産要素の投入量が選ばれます。この際は，長期の個別供給曲線（長期限界費用曲線）に沿って，産出量が増加します。図 4.23 からわかるように，長期の供給曲線の方が短期の供給曲線より，傾きがなだらかなので，長期の産出量の増加の方が短期の産出量の増加より大きくなることがわかります。

☕ コーヒーブレイク 4.1　公務員試験対策「費用の理論」編

　公務員試験で初等的な問題が出題されるとしたら，平均費用曲線・平均可変費用曲線・限界費用曲線・損益分岐点・企業閉鎖点の関係を示す図 4.9（167 頁）が実によく出題されます。図 4.9 を応用して，利潤を図示したり，最適生産量を示す問題が出題されます。これに次ぐものが，総費用曲線の図を直接用いて最適な産出量を発見する問題です。これに対して，より高度な問題になると，長期費用曲線と短期費用曲線との間の関係が出題される可能性があります。図 4.9 は次の章で学ぶ独占の理論の基礎になりますので，独占の問題が出題されたときに解答できるためには，図 4.9 をまず理解できていなくてはなりません。

第 5 章

独占の理論

レッスン
5.1 独占市場
5.2 その他の不完全競争の話題

(売り手)独占とはある財・サービス市場において売り手が1人なのに，買い手が多数いる場合をいいます。このとき，買い手全体は市場需要曲線に沿って，価格に対して需要量を決めます。この需要量の変化を考慮に入れながら，唯一の売り手は利潤が最大になるように価格と産出量を決めるのが独占の場合です。企業数が1つの場合を独占と呼ぶのに対して企業数が2つになると複占と呼びます。複占の場合は，企業どうしで相手の行動を予測しながら，独占的行動をおこなうことになります。

レッスン 5.1　独占市場

売り手独占

　完全競争市場では，1つの産業に無数の買い手と売り手とが存在する場合を考えました。本章では，買い手が無数に存在するのに対して，売り手がたった1つであるような財・サービスの市場を考えます。このような市場は(売り手)独占市場と呼ばれ，その売り手は独占企業と呼ばれます。

　独占市場においては，買い手側では互いに競争が生じますので，完全競争市場と同様にして市場需要曲線が導かれます。これに対して，売り手側は1人しかいないので，売り手間の競争が生じません。売り手がどのように価格を設定しても，買い手は必ずこの売り手から，その財・サービスを購入しなくてはならないからです。しかし，その場合でも，買い手は市場需要曲線に基づいて，価格が高くなるほど需要量を減らし，価格が低くなるほど需要量を増やします。

　そこで，この需要の変化を考慮に入れながら，売り手の利潤を最大にするような価格と供給量を決定するのが，独占の場合の売り手の問題となるのです。

独占企業の限界収入

　限界原理に基づく企業の利潤最大化産出量の導き方を，もう一度復習しておきましょう。完全競争であろうと独占であろうと，企業利潤最大化のためには同じ論理が通用されるはずだからです。限界原理によれば，産出量を1単位増

クローズアップ5.1　不完全競争

　完全競争市場とは，個々の売り手や買い手が価格を動かす力がないような財・サービス市場をいいました。これを，個々の売り手や買い手は**価格支配力**がない，と表現します。これに対して，個々の売り手なり買い手なりが価格支配力があるときに，その財・サービス市場を**不完全競争市場**と呼びます。

　売り手独占は不完全競争市場の典型的な例ですが，この対局として買い手独占と呼ばれる場合があります。これはある財・サービスの市場において，売り手は多数である一方で，買い手は1人であるような場合です。この場合には，買い手に価格支配力が生じますので，不完全競争になります。第3のケースとして，売り手も買い手も1人しかいない，**双方独占**と呼ばれる場合もあります。

　売り手の企業が2つで，買い手が多数いる場合は**複占**と呼ばれ，不完全競争になります。複占の場合の均衡は**レッスン5.2**で説明されます。**寡占**と呼ばれる，少数の企業が，多数の買い手に対して供給する市場も不完全競争市場です。寡占の中でも，1つの企業が飛び抜けて大きく，他に多数の少数企業がある場合があります。これは**ガリバー型寡占**と呼ばれます。この他にもそれぞれの企業の製品が少しずつ差別化されているため，それぞれの企業への需要曲線は右下がりですが，企業数が多いため，独占利潤が生じない場合があります。これは**独占的競争**と呼ばれます。

　このように，同じ不完全競争でも純然たる独占から，複占・寡占・独占的競争というふうに，価格支配力に応じて順序がつけられます。一般に企業数が増えるほど完全競争に近づき，企業の生産量の合計は完全競争状態なら供給されるであろう量に近づくことが証明できます。

やすことによって企業利潤が増えたり減ったりする場合には，現在の産出量は利潤を最大にしていません。現在の産出量が利潤を最大にしている場合には，産出量を1単位増やすことによる利潤の追加分は0でなくてはなりません。これは，現在の産出量における収入増加分と総費用増加分とが同じであることを意味します。前者を限界収入，後者を限界費用といいましたから，完全競争の場合と同じように独占企業の場合でも，

　　　　限界収入＝限界費用

が利潤最大化産出量をみつける条件になります。

　さて，完全競争市場では，生産物の産出量を1つ増やしますと，生産物価格 P だけ収入は増加します。つまり，完全競争では限界収入は生産物価格に等しく与えられ，産出量とは無関係に一定でした。これは，完全競争市場では多数の売り手企業が存在するために，一つの売り手の相対的規模が小さく，その売り手がどれほど産出量を増やしても市場価格を変える力がないので，すべての生産物を同じ価格で売却することができたからです。

　ところが，独占市場の場合では，独占企業が産出を増やすと需要曲線に沿って市場価格は下がってしまいます。こうして，独占企業が産出量を1単位増やしますと，産出量が増える一方で価格が下がってしまい，その結果，独占企業の収入は増えることも減ることもあります。つまり，独占の場合，限界収入は産出量ごとに変化するのです。

直線の需要曲線

　需要曲線一般の場合は難しくなりますので，需要曲線が直線である場合に，限界収入を計算してみましょう。図5.1のように，市場需要曲線は，

　　　$P = -aQ + b$

という直線の形をしているとします。ただし，需要曲線は右下がりですので，a も b も正の定数です。また，計算の便宜上，価格 P が0であるときには需要量 Q は非常に大きいとしましょう。これは $0 = -aQ + b$ の式において，需要量 Q が非常に大きいことを意味しますので，b に比べて a は非常に小さな数でなくてはなりません。そこで，$-a + b$ は近似的に b に等しいとみなせるとします。

コーヒーブレイク 5.1　貨幣の発行

　次の厚生経済学の章で紹介しますように，独占は効率的な結果をもたらさないというのが，経済学者の通説です。中でもとくに極端な経済学者の一群は，国家による貨幣発行をも立派な独占の一種としてみなして，インフレーションの根源と考えています。

　貨幣発行は欧州では昔から，財政上の理由により国家独占におかれるのが通例でした．なぜなら，当時も（そして今も）貨幣発行とは1ポンドの価値しかない金（きん）を鍛造して金貨とし，その表面に「2ポンド」と刻印して，2ポンドの価値ある財貨との交換を強制する，という「打ち出の小槌」のような錬金術法であったからです．そこで，貨幣発行は中世封建君主の神聖な権利となり，国家によって独占されたのです．しかし，独占の例に漏れず，これはろくな結果をもたらしませんでした．国家は利潤を追い求めて，独占的に貨幣を発行し続け，不換紙幣制度に移行した後にインフレーションの原因となりました．

　国家の独占にまかせるがゆえに貨幣は多発されインフレーションの原因となっているのだから，いっそ貨幣発行を競争的な企業群にまかせてしまえ，というのがこの過激な経済学者たちの主張です．複数の企業にまかせた場合には，もしある貨幣発行企業が利益を過度に追求して貨幣を発行しすぎると，その企業の発行した貨幣は他の貨幣発行企業の貨幣に比べて減価してしまうので，誰もその企業の貨幣を使わなくなってしまうでしょう．つまり，その企業は貨幣発行企業として破綻します．その結果，どの企業も貨幣を過度に発行する動機はなくなり，国民は永遠にインフレーションの災禍から免れることになる，という主張です．これほどに，たとえ国家によるものであってさえも，独占は経済学者から嫌われる存在なのです．

独占企業が Q 単位の生産物を産出しているとしましょう。これを売りつくすには，同じだけの需要量が必要になります。つまり，需要曲線の式から，価格 P が $-aQ+b$ でなくてはなりません。そのときのこの企業の収入は，

$$PQ = (-aQ+b)Q = -aQ^2 + bQ$$

なのです。

　さて，この企業があと 1 単位余計に産出し，$Q+1$ 単位だけ供給したとしましょう。この供給量を売り尽くすためには，需要量がちょうどそれだけ必要になります。そのときの価格 P' は需要曲線の式から $-a(Q+1)+b$ でなくてはなりません。このときの収入は，

$$P' \times (Q+1) = \{-a(Q+1)+b\}(Q+1) = -aQ^2 - aQ + bQ - aQ - a + b$$

となります。$Q+1$ 単位産出するときのこの収入から，Q 単位産出するときの収入 PQ を差し引くと，限界収入を計算できます。つまり，限界収入は，

$$P' \times (Q+1) - PQ = \{-aQ^2 - aQ + bQ - aQ - a + b\}$$
$$-\{-aQ^2 + bQ\} = -2aQ - a + b \approx -2aQ + b$$

となります。ただし，「$\approx$」は「近似的に等しい」という意味です。これが，産出量が Q 単位のときの独占企業の限界収入です。

　$-2aQ+b$ は，傾き $-2a$，切片 b の直線を示します。これを**限界収入曲線**といいます。元の需要曲線

$$P = -aQ+b$$

とくらべると，限界収入曲線は切片が同じで，傾きが 2 倍の直線に他なりません。つまり，元の需要曲線と限界収入曲線との関係は図 5.1 のようになります。図 5.1 を**キーポイント 5.1** としておきます。

利潤最大化産出量

　限界原理によれば，「限界収入＝限界費用」のときに利潤が最大になりました。図 5.1 においては，限界収入曲線と限界費用曲線の交点 h に対応する産出量のときに，限界収入は限界費用に等しくなっています。独占の場合の利潤最大化産出量がこうしてみつかりました。これだけの産出量がすべて需要され，売り尽くされるためには，価格は図 5.1 の g 点の縦軸の値に等しくなくてはな

◆ キーポイント 5.1　限界収入曲線

需要曲線が直線の場合，需要曲線と限界収入曲線との関係は図5.1のようになります。

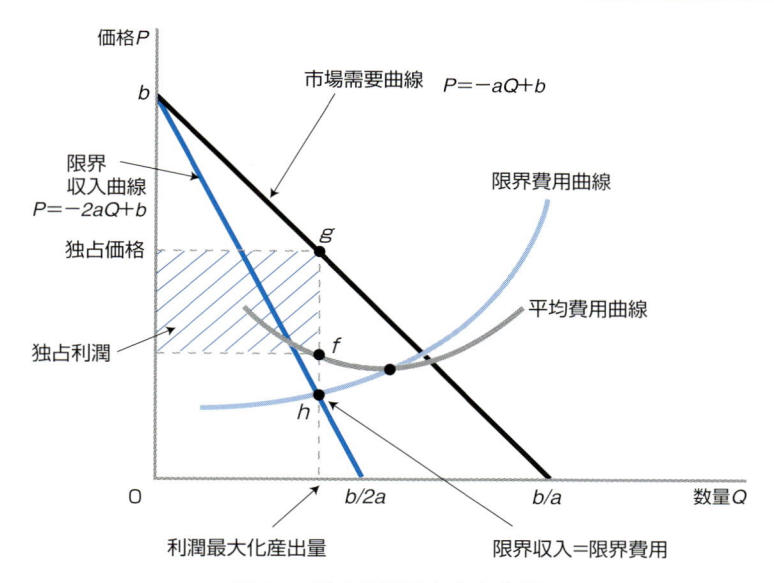

図5.1　独占利潤最大化産出量

市場需要曲線が直線の場合，限界収入曲線は市場需要曲線の2倍の傾きをもった直線になります。限界収入曲線と限界費用曲線の交点 h から，利潤最大化産出量が決まります。この産出量から，独占価格と独占利潤とが決まります。

コーヒーブレイク 5.2　公務員試験

不完全競争の理論では，初歩的な問題は売り手独占の場合に限定されるので，図5.1を中心にして出題されるでしょう。しかし，高度な問題では，売り手独占の利潤最大化点の公式・買い手独占・複占におけるクールノーの均衡などについての知識を問う問題が出題されるかもしれません。また，独占的競争について出題されるとしたら，グラフの問題が中心でしょう。本書では説明しませんでしたが，屈折需要曲線への出題も高度な問題ではありえます。

5.1　独占市場

りません。これは独占によってもたらされた価格なので、**独占価格**と呼ばれます。この産出量に対応する平均費用は f 点の縦軸の値ですから、利潤は「産出量×価格－産出量×平均費用」なので、図 5.1 中の斜線の四角形が利潤になります。これは独占によってもたらされた利潤なので、**独占利潤**と呼ばれます。こうして、需要曲線が直線である場合の独占価格と独占利潤とを導くことができました。独占市場の特徴は、利潤最大化産出量で価格の方が限界費用より高くなるということです。完全競争市場の場合には、利潤最大化産出量では価格と限界費用は一致していました。

利潤最大化点の公式

市場需要曲線が必ずしも直線ではなく、一般的な右下がりの曲線であるときには、限界収入はどのように表現されるでしょうか。この問題は需要の価格弾力性を用いて解かれます。需要の価格弾力性 ε は、

$$\varepsilon = -\frac{\Delta Q}{\Delta P}\frac{P}{Q}$$

と定義されました。産出量が ΔQ だけ変化したときの独占企業の収入の変化を ε であらわしますと、

$$(P+\Delta P)(Q+\Delta Q) - PQ \approx P\Delta Q + Q\Delta P = P\Delta Q\left\{1 + \frac{Q\Delta P}{P\Delta Q}\right\}$$
$$= P\Delta Q\left\{1 - \left(\frac{1}{-\frac{\Delta Q}{\Delta P}\frac{P}{Q}}\right)\right\} = P\Delta Q\left\{1 - \frac{1}{\varepsilon}\right\}$$

となります（ただし、$\approx$ は「近似的に等しい」という記号です。$\Delta Q \times \Delta P$ は非常に小さいので、近似的に無視しました）。限界収入は、Q が1単位増えたときの収入の変化分と定義されましたから、この右辺で $\Delta Q = 1$ とおきましょう。こうして、独占の場合の限界収入は $P(1-1/\varepsilon)$ に等しくなることがわかります。価格弾力性 ε は必ず正ですから、限界収入 $P(1-1/\varepsilon) <$ 価格 P となります。つまり、独占の場合には常に限界収入は価格より小さくなります。このために、需要曲線が直線でない場合も、限界収入曲線は需要曲線の左下に位置します。

利潤最大化点では、限界費用＝限界収入でなくてはなりませんから、結局

🔍 クローズアップ 5.2　参　入　障　壁

　独占市場においては独占企業は，独占利潤を得ることができます。もしこの独占利潤が他産業での利潤に比べて大きければ，長期的には他の企業がこの財・サービス市場へ参入して，生産を始めるはずです。この結果，市場全体の産出量が増加して市場価格は下がり，独占企業の利潤は減少することでしょう。逆に言えば，独占企業が独占利潤を長期的に享受するためには，他企業がこの市場に参入できないことが必要となります。この他企業の独占市場への参入を防ぐ要因をさして，参入障壁といいます。

　参入障壁には，さまざまなものがあります。まず，特許や技術的独占があげられます。特許権は法的に一企業による生産の独占を保護するからです。同様に，生産に際して高度な技術が必要とされると，他の企業はそれを模倣できないので，他企業はこの財・サービスを生産できません。

　また，ダイヤモンドや石油の鉱山のように，原材料が少数の企業によって独占的に所有されている場合にも，他企業はその財の生産に参入できません。宣伝広告活動によって一部の企業の知名度のみが抜群に高いと，やはり他企業は参入が難しくなります。タクシーや医薬品のように，参入に際して政府の免許が必要な場合にも，政府の免許が参入障壁となりえます。

　さらに，生産技術上，規模の利益が必要とされると新企業の進出は難しくなります。生産に際して最低限の産出量が要求されるので，他企業はこの財・サービス市場の進出に大きな資金が必要になり，万が一進出に失敗したときの損失が大きくなります。このため，最初から進出しようとはしないでしょう。

　決定的に重要な要因は，独占企業による威嚇です。つまり，独占企業は「新規企業が進出すると，独占価格を多いに切り下げ，双方の企業とも損失をこうむるような状況をもたらす」とあらかじめ宣言しているとしましょう。すると，新規企業はこの市場に参入しても損失をこうむるのが明らかですので，進出をあきらめてしまうことになります。

　以上のような参入障壁がある場合にかぎって，独占企業は長期的な利潤を享受できるのです。

$$限界費用 = P\left(1 - \frac{1}{\varepsilon}\right)$$

が独占企業の利潤最大化点で成立しなくてはならない公式であることがわかります。限界費用は正ですから，$1 - 1/\varepsilon$ は正でなくてはなりません。つまり，需要の価格弾力性 ε が 1 より大きくなる点で利潤最大化産出量が与えられることがわかります。

レッスン 5.2　その他の不完全競争の話題

独占度

価格を P，需要曲線の弾力性を ε としますと，独占企業の限界収入 $P(1-1/\varepsilon)$ は，需要曲線の弾力性 ε が小さいほど，$1/\varepsilon$ が大きくなり，その結果，価格 P と限界収入 $P(1-1/\varepsilon)$ との違いは大きくなります。ところが，利潤最大化産出量では限界収入＝限界費用となりますから，結局，$1/\varepsilon$ が大きいほど価格と限界費用との差が大きいことになります。このため，$1/\varepsilon$ は独占企業の市場支配度をあらわす指標と解釈されますので，独占度と呼ばれます。

需要の弾力性と独占度との関係を理解するために，次の2つの例をあげてみましょう。生活必需品であるトイレットペーパーが独占企業によって供給されているとします。この独占企業が完全競争のときに比べて産出量を減少させ，トイレットペーパーの市場価格が上昇したとします。しかしトイレットペーパーは生活必需品であるため，価格が上昇しても人々はトイレットペーパーの購入量を大きく変更することができません。こうして，この独占企業は限界費用に対して高い独占価格を付けることが可能です。これは，生活必需品の弾力性が小さいため独占度は大きな値となり，この企業の市場独占度が大きいからです。

一方，ヨットのような贅沢品を供給する独占企業を考えてみましょう。この企業がヨットの価格を上昇させても，ヨットは生活必需品ではないため，人々

🔍 クローズアップ5.3　政府の独占と競争

　第6章で説明しますが，公共財と呼ばれる一部の財・サービスについては，民間市場に任せてはうまくゆかず，政府が無料で供給しなくてはなりません。たとえば，警察や消防や保健や登記や道路建設などといった財・サービスは典型的な公共財です。公共材を無料で供給する費用をまかなうために，政府は租税を徴収する，というのが現代の国家の経済的な役割なのです。

　1つの国に政府は1つしかありません。その結果，公共材の供給と租税の徴収は，どちらも政府による独占ということになります。政府の場合には，利潤最大化を目標としているわけではないので，本文にあるような独占の分析は成立しませんが，それでも，国民個々人は現在の政府の公共財供給量と租税徴収量に不満を抱いても，それを変更することができないという状態におかれます。

　米国の経済学者ティブーは，これに関して以下のような指摘をおこないました。以上のような事実は，たしかに中央政府（国）が担当する公共財供給量と租税負担については正しいといえます。ところが，一国には中央政府は1つしかない一方で，地方政府（都道府県・市町村）は多数あります。地方政府は，地方政府の担当する公共財供給量と租税負担については，地方政府ごとに異った量を提供しています。ですから，自分の属する地方政府の提供するサービスに不満のある人々は他の地方政府が管轄する地域へ移動してしまうでしょう。たとえば，税金は安いが福祉サービスが少ない地域より，税金も高いが福祉サービスの多い地域の方がよい，と思う人々は，そちらの地域に移動しますし，逆に思う人は逆の方向に移動するはずです。この結果，人々は少なくとも地方政府については，自分の好む公共財供給量と租税負担とをもたらす政府を選べるではないか，というのがティブーの指摘です。このように，少なくとも地方政府レベルでは，公共材供給量と租税負担の水準は，国民の選択の対象となっているといえるのです。

はあえて高い価格でヨットを購入しようとせず，購入量を大幅に控えるはずです。この結果，独占企業は独占価格をあまり高く設定できません。これは，贅沢品の価格弾力性が大きいため，独占度 $1/\varepsilon$ は小さな値となっているからです。このように，独占企業であっても供給する財の特質によって需要の弾力性が異なるため，独占度にも違いが生じ，独占価格と限界費用との差は異なるのです。

差別価格

独占企業が，複数の市場に生産物を供給する場合を考えましょう。この市場間では，生産物の転売が不可能とします。たとえば，レイ商事はラジオを関東地方と関西地方とで販売する独占企業であったとします。関東地方へ一度販売されたものは，関西地方へ転送することは費用の点から不可能だとしましょう。すると，関東地方と関西地方とはラジオについて別個の価格が成立しうる異なった市場であることになります。

図5.2のように，関東地方と関西地方とで需要曲線が異なるとしましょう。すると，関東地方の限界収入曲線と関西地方の限界収入曲線とは異なることになります。簡単化のために，レイ商事の限界費用曲線は完全に水平としましょう。この水平な限界費用曲線は両市場に共通ですが，限界収入曲線が異なりますので，両市場での利潤最大化産出量は違ってきます。図5.2によれば，関東地方の独占価格は関西地方の独占価格より高くなります。つまり，レイ商事は市場ごとに異なった価格をつけますので，市場ごとに異なるこれらの価格を差別価格と呼びます。

独占度から検討してみますと，関東地方の利潤最大化点の需要の弾力性は関西地方の利潤最大化産出量の需要の弾力性より小さいことが図5.2から読みとれます。その結果，独占度は関東の方が大きいことになります。結局，独占度の大きい地域ほど高い価格をつける，ということがわかるのです。

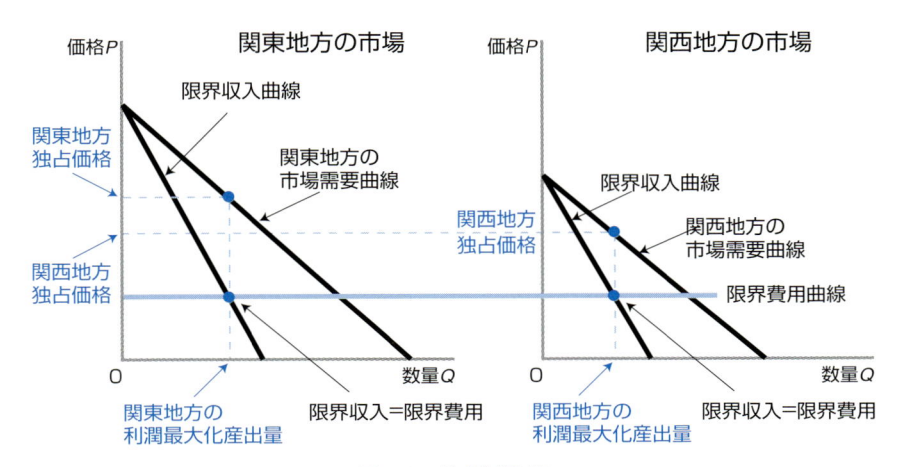

図 5.2 差別価格

共通の独占企業が異なる複数の市場に面すると，各市場の価格を変えることによって利潤最大化できます。

🔍 クローズアップ 5.4 　　正常利潤

　ある一定額の資金をもった経営者が，いずれかの完全競争的産業に参入しようと考えているとしましょう。この経営者はどの産業を選ぶでしょうか。もちろん，この資金を投下して企業を設立した場合に，その利潤がもっとも大きくなるような産業を選ぶことでしょう。投下資金に対する利潤の比率を利潤率と呼びますと，もっとも利潤率の大きい産業に，この経営者は参入しようとすることになります。しかしながら，生産の理論で説明しましたように，短期的にはこの経営者はそのような産業に参入することはできません。短期では，その産業での生産に必要な固定的生産要素を購入するのに必要な時間が不足しているからです。しかし，長期には固定的生産要素を購入できますので，そのような産業に参入することが可能です。

　これを産業の観点から見ましょう。もし，ある産業が他産業に比して利潤率が高い場合には，長期的には新規の企業が多数参入してくることになります。この結果，その産業全体の産出量は増え，市場価格が低下して，各企業の利潤は下がります。これはこの産業の利潤率は他の産業と同じになるまで続くでしょうから，長期的には，完全競争であるかぎりどの産業の利潤率も同じになります。完全競争での，この利潤率に基づいて生じる利潤を，正常利潤と呼びます。

　独占産業の場合には，利潤率がどれほど高くても，他の企業は参入できません。独占産業には参入障壁があるからです。こうして，独占産業の場合には，利潤率は完全競争市場の企業の利潤率より高くなります。つまり，独占利潤はその産業が完全競争ならば生じる正常利潤より高くなることがわかります。

複　占

独占に続いて，複占について説明しておきましょう。複占とは2つの企業が，多数の買い手に対して財・サービスを供給する市場です。この2つの企業を企業1と企業2と呼びましょう。複占の場合，企業1の立場から見ると，自らの産出量を決めても，価格がいくらに決まるかは明らかではありません。企業1の産出量に対応して，企業2が産出量を変えてしまう可能性がありますので，市場全体の供給量がどう変わるか，わからないからです。

19世紀のフランスの経済学者クールノーは，「自分が産出量を変えても相手の企業は産出量は変えないと，双方の企業とも予想する」と想定しました。この場合には，企業2の現在の産出量が与えられますと，市場需要曲線からその産出量を差し引き，残りが企業1への需要曲線になることになります。この需要曲線に対して，独占利潤が最大になるように価格と産出量を企業1は設定することになります。

当初の企業2の産出量が大きければ，企業1への需要曲線は大きく左にシフトしますから，企業1の独占利潤を最大化する産出量は小さくなります。つまり，企業1の最適な産出量は，当初の企業2の産出量が大きいほど，小さくなります。この関係を企業2の産出量を縦軸に，企業1の産出量を横軸にとった図にえがくと，図5.3の AA 曲線になります。これを企業1の反応関数と呼びます。

企業2の立場から最適な産出量を考えると，まったく同じようにして企業2の最適な産出量は企業1の産出量が増えるほど小さくなることがわかります。これを図5.3の BB 曲線であらわしましょう。これを企業2の反応関数と呼びます。

2つの反応関数の交点である図5.3の E 点では企業2の産出量 b に対応する企業1の最適な産出量は a であり，企業1の産出量 a に対応する企業2の最適な産出量は b ですから双方の企業とも産出量をこれ以上変える理由がなくなります。こうして複占の場合の「自分が産出量を変えても相手の企業は産出量は変えないと，双方の企業とも予想する」という想定のもとでの双方の企業の最適な産出量が求まりました。これをクールノーの均衡といいます。

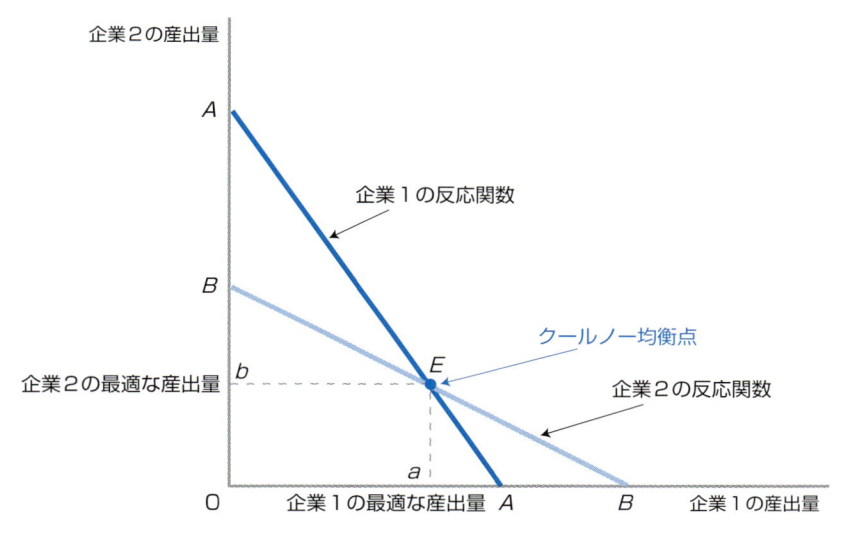

図 5.3 クールノー均衡点

企業 2 が b 点に対応する産出量を生産しているときには，企業 1 の反応関数から，企業 1 の最適な産出量は a 点になります。ところが，企業 1 が a 点だけ産出すると，企業 2 の反応関数から，企業 2 の最適な産出量は b 点になります。こうして，E 点では 2 つの企業は互いに産出量を変えなくなります。

🔍 クローズアップ5.5　複占での他の均衡点

　複占における均衡は，クールノー均衡が唯一のものではありません。企業 1 の産出量の変化に対して，企業 2 がどのように産出量を変化させるか，の想定が違うと，他の均衡が生まれてきます。たとえば，企業 1 は「自分が産出量を変えると相手も産出量を変える」と予想しているのに対して，企業 2 は「自分が産出量を変えても相手は産出量を変えない」と予想しているかもしれません。この場合，企業 1 は先導者，企業 2 は追従者と呼ばれます。シュタッケルベルグ解と呼ばれるこの場合には，均衡点はクールノー均衡点とは異なってくることが示せます。

　ベルトラン均衡と呼ばれる考え方では，それぞれの企業は「自分が価格を変えても相手は価格を変えない，と予想する」と想定します。このときには，均衡ではどちらの企業の価格も完全競争価格と一致することが示せます。

ゲームの理論

近年，**ゲームの理論**と呼ばれる社会科学の理論が発達してきました。ゲームの理論とは，複数の競技者（**プレイヤー**と呼ばれます）がそれぞれ自らの利得（**ペイオフ**と呼ばれます）を最大にしようと行動しますが，お互いの行動がお互いのペイオフに影響を与え合うという状況下にあるとき，プレイヤーたちがどのように行動するか，を研究する理論です。

複数のプレイヤーたちが自らの利得を最大にするように行動した結果を研究する，というゲームの定義からわかりますように，ゲームの理論は複占や寡占における複数の企業行動を研究する際に貴重な手法となります。しかしながら，ゲームの理論自体はすでに経済学を越えて，社会科学の一部門をなす巨大な領域であり，とてもここで詳述する余裕はありません。そこで，ここでは有名な例である囚人のジレンマについてだけ，解説しておきましょう。

利得行列

いま，2人の犯罪者が共犯として警察に捕らわれています。もし彼らが2人とも犯罪を自白しないと，警察は彼ら2人を懲役2年の刑に服させるだけの証拠しかもっていません。もし2人とも犯罪を自白した場合には，判明する犯罪の範囲が広がるので，2人とも懲役5年の刑に服するとしましょう。もし，一方の犯罪者のみが犯罪を自白し，他方が自白しない場合には，自白した囚人は改悛の情を認められて刑が懲役1年になり，自白しない囚人は改悛の情がないものとして，懲役10年の刑に服するとしましょう。このとき，2人の囚人はどのように行動するでしょうか？

2人の囚人は別々の監房に入れられて，2人の間で交渉することが許されないとしましょう。表5.1は，このときの2人の囚人の**利得行列**と呼ばれるものをあらわしています。

この行列は，以下のように読んでください。左端の列は囚人Aの行動をあらわします。つまり，囚人Aが「自白する」か，「自白しない」かを示します。同様に，一番上の行は囚人Bの「自白する」「自白しない」という行動を示しています。この行列で，たとえば，囚人Aが「自白する」，囚人Bが「自白しない」

> **コーヒーブレイク 5.3　ゲームの理論**
>
> ゲームの理論は、フォン・ノイマンとモルゲンシュテルンという2人の経済学者によって、1944年に創始されました。ハンガリー生まれのフォン・ノイマンは、実は経済学者としてよりも数学者・物理学者として有名であり、アインシュタインに匹敵する20世紀の天才であるといわれています。たとえば、コンピュータの基本構成を初めて考え出したのはフォン・ノイマンなので、現代のコンピュータはノイマン型コンピュータと呼ばれています。フォン・ノイマンは数理経済学と呼ばれる経済学の領域で天才的な業績を残しましたが、さらにモルゲンシュテルンとともにゲームの理論を創始しました。ゲームの理論は現代では経済学のみならず、生物学や政治学の領域でも多用されていますが、さしもの理論もかつては日本では知名度がなく、その書物を百貨店で探し求めたところ玩具コーナーに並んでいたという話が語り伝えられています。

		囚人Bの行動	
		自白する	自白しない
囚人Aの行動	自白する	$-5, -5$	$-1, -10$
	自白しない	$-10, -1$	$-2, -2$

表5.1　囚人のジレンマの利得行列

囚人Aが自白し、囚人Bが自白しないと、右上の「$-1, -10$」が2人の利得となります。「$-1, -10$」の左側の-1は囚人Aの利得、右側の-10は囚人Bの利得をあらわします。

という行動を選ぶと，2人の行動に対応する右上の要素「−1, −10」が2人の利得となります。この「−1, −10」の左側の−1が囚人Aの得る利得を，右側の−10が囚人Bの得る利得を示しています。上に述べましたように，この場合囚人Aは自白するので刑が1年になり，囚人Bは自白しないので刑が10年になるので，このような利得が2人に帰することになるのです。その他の行列中の各要素も，上に述べられたような状況下で，それぞれの囚人の行動に対応して現れる囚人2人の利得を示します。

囚人のジレンマ

囚人Bの行動がわからないときに，囚人Aはどのように行動したら，自分の利得が最大になるでしょうか。囚人Aは，まず「囚人Bが自白しない」という状況を想定します。このときには，囚人Aは自白した方が有利です。利得行列を見ると，囚人Bが自白しないときには，囚人Aは自白しなければ懲役2年の刑ですが，自白すれば懲役1年ですむからです。

次に，囚人Aは「囚人Bが自白する」という状況を考えます。このときにも囚人Aは自白した方が有利です。囚人Bが自白するときには，囚人Aは自白すれば懲役5年の刑ですが，自白しなければ懲役10年の刑を受けるからです。

このように，囚人Bがどちらの行動をとろうとも，囚人Aにとっては自白した方が有利になります。この結果，囚人Aは自白するでしょう。

次に，囚人Bの行動を，まったく同じようにして考えてみましょう。囚人Bは「囚人Aが自白する」と想定すると，自分も自白した方が有利になります。また，「囚人Aは自白しない」と想定すると，やはり自分は自白した方が有利になります。つまり，囚人Aとまったく同じ論理で，囚人Bは自白してしまいます。

こうして結局2人とも「自白する」を選び，2人の利得の組合せは「−5, −5」になり，2人とも懲役5年の刑に服することになります。このように，「2人とも懲役2年の刑ですむ」という，より有利な組合せがあるにもかかわらず，選ばれない状況を囚人のジレンマと呼びます。

🔍クローズアップ5.6　協力型ゲームと非協力型ゲーム

　ゲームは**協力型ゲーム**と**非協力型ゲーム**とに大別されます。協力型ゲームとは，プレイヤーたちが交渉することが許されていて，彼らの間に合意が成立すると，その合意が守られるような仕組みが存在するゲームです。これに対して，非協力型ゲームでは，プレイヤーたちは交渉することは許されず，またプレイヤー間の合意を守る仕組みは存在しないとされます。

　本文の例に則して説明しましょう。共犯で逮捕された囚人が2人監房に収容されています。2人はそれぞれ犯罪を自白するように，警察官から迫られています。もし，2人の収容されている監房が同じであれば，2人は自白するか否か交渉することができます。交渉の結果，2人とも「自白しない」と誓ったとしましょう。もし，この誓いを破ると，裏切り者として他の犯罪者によって殺されるとすると，2人は必ず誓いを守るでしょう。つまり，交渉の結果成立した合意を守る強制的な仕組みがあることになります。このような場合には，2人の間のゲームは協力型ゲームになります。

　これに対して，2人は別々の監房に収容されているとしましょう。すると，2人は「自白するか否か」について交渉することができません。交渉ができないので合意することができず，その合意を守ることもできません。このような場合には，2人の間のゲームは非協力型ゲームになります。本文で解説された囚人のジレンマはこの場合にあたります。協力型ゲームと非協力型ゲームとでは2人の行動は異なり，その結果，2人の得る利得も異なることが示せます。

🔍クローズアップ5.7　キーワード一覧

　本章に出てくるキーワードに対応する英語の一覧表を以下にあげておきましょう。

不完全競争	imperfect competition
売り手独占	monopoly
買い手独占	monopsony
複占	duopoly
寡占	oligopoly
独占的競争	monopolistic competition
参入障壁	entrance barrier
ゲームの理論	game theory
囚人のジレンマ	prisoners' dilemma

🔍 クローズアップ5.8　ナッシュ均衡

　ゲームの理論の用語では，囚人のジレンマのような状況を，ナッシュ均衡と呼びます。ナッシュ均衡とは，2人がその行動を選ぶと，どちらのプレイヤーも自分の行動をそこから変えることによって，自分の利得を改善することができない，というような2人の行動の組合せをいいます。

　囚人のジレンマでは，2人とも「自白する」を選んでいるとしましょう。このときに，囚人Aだけが自分の行動を変えて，「自白しない」を選ぶと損をしてしまいます。同様に，囚人Bも自分だけ行動を変えて，「自白しない」を選ぶと損をします。すなわち，囚人のジレンマの状況はナッシュ均衡なのです。

　囚人のジレンマは，2人の囚人が交渉することが許されない場合にかぎって生じることに注意してください。ゲームの理論の用語でいえば，非協力型ゲームの場合にのみ成立する均衡なので，もし2人の囚人が交渉し，かつその交渉による合意を守る方法があれば，結果は違ってしまいます。

第 6 章

厚生経済学

レッスン
6.1 パレート最適
6.2 完全競争の最適性
6.3 公 共 財
6.4 消費者余剰
6.5 独占産業と公益産業

本章の厚生経済学ではパレート最適という価値判断を前提にして経済政策の議論をおこないます。エッジワースのボックスダイアグラム・消費者余剰などについて説明し，これらの手法を用いて，完全競争・独占・公共財・公益産業などについて経済学的に望ましい状態であるか否かを調べ，望ましくないのならば，どのように経済政策によって矯正すべきかを論じます。

レッスン 6.1　パレート最適

パレート最適

　世界にはいろいろな価値判断をもった人々がいます。たとえば，経済の状態に関する価値判断だけでも，ある人は「社会全員の効用の総和を高くするのが大事だ」といいますし，他の人は「いや，総和ではなく一番貧しい人の効用を引き上げることこそが重要だ」といいます。序章で説明しましたように，経済学はこれらの価値判断のうちのどれがもっとも正しいか，ということは論じません。何が正しい価値観か，何が正しい理念か，という話題は，社会科学の対象ではないからです（序章参照）。

　経済学がおこなうのは，この価値判断を前提にすればこうするのがよろしい，別の価値判断を前提にするのならこうするのがよろしい，という種類の議論にすぎません。ただ，実際には，すべての価値判断について「その場合にはこうするのがよろしい」と一つ一つ処方箋を書いていてはきりがないので，さしあたり，誰にでも賛成してもらえるような「弱い」価値判断を前提にして議論をおこないます。

　私たちが前提とする弱い価値判断とは，「無駄が生じているような状態は好ましくない」という考えです。これならばほとんどすべての人によって賛成していただけると考えられるでしょう。経済学では，「無駄」をもう少し堅い言葉で「資源の浪費」と表現します。資源の浪費が生じているなら，その浪費されている資源を誰かに振り向ければ，その人の効用は増えます。その際に，他の人の効用は損なわれません。こうして，「無駄が生じている」なら，「他の人の

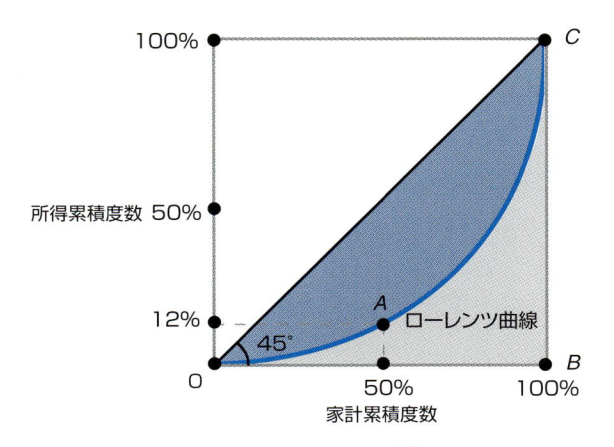

🔍 クローズアップ6.1　ローレンツ曲線とジニ係数

　ある社会の成員の所得がどの程度不平等であるかは，ローレンツ曲線とジニ係数によって計られます。ローレンツ曲線の横軸は図6.1のように，その社会の家計を所得の低い順に並べて，社会の何%の家計がその点より左に属するかを示します。これを家計累積度数と呼びます。縦軸には，横軸に示される%に属する家計の所得の合計が社会全体の所得の何%にあたるかを示します。これを所得累積度数と呼びます。たとえば，図6.1のローレンツ曲線の A 点では，横軸が50%なので，所得の低い方から数えて50%の家計の集団を示しています。それに対して，縦軸は12%です。つまり，所得の低い方から数えて50%の家計は社会全体の所得の12%しか受け取っていないのです。社会の全員（100%）を集めた点が横軸の右端の B 点です。このときには，社会全員の所得を社会全員の所得で割るので，所得累積度数は必ず100%になります。ゆえに，ローレンツ曲線は必ず C 点を通ります。

　所得分配が完全に平等で誰もが同じ所得を得ている場合には，所得の低い方から x%の人を集めると，その所得の合計は社会全体の所得の x%になるはずです。この場合に，ローレンツ曲線は O 点と C 点とを結ぶ傾き1の対角線になります。ゆえに，ある社会がどれほど不平等であるかは，ローレンツ曲線が対角線 OC よりどれほど下に位置しているかで計ることができます。これを一つの数値に表現するために，ローレンツ曲線と対角線 OC によって囲まれた三日月形の面積を三角形 OBC の面積で割ります。この数値をジニ係数といいます。その社会が完全に平等であれば，ジニ係数は0，完全に不平等であればジニ係数は1です。

図6.1　ローレンツ曲線

ローレンツ曲線と対角線 OC で囲まれた三日月形 OAC の面積を，三角形 OBC の面積でわったものをジニ係数といいます。三日月形 OAC の面積が大きいほど，すなわちジニ係数が大きいほどその社会は経済的に不平等です。

効用を損なうことなしに，ある人の効用を増やす」ことができます。これを逆にいえば，「無駄が生じていない状態」とは，「他の人の効用を減らすことなしには，ある人の効用を増やすことができない状態」といえます。この状態をさして，パレート最適な資源配分といいます。経済学ではこのような状態をもって好ましいと判断します。

資源配分と所得分配

　しかし，パレート最適という考えには一つ欠点があります。以下で実例を見るとわかりますが，状態 A も状態 B も両方ともパレート最適である，ということが起きることがあります。この場合，A と B のどちらがよりよい状態であるかは，パレート最適の基準だけでは決定できません。それを決定するには，より強い価値判断が必要とされるのです。このようなより強い価値判断を社会厚生関数といいます。パレート最適となることを目標として，資源の種々の用途への配分を検討することを資源配分の問題といい，さらに社会厚生関数を用いて複数のパレート最適な資源配分の状態間の優劣を比較することを所得分配の問題といいます。本書では所得分配の議論については触れないこととします。

2 家計・2 財・生産なしモデル

　パレート最適の考え方は，家計と企業の存在する一般的な経済モデルで論じることができますが，結論は同じになりますので，家計しか存在しない簡単な経済モデルで検討してみましょう。この経済には 2 人の家計しかいないものとします。これがシンジ君とレイさんであるとしましょう。また，財は 2 種類しかないものとします。それを伊勢エビと牛肉としましょう。この経済には企業は存在しないものとします。そもそも生産という行為自体がなく，自然に生まれてきた一定量の伊勢エビと牛肉を採取して食べているとしましょう。この際の伊勢エビの数量は ℓ 匹，牛肉の数量は $b$kg であるとします。これらは初期賦存量と呼ばれます。

　シンジ君とレイさんはこの初期賦存量を分け合って所有しているとしましょう。どちらがどれだけ伊勢エビと牛肉を所有しているかは，その社会の過去の

クローズアップ6.2　一般不可能性定理

　さまざまな価値判断が共存する現実の世界では，何らかの方法で種々の意見を統合して一つの経済政策を決定せざるを得ません。合意を形成する手段としては，宣伝・示威行動・説得・暴力・買収などさまざまな方法がありますが，民主主義の基本として投票を用いることに多くの人は異論がないでしょう。ところが，天才の名をほしいままにしたノーベル経済学賞受賞者ケネス・アローが26歳のときに著した「社会的選択の理論」によりますと，多数決による投票には本質的な欠陥があります。

　投票者がシンジ君，レイさん，アスカさんの3人であるとしましょう。この3人が部屋に飾る花を投票によって選ぶとしましょう。花の種類はA, B, Cと3つあるとしましょう。シンジ君はA, B, Cの順にこれらの花を好んでいるとしましょう。また，レイさんはB, C, Aの順に，アスカさんはC, A, Bの順に好んでいるとしましょう。このとき，AとBのどちらがよいかという投票を3人でおこないますと，シンジ君とアスカさんがAの方がよいと答えるので，多数決によりAの方がよいことになります。そこで，次にAとCとを比べて，投票してみます。すると，レイさんとアスカさんがCの方がよいと答えるので，Cが勝ちます。結局A, B, Cの中ではCが一番よいと結論されるように思われます。ここで，念のためにCとBとについて投票してみましょう。すると，シンジ君とレイさんがBの方がよいと答えるので，Bの方がよいことになってしまいます。

　つまり，この例では多数決による投票では，BよりAの方がよく，AよりはCの方がよく，CよりはBの方がよい，という結果が生じてしまい，どうどう巡りになってしまうのです。このように，多数決による投票は原理的には完全なものではなく，必ずしも最終的な決定にたどりつける保証はないのです。このような多数決による投票には合意の形成手段として基本的な欠陥が存在することを一般不可能性定理と呼びます

事情で決まっています。たとえば，早いもの勝ちでシンジ君とレイさんは伊勢エビと牛肉を取り合ったかもしれませんし，じゃんけんで分けたかもしれません。ともかく，その結果，シンジ君は伊勢エビを $\bar{x}$ 匹，牛肉を $\bar{y}$ kg を所有しているとしましょう。これをシンジ君の**初期保有量**と呼びます。残りの伊勢エビ $(\ell-\bar{x})$ 匹と牛肉 $(b-\bar{y})$ kg はレイさんがもっています。これをレイさんの初期保有量と呼びます。

エッジワースのボックスダイアグラム

シンジ君の初期保有量をグラフにえがいてみましょう。図 6.2 のように横軸に伊勢エビの初期賦存量 ℓ 匹，縦軸に牛肉の初期賦存量 b kg をとった四角形をえがきます。左下にシンジ君の保有量をはかる原点 O をとります。すると，シンジ君の初期保有量 $(\bar{x},\bar{y})$ は図 6.2 の A 点で示されます。次に，レイさんの初期保有量を同じ図に示してみましょう。図 6.2 では横軸の長さが伊勢エビの初期賦存量 ℓ 匹に等しくなっています。ゆえに，シンジ君が $\bar{x}$ 匹保有するので，レイさんの保有量は $(\ell-\bar{x})$ 匹は，図 6.2 の線分 BC であらわされます。同様に，図 6.2 では縦軸の長さが牛肉の初期賦存量 b kg に等しくなっていますので，レイさんの保有量 $(b-\bar{y})$ kg は図 6.2 の線分 FG であらわされます。

ところが線分 BC は線分 $O'H$ と，線分 FG は線分 $O'I$ と同じ長さです。そこで，右上の O' 点をレイさんの保有量をはかる原点とみなしましょう。ここから，左に向かってレイさんの伊勢エビの保有量を，下に向かってレイさんの牛肉の保有量を表示するのです。すると，この原点 O' から見たときの伊勢エビの保有量 $O'H$ と牛肉の保有量 $O'I$ の組合せは A 点で示されます。このように，横軸，縦軸それぞれの長さを財の初期賦存量に等しくとり，左下と右上の 2 つの原点から 2 人の初期保有量を計ると，1 つの点 (A) で 2 人の初期保有量を同時に表現できるのです。図 6.2 を，**エッジワースのボックスダイアグラム**といいます。

初期保有量

図 6.2 に左下の原点 O を基準にしてシンジ君の無差別曲線を書き込むと，

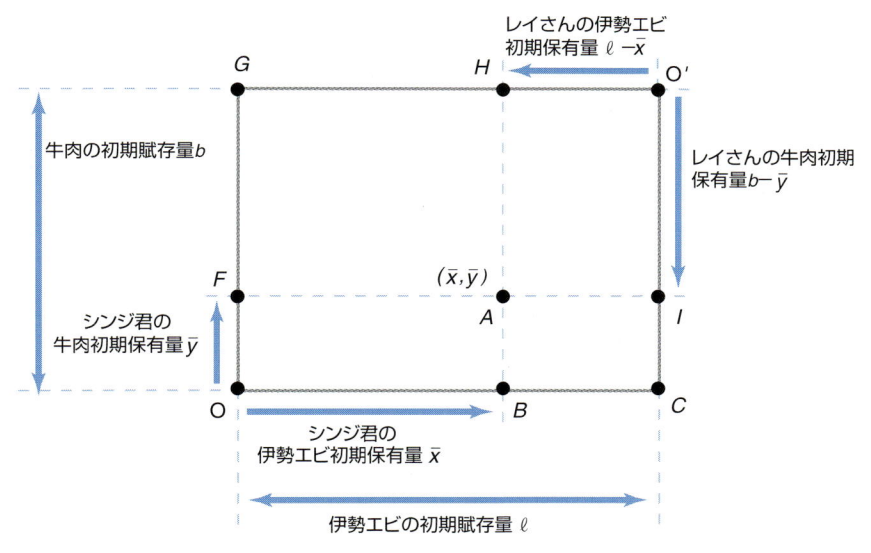

図 6.2　エッジワースのボックスダイアグラム

A 点は，原点 O から見るとシンジ君の初期保有量を示し，原点 O' から見るとレイさんの初期保有量を示しています。

6.1　パレート最適

図6.3の実線の無差別曲線群のようになります。レイさんの無差別曲線も図6.3に書き込みましょう。レイさんの消費量は右上の原点 O′ を基準にして，下に向かって牛肉の量を，左に向かって伊勢エビの量をはかります。この結果，図6.3の点線の無差別曲線群のように，レイさんの無差別曲線は普通の無差別曲線を斜め右上から見たような形になります（わかりにくかったら，レイさんの無差別曲線を普通に左下の原点 O を基準にえがいて，その図を180度ひっくり返して原点を原点 O′ に重ねてください）。

シンジ君とレイさんの初期保有量は A 点であらわされています。シンジ君とレイさんがその初期保有量を消費すれば，シンジ君の効用は A 点を通る無差別曲線 UU と等しい大きさになります。同様に，レイさんの効用は A 点を通る無差別曲線 $U'U'$ と等しい大きさになります。

さて，もし何らかの方法で2人は伊勢エビと牛肉を交換して，2人の保有量を J 点に変え，消費したとしましょう。

J 点は，A 点を通るレイさんの無差別曲線 $U'U'$ 上にあるので，レイさんの効用は A 点にあったときと変わりません。これに対して，シンジ君の J 点での効用は，無差別曲線 $U''U''$ であらわされます。無差別曲線 $U''U''$ は A 点を通るシンジ君の無差別曲線 UU より右上にありますので，シンジ君の J 点の効用は A 点の効用より高いことがわかります。

以上をまとめると，2人が A 点から J 点へ財を交換して消費すると，レイさんの効用がそのままで，シンジ君の効用が増加することがわかります。逆に言えば，元々の A 点での保有量とは「他の人（レイさん）の効用を減らすことなしに，ある人（シンジ君）の効用を増やすことができる」ような状態だったことになります。こうして，初期保有量 A 点での消費はパレート最適ではないことになります。

限界代替均等化

なぜ，図6.3の A 点はパレート最適ではなかったのか検討してみましょう。A 点を通る2人の無差別曲線は，A 点で交わっています（つまり，十字の形になって，互いをつらぬいています）。すると，図6.3の色領域のように，A 点の

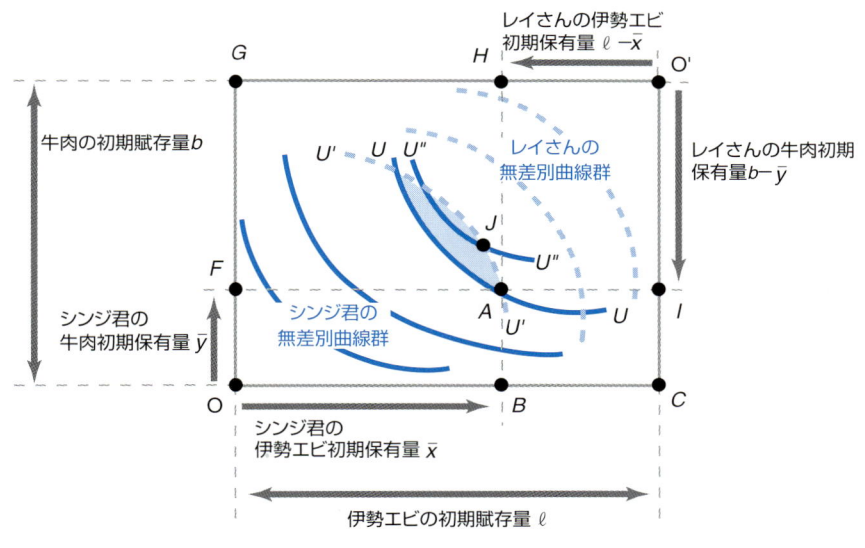

図 6.3　シンジ君とレイさんの無差別曲線群

初期保有量 A 点で 2 人の無差別曲線が交わると，点の左上にレンズ形（色アミ部分）の領域が生じます。すると，双方にとって A 点よりよい点をこの中にみつけられます。つまり，A 点で 2 人の無差別曲線が交わると，A 点はパレート最適ではないことになります。

左上に2人の無差別曲線で囲まれるレンズ形の領域が必ずできてしまいます。この領域の中の1点を選びましょう。たとえば，J 点のようにこの領域の端っこの点を選んでみます。そうすると，レイさんの効用は A 点と同じにしたままで，シンジ君の効用を前より増やせます。こうして，A 点はパレート最適ではないことが示せました。レンズ形の内側の点を選んだ場合でも，同じ論理で A 点がパレート最適でないことを示せます。

以上から，ある点で2人の無差別曲線が交わっているかぎり，その点はパレート最適でありえないことが示されました。これから逆にもし，それより良い点が発見できないような点があるとしたら，その点では2人の無差別曲線は交ってはならず，接していなくてはならないことがわかります。たとえば，図 6.4 の A 点では2人の無差別曲線は接しています。この点で2人の保有量が決まっていると，財を交換して，A 点以外の点（たとえば J 点）を選びますと，1人の効用は変わりませんが，もう1人の効用は下がってしまいます（なお，K 点を選ぶと2人とも効用が下がってしまいます）。つまり，A 点は「他の人の効用を減らすことなしには，ある人の効用を増やすことはできない状態」であることになりますので，パレート最適なのです。

A 点で2人の無差別曲線が互いに接するとは，原点 O から見たシンジ君の無差別曲線の傾きと，原点 O′ から見たレイさんの無差別曲線の傾きとが，A 点で相等しいことを意味します。無差別曲線の傾きのことを限界代替率と呼びました。そこで，上の命題は「A 点でシンジ君の限界代替率とレイさんの限界代替率とが相等しいときに，A 点はパレート最適な配分となる」といい換えられます。これを**キーポイント 6.1** としておきましょう。

契約曲線

さて，このような，2人の無差別曲線が接するという性質をみたす点は A 点以外にもたくさんあります。そのような点を図 6.5 の B 点，C 点，F 点，……のようにすべて書き出してみると，ついにはこれらの一連の点はくっついてしまって，図 6.5 の $OBCFGHO'$ 曲線のようななめらかな曲線が生じます。この曲線を契約曲線と呼びます。契約曲線上のどの点でもそこでは2人の無差別

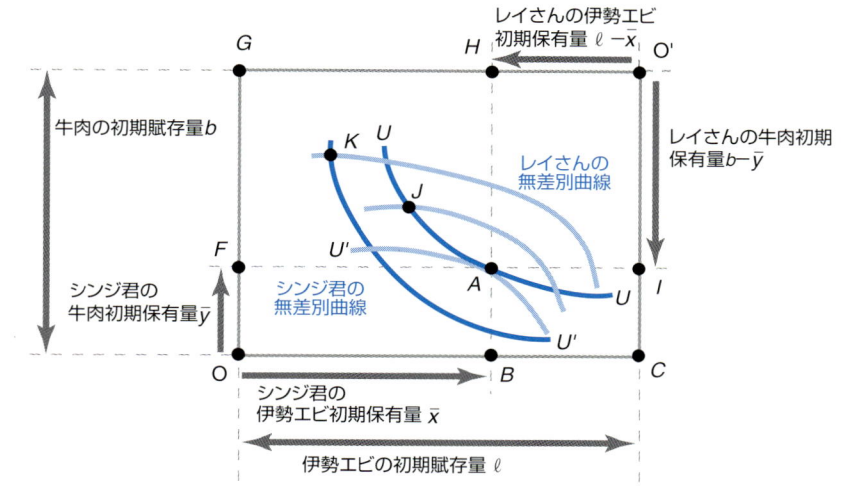

図 6.4 パレート最適点

A点では2人の無差別曲線は互いに接しています。すると，一方の効用を変えないように財を再配分する（J点）と，もう1人の効用は必ず下がってしまいます。つまり，A点はパレート最適点です。

◆ **キーポイント 6.1**　限界代替率均等化

エッジワースのボックスダイアグラム内のある点で，2人の無差別曲線の限界代替率が相等しいと，その点はパレート最適になります。

🔍 **クローズアップ 6.3**　限界代替率均等化の直感的意味

なぜ，限界代替率均等化の条件がパレート最適のために要求されるのか，直感的に検討しておきましょう。エッジワースのボックスダイアグラム内のある一点で，シンジ君の無差別曲線の傾きが2であり，レイさんの無差別曲線の傾きが3であるとしましょう。このとき，シンジ君は伊勢エビ1匹と牛肉2kgを交換しても効用は変わりません。また，レイさんは伊勢エビ1匹と牛肉3kgを交換しても効用は変わりません。そこで，シンジ君から伊勢エビ1匹をとってレイさんに渡し，レイさんから牛肉3kgをとってシンジ君に渡しますと，レイさんの効用は変わらない一方で，シンジ君の効用は増加します。つまり，2人の無差別曲線の傾きが異なる限り，2人の間で財を交換することによってどちらか，あるいは双方の効用を増加させることができるのです。パレート最適点とは，このような可能性がない状態をさしますから，そこでは2人の無差別曲線の傾きは等しくなくてはならないのです。

曲線は接するのですから，契約曲線上の点はすべてパレート最適です（**キーポイント6.2**）。逆に，契約曲線外の点では2人の無差別曲線は接することがなく，交わりますので，それらの点はパレート最適ではありません。こうして，パレート最適が好ましいという前提に立つかぎり，2人の保有量が契約曲線上の一点になることが最適であるということになります。

契約曲線上には多くの点があります。これらの多くの点の中で，どの点が一番好ましい点なのでしょうか。契約曲線上のすべての点はパレート最適ですから資源の浪費が生じていません。ですから，「無駄が生じていない点が好ましい」という価値判断にたつかぎり，「契約曲線上のすべての点は同じように好ましい」としかいえません。つまり，パレート最適という価値判断のみでは，これ以上は決定できないのです。

社会厚生関数

実際のところ，パレート最適という価値判断には確かに万人の共感を呼ぶとはいえない性質があるのです。たとえば，図6.5の原点 O′ もパレート最適ですが，原点 O′ の配分とはシンジ君が2財をすべて消費し，レイさんは何も消費しない場合です。パレート最適の基準からいえば，この点も他の契約曲線上の点と同じ程度に好ましいことになりますが，ただ1人が財を独占して消費するこのような場合を「好ましい」と感じる人々は少ないでしょう。このために，パレート最適の点の間にも優劣をつけようとする試みが生じるのです。

パレート最適な資源配分を発見する問題を越えて，パレート最適の点の間の優劣の比較を試みることを所得分配の問題といいます。所得分配を論じるには，より強い価値判断を追加しなくてはなりません。この価値判断のことを**社会厚生関数**といいます。

有名な価値判断には，「社会の成員全員の効用をたし合わせて，それを最大化するのが好ましい」という**ベンサムの基準**や，「もっとも恵まれない人の効用をできるだけ大きくするのが好ましい」という**ロールズ基準**などがあります。

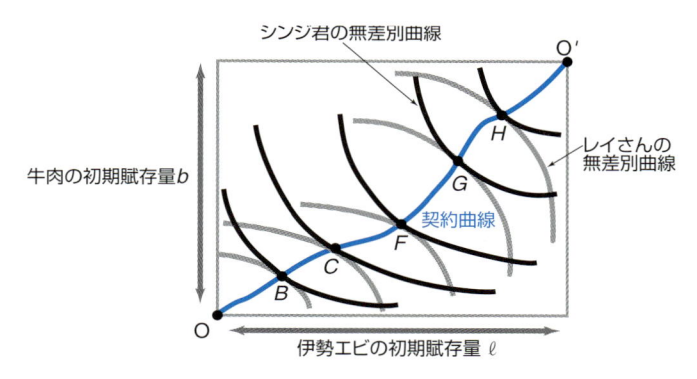

図 6.5　契 約 曲 線
2人の無差別曲線が互いに接する点を結んでいくと，O点，B点，C点，F点，G点，H点，O'点のようななめらかな曲線になります。これを契約曲線といいます。

◆ キーポイント 6.2　契 約 曲 線

　契約曲線上の点はパレート最適です。

🔍 クローズアップ 6.4　既 成 利 得

　既成利得を重視する「両者にとって初期保有量に対応する効用より不利になるような，財の再配分はおこなわない」という価値判断を，パレート最適の価値判断に追加しましょう。図6.6のように最初の初期保有量が A 点であるとしましょう。シンジ君が A 点より不利になることなく，またレイさんも A 点より不利にならないように，財を再配分して，かつパレート最適である状態を達成することを目指しましょう。すると，再配分の候補の範囲は，図6.6の契約曲線の中の線分 FG になります。OF の部分の契約曲線を選ぶと，シンジ君が A 点より不利になってしまいますし，$O'G$ の部分の契約曲線を選ぶとレイさんが A 点より不利になってしまうからです。しかし，それ以上なお線分 FG の中のどの一点がもっとも好ましいのかは，結局決定できません。社会的に最適な消費点を一点にしぼるには，さらに強い価値判断が必要とされるのです。

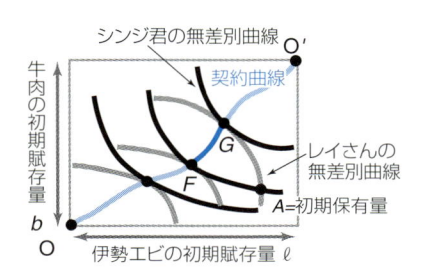

図 6.6　価値判断と社会的最適消費点
「双方とも初期保有量 A 点より不利にならない」という価値判断をパレート最適に加えると，線分 FG のいずれかの点が最適な消費点になります。

レッスン 6.2　完全競争の最適性

完全競争市場とパレート最適

　レッスン6.1においては，パレート最適という観点からは，エッジワースのボックスダイアグラム内では契約曲線上の点が好ましいという結論を導きました。しかし，2人の初期保有量が契約曲線上にないときには，どのようにしたらこの好ましい契約曲線上の配分に到達できるでしょうか。1つの可能性は，政府が直接2人に財の交換を命令して，契約曲線上の点に2人の保有量が変わるように調整してやることです。このような政府の計画に基づいて財・サービスの配分をおこなう経済を計画経済といいます。かつてのソビエト連邦などの社会主義国家は計画経済体制を標榜していました。

　別の可能性は，2人が財を市場取引によって自主的に交換することです。こうすると，2人の保有量が変わるので，その結果2人の保有量が契約曲線上の点になる可能性が出てきます。実際のところ，以下のことが証明できます。「もし，すべての財（ここでは，伊勢エビと牛肉）の市場が完全競争的であれば，すべての市場が均衡した状態では，財の配分はパレート最適となる」です。これを厚生経済学の第一定理といいます。この定理の述べるところは，各財の市場が完全競争市場でさえあれば自動的にパレート最適になる，という素晴らしい内容なのです。このように財・サービス取引に市場が使われる経済を市場経済（あるいは分権主義的経済）と呼びます。現代の世界のほとんどの国家は，市場経済体制を採用しています。

クローズアップ6.5　計画経済の盛衰

　計画経済の典型といえば，1917年から1991年まで続いたソビエト連邦（ソ連；ソビエト社会主義共和国連邦）の中央計画経済体制にすぎるものはありません。ソビエト連邦経済はとりわけ1950年代に著しい発展を遂げて，「社会主義システムの優位」を示して，世界に衝撃を与えました。当時のソビエト連邦の経済成長率は米国の経済成長率の2倍を越え，遠からず世界最大の経済となると予想されていました。ところが，予想を裏切ってその後のソビエト連邦経済は成長が停滞し，1991年にはソビエト連邦自体が解体しました。

　マクロ経済学の成長会計と呼ばれる分析によりますと，この間の事情はかなりよく解明されています。当初のソビエト連邦の著しい経済成長（＝生産物の増加）の原因は，中央計画当局による強制的な貯蓄・投資によるものでした。計画当局は，消費財生産を抑制することによって当時のソビエトの人々の生活水準を犠牲にする一方で，その余力でもって工場やトラクターを増産した結果，たしかに生産力が増加した，という現象が起きました。しかし，ソビエト連邦にかぎらずどの国でも，単に工場の数だけを増やしていきますと，いつか工場が過剰になっていきます（資本の限界生産力逓減の法則です）。そのときに，技術革新によって生産性と呼ばれる生産方法の質の改善を続けないと，その後の生産力の増加は保証されません。市場経済では，企業の利潤動機によって技術革新がおこり，工場の生産性は向上していきます。この結果，米国や日本では資本が十分増加した後にも実際に持続的な経済成長が起きています。ところが，中央計画当局の指示によって生産がおこなわれるソビエトの各企業では，生産性向上への意欲はありませんでした。この結果，非効率な工場が無制限に増加し，経済の成長が停滞してしまいました。結局，ソビエト連邦の崩壊とは，社会主義システムを放棄することによって，生産性向上による経済成長を試みた経済現象といえるでしょう。

市場経済下での最適消費点

レッスン6.1の2財・2家計・生産なしモデルでは，市場や価格についてはまったく触れられていませんでした。それは市場があろうとなかろうと，パレート最適な状態とは2人の無差別曲線の形状によってのみ決まる契約曲線上の点だったからです。ゆえに，市場経済でも市場のない計画経済でもパレート最適な状態を定義できます。さて，この経済は市場経済であるとしましょう。すなわち，伊勢エビと牛肉の市場があると仮定します。伊勢エビ市場で成立している市場価格を P_x，牛肉市場で成立している市場価格を P_y としましょう。経済全体の財の初期賦存量は，伊勢エビ ℓ 匹，牛肉 b kg であり，シンジ君の初期保有量はこの初期賦存量のうちの伊勢エビ $\bar{x}$ 匹，牛肉 $\bar{y}$ kg でありました。また，レイさんの初期保有量は，伊勢エビ $\ell-\bar{x}$ 匹，牛肉 $b-\bar{y}$ kg でありました。このときに，シンジ君の最適消費点は最終的にどう決まるでしょうか。また，レイさんの最適消費点は最終的にどう決まるでしょうか。

シンジ君の最適消費点

説明を簡単にするために，以下のような仮定をおきましょう。シンジ君は所有している伊勢エビと牛肉を一度すべて売り払います。この売上金がシンジ君の所得となります。これを予算としてシンジ君は予算制約式を考え，予算制約線上で最適な消費点を選び，伊勢エビと牛肉を買いなおして消費します。この買いなおす伊勢エビの数量を x_s 匹，牛肉の数量を y_s kg としましょう。

シンジ君の予算額を計算してみましょう。所有している $\bar{x}$ 匹の伊勢エビを価格 P_x で売ると $P_x\bar{x}$ 円の所得があり，$\bar{y}$ kg の牛肉を価格 P_y で売ると $P_y\bar{y}$ 円だけの所得があります。この2つを合計した $(P_x\bar{x}+P_y\bar{y})$ 円がシンジ君の予算になります。この予算額は家計の理論の普通の予算 I と違うことに注意しましょう。家計の理論では予算額 I は価格体系 P_x，P_y がどう変わろうと一定でしたが，シンジ君の予算 $(P_x\bar{x}+P_y\bar{y})$ 円の場合は，価格 P_x，P_y が変わると予算額も変わってしまうのです。

さて，シンジ君の支出の方は，伊勢エビを価格 P_x で x_s 匹，牛肉を価格 P_y で y_s kg 買うので，$(P_x x_s + P_y y_s)$ 円になります。支出額と予算額は等しくなくては

クローズアップ6.6　アダム・スミス

　利己心に導かれた人々の行動が「神の見えざる手」によって，公共の利益に結びつくことを最初に指摘したのは，古典派の経済学者アダム・スミス（1723-90）です。スミスはグラスゴー大学とオックスフォード大学で教育を受け，エジンバラ大学の講師となり，有名な『国富論』（1776）を著述しました。彼は世界で最初の職業的経済学者であり（彼以前は経済学者は職業としては成り立たなかったのです），古典派経済学の創始者であり，第一人者でした。

　『国富論』の一節で彼は以下のように論じます。人々は自己の利益を追求する傾向があります。しかし，人々のこの傾向は，完全競争のもとでは資源をもっとも有用な用途に振り向ける結果になります。そのため，これは個人の所得を最大にすると同時に，国家の所得を最大にするのでした。「自己の利益を追求する行為により，彼はしばしば社会の利益を，彼が意識的にそれを増加させようとする場合より，より有効に増進させる」とスミスは述べます。このような個人的利益追求の結果，均衡では資源をどのような用途に使おうとも収益は同じになってしまいます。これが有名な「見えざる手」の議論です。

　「見えざる手」によって市場が誘導されることを信じるがゆえに，スミスは「レッセ・フェール」（なすがまま）の自由放任主義的経済政策を提唱しましたし，逆に市場経済への国家介入に反対したのです。このようなアダム・スミスの自由主義的な議論は厚生経済学の第一定理を現代を去ること200年以上前に予言したものとして高く評価されます。

　ただし，アダム・スミスといえども，市場への国家介入を完全に排除したわけではなく，国防・司法などの最小限の種類の財の供給については，国家が供給の責任を負うことを明確に論じました。アダム・スミスが主張したのはこうした国家の市場への介入を最小限に制限することであったのです。これを「小さな国家」の主張といいます。これらは，現代の経済学における公共財の議論の嚆矢であって，その予見の鋭さに驚かされます。

なりませんから，シンジ君の予算制約式は，
$$P_x x_s + P_y y_s = P_x \bar{x} + P_y \bar{y}$$
となります。これを書き換えると，
$$y_s = -\frac{P_x}{P_y} x_s + \left(\frac{P_x}{P_y}\bar{x} + \bar{y}\right)$$
となります。これは傾き $-(P_x/P_y)$，切片 $\{(P_x/P_y)\bar{x}+\bar{y}\}$ の直線ですので，図 6.7 の予算制約線を得ます。A 点の座標 $(\bar{x}, \bar{y})$ を上の予算制約式の x_s と y_s に代入すると，両辺が一致し，式がみたされるので，A 点は予算制約線上にあることがわかります。この予算制約線の特徴は初期保有点 A 点を通ることです。この予算制約線に対するシンジ君の最適消費点は，図 6.7 の J 点になります。この点から伊勢エビの需要量 x_s と牛肉の需要量 y_s が決まります。

レイさんの最適消費量

次に，同じ価格体系 P_x, P_y に対して，レイさんの最適消費点がどうなるかを調べましょう。レイさんの当初保有量は，伊勢エビ $(\ell-\bar{x})$ 匹と牛肉 $(b-\bar{y})$kg です。これらを価格 P_x, P_y で売り払うと，所得は，$\{P_x(\ell-\bar{x})+P_y(b-\bar{y})\}$ 円だけになります。

さて，この予算に基づいてレイさんが買いなおす伊勢エビの数量を x_R，牛肉の数量を y_R としましょう。すると，支出の方は，$(P_x x_R + P_y y_R)$ 円になります。以上から，レイさんの予算制約式は，
$$P_x x_R + P_y y_R = P_x(\ell-\bar{x}) + P_y(b-\bar{y})$$
これを書き換えると，
$$y_R = -\frac{P_x}{P_y} x_R + \left\{\frac{P_x}{P_y}(\ell-\bar{x}) + (b-\bar{y})\right\}$$
となります。これは傾き $-(P_x/P_y)$，切片 $\{(P_x/P_y)(\ell-\bar{x})+(b-\bar{y})\}$ の直線です。これを図 6.8 にえがきましょう。右上の原点 O' から計ってえがきますと，切片は O' から下に向かって計りますので，図 6.8 の N 点になります（わかりにくい方は図 6.8 をひっくり返して，原点 O' が左下に来るようにして考えてください）。すると，図 6.8 の予算制約線 MN を得ます。

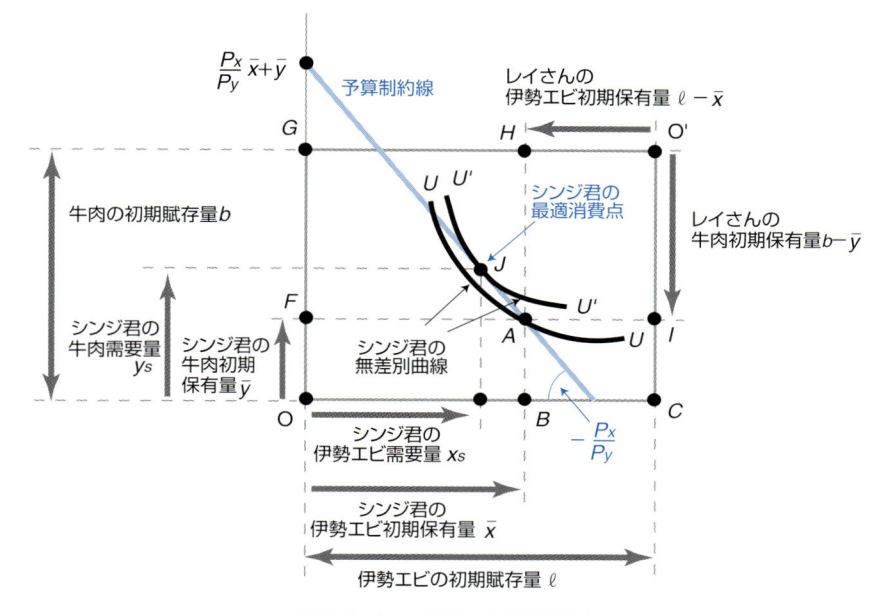

図 6.7 シンジ君の最適消費点

シンジ君の予算制約線は初期保有量 A 点を通る，傾き $-P_x/P_y$ の直線になります。

🔍 クローズアップ6.7　価格に関する需要の0次同次性

　世の中のすべての価格が2倍になったら，シンジ君の各財・サービスの需要量はどうなるでしょうか．図6.7を使って考えてみましょう．最初のシンジ君の予算制約線は，A 点を通る傾き $-P_x/P_y$ の直線です．もし，P_x，P_y の双方が2倍になると，新しい価格体系は $2P_x$，$2P_y$ になります．このシンジ君の予算制約線は，A 点を通る，傾き $-2P_x/P_y$ の直線になります．しかし，この直線の傾きは $-P_x/P_y$ と同じなので，A 点を通る予算制約線は価格上昇前と変わりませんから，結局最適消費点は J 点のままです．こうして，すべての価格が2倍になったときには，シンジ君の最適消費点は前と変わりません．レイさんについても同じことがいえます．このため，2人をあわせた各財の需要量は前と変わりません．このことを，価格に関する需要の0次同次性といいます．

　家計の理論においても，所得 I が価格体系とともに2倍になればやはり，需要の0次同次性が成立します．また，企業についても，やはり価格に関する供給の0次同次性が証明できます．

この予算制約線の特徴は，A点を通ることです。これは，$x_R = \ell - \bar{x}$，$y_R = b - \bar{y}$ とおくとレイさんの予算制約式がみたされるのでわかります。ところが，原点Oから計ったシンジ君の予算制約線もA点を通る傾き $-(P_x/P_y)$ の直線でした。つまり，原点Oから見たシンジ君の予算制約線も，原点O'から見たレイさんの予算制約線も，図6.8上ではまったく同じ直線MNであることがわかります。この予算制約線に対して，レイさんの最適消費点は，K点のように決まります。

伊勢エビ市場・牛肉市場

価格体系 P_x，P_y に対する2人の最適消費点が以上のようにして決まりました。この結果，シンジ君は伊勢エビを図6.8のOLだけ，レイさんはO'Hだけ需要します。つまり，伊勢エビ市場の需要量はOL+O'Hになります。これに対して，2人から売りに出される伊勢エビの数量の合計は，OCですから，これが伊勢エビ市場の供給量になります。図6.8から，伊勢エビ市場では需要量 OL+O'H が供給量OCを越えることがわかります。ゆえに，市場は均衡せず，超過需要の状態になります。この結果，伊勢エビ価格 P_x は上昇します。

同じようにして牛肉市場を考えると，需要量がOF+O'Iであるのに対して，供給量はOGですから，牛肉市場は均衡せず，超過供給の状態にあります。ゆえに，牛肉価格 P_y は下落します。以上の2つの効果の結果，相対価格 P_x/P_y は上昇します。2人の予算制約線MNはA点を必ず通りますので，2人の予算制約線はA点を中心にして時計回りに回転します。

一般均衡点とパレート最適

P_x が上昇し，P_y が下落した結果，P_x/P_y が十分増加したとしましょう。すると，いつか図6.9の新しい予算制約線に対応するJ点のような状態に到達します。このときには，シンジ君の伊勢エビ需要量OLとレイさんの伊勢エビ需要量O'Hとの合計が，ちょうど伊勢エビ供給量OCに等しくなっています。つまり，伊勢エビ市場は均衡しています。ですから，P_x は伊勢エビ市場の均衡価格です。牛肉市場を見ると，牛肉の需要量の合計はOF+O'Iになりますので，

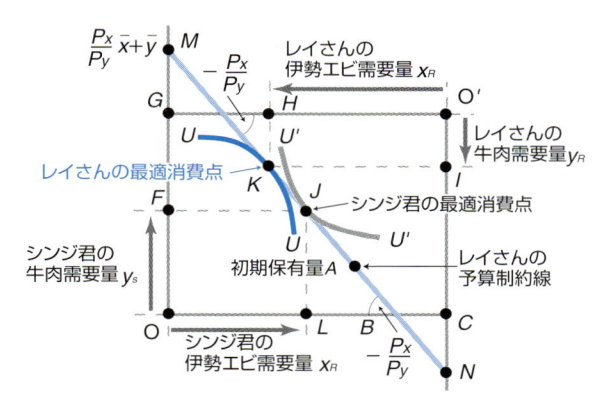

図 6.8　レイさんの最適消費点

レイさんの予算制約式を原点 O' から見てえがきますと，レイさんの予算制約線 MN は初期保有量 A 点を通る，傾き $-P_x/P_y$ の直線になります。これは原点 O から見たシンジ君の予算制約線と一致します。

🔍 クローズアップ6.8　オファーカーブ

　相対価格が変化したときの，シンジ君の最適消費点の軌跡を**オファーカーブ**といいます。下の図では，3つの相対価格に対応するシンジ君の予算制約線がえがかれています。これらの予算制約線に対応して，シンジ君の最適消費点は A 点，B 点，C 点と変化します（なお，最適消費点 A 点はシンジ君の初期保有量と一致しています）。これらの最適消費点をつないだ図中の太線の曲線がオファーカーブです。オファーカーブは国際貿易論で多用されます。

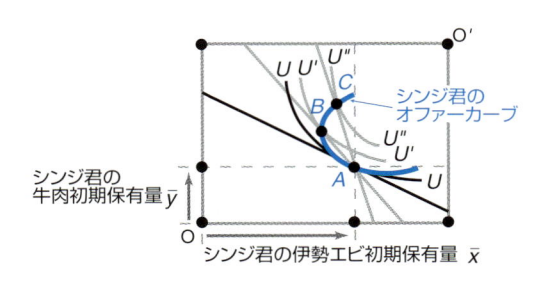

シンジ君のオファーカーブ

各予算制約線に対応するシンジ君の最適消費点 A, B, C をつなぐとシンジ君のオファーカーブになります。

6.2　完全競争の最適性

牛肉の供給量 OG と一致します。つまり，牛肉市場も均衡しているのです。ですから，P_y は牛肉市場の均衡価格です。J 点では経済中のすべての市場が均衡しているので一般均衡点と呼びましょう。

図 6.9 の 2 人の財の配分を見てみましょう。初期保有量は A 点であったのが，取引の結果，2 人の財の保有量は J 点になっています。ところが，J 点においては，2 人の無差別曲線は交わらず，互いに接しています。これは契約曲線上の点の特徴でした。つまり，一般均衡点 J 点は契約曲線上の点であるのです。契約曲線上の点はパレート最適ですから，こうして市場取引の結果到達した均衡点 J はパレート最適であることがわかります。

以上から，家計しかない簡単なモデルにおいてではありますが，すべての完全競争市場が市場均衡にあれば，その結果達成される財の配分はパレート最適であることが証明されました。この結果はさらに企業と生産を導入したモデルでも同様に成立することが示せます。これらの命題は前に述べた厚生経済学の第 1 定理に他なりません。これを**キーポイント 6.3** にしておきます。

「厚生経済学の第 1 定理」の語るところは，完全競争であるかぎり，市場を放任しておけば，財の配分は自動的にパレート最適になるということです。これを逆にいえば，補助金・価格支持政策・配給制度・個別物品税などに代表される政府による市場介入は，価格が均衡価格になるのを妨げ，パレート最適な資源配分の達成を妨げるため，厳に戒められるところとなります。この意味で経済学者は，原則として（後述のような市場の失敗と呼ばれる例外的場合を除いて），政府の市場介入には反対します。この「厚生経済学の第 1 定理」の含意をよく理解しておいてください。

以上の議論においては，経済に存在するすべての市場が同時に均衡する状態を考察しました。このような分析の方法を一般均衡分析と呼びます。これに対して，市場の理論のように，財・サービスの市場の均衡のみを考察する分析を部分均衡分析と呼びます。

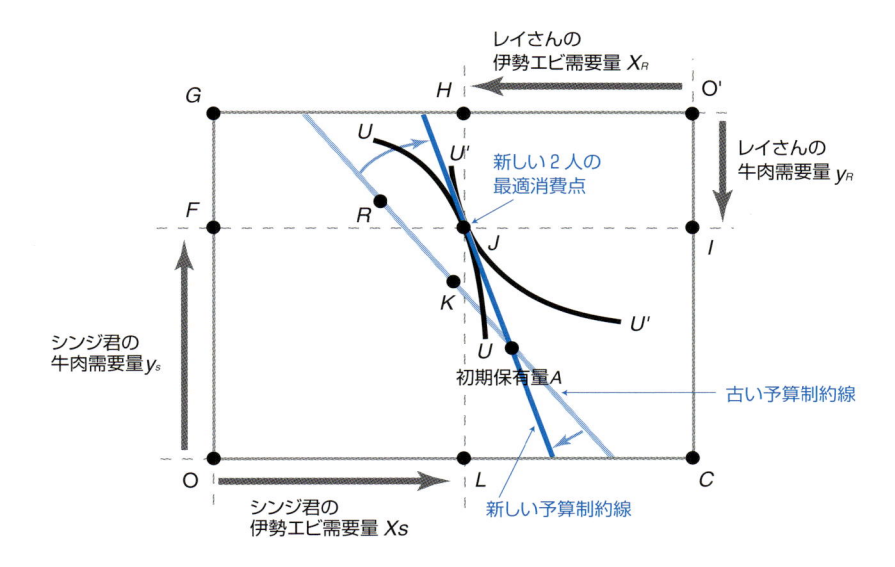

図 6.9 完全競争均衡

相対価格が変わると予算制約線は A 点を中心にして回転し，一般均衡点 J に到達します。一般均衡点 J では2人の無差別曲線が互いに接しているので，契約曲線上にあり，パレート最適になります。

🔍 クローズアップ6.9　貿易の利益

　エッジワースのボックスダイアグラムが語るところは，交換というものがいかに双方の当事者の状態を改善して利益をもたらすかという点です。この当事者として国と国を考えれば，財の交換とは貿易にあたります。貿易とはこうして双方で比較的あまっているものを輸出し，比較的不足しているものを輸入することによって交換をおこない，双方の効用を改善することであるのが理解されます。この際，双方の無差別曲線の形状が違うほど，また双方の初期保有量が違うほど，交換による効用の改善は大きいことが示せます。他の国と貿易をおこなう経済を開放経済といい，逆におこなわない経済を閉鎖経済あるいは自給自足経済といいます。貿易の利益については次章で詳述しますが，貿易の利益を理解していれば，自給自足経済がいかに不利益であるか，理解できます。第2次世界大戦直前の日本は連合国から経済封鎖を受け，貿易を制限されて苦しみ，無謀にも第2次世界大戦に参戦することになりました。現代は，少なくとも経済的な観点からは孤立が許されない世界といえるでしょう。

市場経済

　パレート最適を達成するために必要な情報量，という観点から市場経済を考えてみましょう。市場経済体制において，シンジ君が最適消費点を決定するには，「シンジ君自身の初期保有量 $(\bar{x}, \bar{y})$」「シンジ君自身の無差別曲線群」「価格体系 P_x, P_y」の3つの情報が必要です。ここで重要なことは，この際にシンジ君は他の家計（レイさん）の初期保有量や無差別曲線の形状をいっさい知る必要がないことです。シンジ君が他の家計と共有しなくてはならない情報は価格 P_x, P_y だけです。これはレイさんについても同様ですので，結局パレート最適な資源配分に必要な情報量とは，各家計の自分自身についての情報と，価格についての情報だけということになります。

計画経済

　同様な観点から計画経済を考えてみましょう。計画経済体制においては，財・サービスの市場は存在しません。政府がシンジ君とレイさんの消費点を直接指示して決めます。

　まず，政府は各財・サービスの初期賦存量を知っている必要があります。この情報があれば，エッジワースのボックスダイアグラムをえがくことができます。次に，政府はこのボックスダイアグラム上の契約曲線上の一点を，2人の消費点として指定する必要があります。ところが，契約曲線は2人の無差別曲線の接点として決まりますから，契約曲線を知るためには，政府は2人の無差別曲線群の形状がわからなくてはなりません。こうして，計画経済の場合には，パレート最適な資源配分に必要な情報は各家計の無差別曲線群であることがわかります。

「市場経済」対「計画経済」

　さて，この経済において情報は完全であり，情報は無料で獲得できるとしましょう。その場合には，市場経済でも計画経済でも，パレート最適な資源配分が達成されます。計画経済において，どれほど膨大な情報量が要求されても，それらの情報を政府は無料で獲得できるからです。

◆**キーポイント6.3　厚生経済学の第1定理**

すべての財・サービスの市場が完全競争であれば，市場均衡ではパレート最適な資源配分が達成されます。

クローズアップ6.10　不完全競争

厚生経済学の第1定理では「すべての市場が完全競争」であることが要求されていました。なぜ不完全競争だったらパレート最適にならないのでしょうか。図6.9の例を考えましょう。ここでシンジ君は完全競争的に行動するとしましょう。つまり，プライステイカーとして価格体系 P_x, P_y に対し，最適消費点を選ぶのみであるものとしましょう。これに対し，レイさんはプライステイカーではなく，自分の2財への需要量を意識的に操作することによって，価格体系 P_x, P_y を動かす力があると認識しているとしましょう。

さて，たとえば，価格体系 P_x, P_y に対し，レイさんは自分の伊勢エビと牛肉の需要量を本来の R 点ではなく K 点である，と申告し取引したとしましょう。シンジ君の最適消費点は K 点ですから，レイさんの消費点も K 点であれば，2財の市場は均衡します。この結果，K 点が2人の消費点となります。レイさんが完全競争的に行動していれば，J 点が均衡点であり，2人の消費点でした。K 点と J 点を通るレイさんの無差別曲線を比較すると，レイさんはこの価格操作によって，一般的均衡点 J におけるより高い効用を得たことがわかります。

レイさんは自らの需要量が価格に影響を与えることを認識した上で需要量を決めますので，プライステイカーではありません。ゆえに，これらの市場は完全競争ではありません。そのときの均衡点 K 点では，2人の無差別曲線は互いに交わっています。つまり，この完全競争ではない市場均衡点はパレート最適ではありません。こうして，完全競争でないと，市場均衡はパレート最適ではなくなる例が示されました。

では，実際にレイさんは，自分が有利になるように価格を操作しようとしないのか，と疑問に思われるかもしれません。しかし，説明の便宜上，2人の家計しか存在しないと仮定した本文ではそのような操作が可能でも，一般に多数の家計が存在する経済では，各家計の相対的大きさは0に近く，どのように需要量を変えても価格に影響は及ばないので，レイさんによる価格操作の余地はないのです。つまり，多数の家計がある場合には，完全競争が成立していると考えられるのです。

逆に,「情報の不完全性」を仮定してみましょう。つまり,情報獲得には費用がかかるとします。この場合には,市場経済と計画経済との間に優劣がつきます。市場経済についてみましょう。家計は自分自身(無差別曲線群と初期保有量)については情報を初めからもっています。価格については,その情報は企業の店頭で容易に獲得できます。これに対して,計画経済で必要な情報とは,すべての家計の無差別曲線群です。無差別曲線は目に見えるものではありませんし,一つの家計ごとに無限にあるものですので情報を完全に獲得するには,膨大な費用がかかります(というより,実際には不可能です)。

かかるがゆえに,情報が不完全な場合には,市場経済体制は計画経済体制に比して,資源配分上有利になります。

プライス・メカニズム

市場経済体制においては,各家計に共通する情報とは価格体系 P_x, P_y でした。価格体系 P_x, P_y から相対価格 P_x/P_y が計算できますが,各家計は無差別曲線の傾きがこの相対価格に等しくなるような点を,最適消費点として予算制約線上で選びます。無差別曲線の傾きを限界代替率といいましたから,これは各家計は限界代替率が相対価格に等しくなるような点を最適消費点として選ぶということです。

ところが相対価格 P_x/P_y はどの家計にとっても共通のものですから,結局各家計の最適消費点での限界代替率は互いに相等しくなります。この結果,**キーポイント6.1**(限界代替率均等化)にしたがって,資源配分はパレート最適になるのです。このように,価格体系 P_x, P_y は,どの家計にも共通する情報として機能して,各家計の限界代替率を均等化させる機能をもちます。この価格体系の働きを**プライス・メカニズム**(**価格機構**)といいます。

クローズアップ6.11　情報の非対称性

私たちがこれまで本書で勉強してきた完全競争の理論や厚生経済学では，不確実性はないし，情報も完全である，と仮定して議論を組み立ててきました。これは皆さんも学ばれましたように，大半の経済分析では近似的に正しいと判断される仮定なのです。しかし，実際の経済では不確実性があったり，情報が完全でなかったりするのが重大な要素である例外的な場合があります。このような場合には，経済分析はどうなるのでしょうか。

情報が完全ではない場合を最初に考えます（不確実性の場合については，次の**クローズアップ6.12**で説明します）。部分均衡分析で考え，財の需要者と供給者で持っている情報の量が違うとしましょう。これを**情報の非対称性**といいます。米国の経済学者アカロフは，このような例として，**レモン**（欠陥車を意味する俗語）**の市場**をあげています。

たとえば中古車の売り手は自分の経験から，その車が質の良い車か悪い車か知っています。しかし，買い手は中古車全体の平均の質はわかっても個々の車の質は知りません。そこで，買い手は中古車全体の平均の質に基づいて代金を支払おうとします。ということは，質の良い中古車に対しては，その質以下しか代金は支払われないということです。

質の良い車の売り手はその車の質を知っているので，これには不満です。したがって，その車を売ることを止めてしまうでしょう。すると，売りに出される中古車というのは，質の悪いものだけになります。買い手はこれに気づくと，再び支払う金額を下げるでしょう。すると，これに対して，売りに出される車は質の悪いもののさらに質の悪いものになってしまいます。そして，これに基づいて，買い手は再び支払う金額を下げる，という過程が極限まで繰り返されると，最後には売る車がなくなってしまうということもあり得ます。つまり，もし中古車の質が買い手に分かっていれば，普通の財の取引にすぎないものが，それがわからないばかりに取引が成立しないことがありうることになります。これは情報の非対称性が原因で起こった市場の失敗の一例ということになります。他にも，様々な分野で，この情報の非対称性の影響が調べられています。

レッスン 6.3　公　共　財

経済学上の政府の存在理由

　レッスン 6.2 では，完全競争市場均衡ではパレート最適になることが証明されました。ゆえに，政府の完全競争市場への介入は，資源配分上有益な効果をもちえないことがわかります。それでは，経済学の立場から見て，政府には存在理由はないのでしょうか。実は，公共財と呼ばれる財については，その供給が政府によってなされなければパレート最適な資源配分が達成されないことが示せます。これが経済学上の政府の存在理由の一つなのです。

　より一般的にいうと，公共財の他にも，独占・公益産業・外部効果などいくつかの事例においては，自由な市場取引に任せておいてはパレート最適な資源配分が達成されないことが知られています。これらを「市場の失敗」と呼びます。市場の失敗が生じる場合には，政府による市場への介入がパレート最適な資源配分のために要求されます。

非競合性

　公共財とは非競合性と非排除性という 2 つの性質をもつ財として定義されます。非競合性について説明しましょう。伊勢エビという財を考えます。もし，シンジ君がある伊勢エビを食べてしまうと，物理的性質上レイさんはもうその伊勢エビを食べられません。つまり，シンジ君の消費とレイさんの消費とは競合するのです。このような，消費が互いに競合する財・サービスを私的財と呼びます。現実のほとんどの財・サービスは私的財であります。

　私的財ではない例を考えてみましょう。たとえば，テレビの電波の場合，シンジ君がどれほどテレビを見て電波を消費したとしても，隣人のレイさんが見ることのできるテレビの電波の量は減少しません。つまり，テレビの電波という財・サービスについては，シンジ君の消費とレイさんの消費とは競合しないのです。このような財・サービスの性質を非競合性といいます。

🔍 クローズアップ 6.12　不 確 実 性

　将来起こりうる出来事についての結果がわからない場合，私たちはどのように意思決定を行うのでしょうか。経済学では，このような現象について不確実性というテーマで研究が行われています。

　いま私がサイコロを振ろうとしているとしましょう。そのときに神様から出る目はいくらかと聞かれても，「それはわかりません。1 から 6 までのどれかです」としか答えられないでしょう。これは不確実性の一例です。これに対して，私がサイコロを振りました。それで，サイの目が出ましたが，あいにくその数は衝立に遮られて私には見えません。そのときに，神様から出た目はいくらかと聞かれても，「それはわかりません。1 から 6 までのどれかです」としか答えられないでしょう。前と同じ答えです。ですが，こちらの場合では，目はすでに出ているので，不確実性はないのです。単にその出た目がいくつかという「情報」が欠如しているだけです。クローズアップ 6.11 で述べた「情報の非対称性」とはこのような現象です。不確実性と情報の非対称性とは一見似ているように思えますが，実際には違った概念です。

　不確実性がある場合についていえば，大体次のような論理が成立します。まず，不確実性は原則としては問題ではありません。というのは，条件付きの財という考え方が知られているからです。それは，もしこっちの事象が起きたら，この価格で財を取引しましょう，もしあっちの事象が起きたら，あの価格で財を取引しましょう，という風に，すべての起こりうる事象について別々に財の市場があれば，不確実性がある場合でもまったく不確実性がない場合と同じようにして，パレート最適を証明できるという考え方です。たとえば，保険はこのような財です。私が病気になったら，保険会社は私に保険金をくれます。私が病気にならなかったら，私は保険会社に保険料を支払います。別々の事象（病気になる・ならない）ごとに財（お金）の市場があることになります。

　しかし，残念なことに，すべての財について，こういう市場があるわけではありません。それで，条件付きの財の議論は「原則としては」正しくても，現実には当てはまるとはいえません。それでは，不確実性がある場合に一般的にいえることは何でしょうか。不確実性がある場合には，期待効用理論というものが成立することが知られています。それは，ある人が一定の仮定を満たすならば，不確実性に直面した際にその人は期待効用というものを最大化するように行動するはず，という論理です（ここで，「効用」という言葉が出てきましたが，これはミクロ経済学で定義されたものではありません。統計的決定理論とよばれる理論で定義されたもので，統計学の期待値に関連した概念です。私たちが本書で述べた効用とは違っています）。この期待効用理論を使って，保険など様々な財の配分を研究しようというのが，現在のミクロ経済学の一つの流れです。

非競合性をもつ財の例

非競合性をもつ財・サービスの例をあげてみましょう。国家的なレベルでは国防・司法，地方的なレベルでは警察・消防・公衆衛生・清掃・道路・港湾施設・放送・教育・公園・花火，また家庭内では子供があげられます。

たとえば，国防力強化の結果，戦争の可能性が減れば，その便益は国民全員に等しく及びますが，この際，ある国民がその便益を享受したからといって他の国民が享受する恩恵が減るわけではないからです。他にも，家庭内で父親が子供の存在から幸福感を得たとしても，母親がやはりその子の存在から幸福感を感じることを妨げることはありませんので，子供のもたらす幸福感は両親にとっては非競合性があるのです。

非排除性

非排除性について説明しましょう。ある種の財・サービスについては，「料金を支払わない人間に対して財・サービスの使用を禁ずる」ことが技術的あるいは経済的な理由で不可能な場合があります。この性質を非排除性といいます。

たとえば，ゴミ回収事業の場合，廃棄料金を徴収すると，廃棄者をゴミの不法投棄に追いやります。不法投棄を阻止しようとすると，監視網を全国に張り巡らさなくてはなりません。このための費用は莫大な額になり，むしろゴミを無料で回収したほうが安上がりになるでしょう。こうして，ゴミ回収事業は料金徴収が不可能になります。

非排除性をもつ財の例をあげましょう。たとえば，国防の場合，料金を支払わない受益者に対してのみ国防サービスの供給を拒否するということは，軍事技術上不可能ですので，非排除性をもちます。司法警察についても同様です。道路・消防・保健衛生・清掃・放送なども料金を支払わない受益者へ供給を拒絶することは技術上不可能です。ですから，これらの財・サービスは非排除性をもつといえます。

クローズアップ6.13　ワルラスの法則

先の**レッスン6.2**で取り上げたシンジ君の予算制約式 $(P_x x_S + P_y y_S = P_x \bar{x} + P_y \bar{y})$ とレイさんの予算制約式 $(P_x x_R + P_y y_R = P_x(\ell - \bar{x}) + P_y(b - \bar{y}))$ の両辺をそれぞれたし合わせてみましょう。すると，

$$\{P_x x_S + P_y y_S\} + \{P_x x_R + P_y y_R\}$$
$$= \{P_x \bar{x} + P_y \bar{y}\} + \{P_x(\ell - \bar{x}) + P_y(b - \bar{y})\}$$

という式を得ます。これを書き直すと，

$$P_x(x_S + x_R - \ell) + P_y(y_S + y_R - b) = 0$$

となります。左の $x_S + x_R$ は伊勢エビ市場の市場需要であり，ℓ は伊勢エビ市場の供給です。

もし価格体系 P_x，P_y のもとで伊勢エビ市場が均衡しているとしましょう。すると，$x_S + x_R = \ell$ になりますから，上式の左辺の最初の項が0になります。この結果，第2項は0に等しくなくてはなりません。これから，

$$y_S + y_R = b$$

が導かれます。ところが，$y_S + y_R$ は牛肉市場の需要量であり，b は供給量です。つまり，この式は牛肉市場の均衡をあらわしています。

こうして，伊勢エビ市場が均衡したときには，牛肉市場も同時に均衡していることがわかります。このように，2財の場合には，ある価格体系 P_x，P_y で一方の市場が均衡すれば，自動的に他方の市場の均衡も成立することが示せるのです。

一般に財・サービスの市場が N 個ある場合には，ある価格体系のもとで，$N-1$ 個の市場が均衡すると，最後の N 番目の財の市場も自動的に均衡することが示せます。これを**ワルラスの法則**といいます。ワルラスの法則は一般均衡理論の分析において必須の定理です。以上の議論に企業と生産を導入しても結論は変わらないことが示せます。

公共財

非排除性をもつ財・サービスの多くは，同時に非競合性をもちます。そこで，これら2つの性質を多かれ少なかれもつ財を公共財と呼びます。その中でも100％の非競合性と非排除性をもつ公共財を純粋公共財と呼びます。たとえば，国防や司法という公共財はすべての国民に等しく恩恵を及ぼしますので，純粋公共財といえます。

しかしながら，このような純粋公共財は少数にとどまります。ほとんどの公共財は，その恩恵が一部の社会構成員にしか及ばず，完全な非競合性をもちません。たとえば放送ですが，電波は放送局周辺地域にしか及ばないので，純粋公共財ではありません。

公共財を別の面からみれば，供給されただけの数量を社会の各人が等しく消費するということでもあります。公共財は非競合性がありますので，誰でも供給された量すべてを消費できるからです。そこで，公共財の特徴を，誰もが同じだけの数量を消費できる財・サービスと考えて，等量消費とする場合もあります。以下では，等量消費に焦点をあてて公共財の分析をおこないましょう。

私的財1種類・公共財1種類・2家計・生産ありモデル

公共財の最適供給量を検討してみましょう。

シンジ君とレイさんの2人の家計のみが存在する簡単な経済モデルを考えます。パレート最適な資源配分とは，「他の人の効用を減らすことなしには，ある人の効用を増やすことができない状態」と定義されました。ということは，シンジ君の効用を一定水準に保ったまま，レイさんの効用が最大になる状態をみつければ，それはパレート最適な資源配分になります。というのは，そのような状態では，さらにレイさんの効用を増やそうとすると定義上シンジ君の効用を下げなくてはならないはずなので，パレート最適の定義に一致するからです。さしあたりは価格も市場も存在しないとして，以下のような方法でこの状態をみつけましょう。

いま，財は私的財 x が1種類，公共財 y が1種類あるのみとします。私的財を投入して公共財が産出されるとし，この生産関数を $y = f(x)$ とします。私的

🔍 クローズアップ6.14　財　政　学

　パレート最適な資源配分を達成するためには，政府が自ら公共財を供給する必要があります。ところが，政府自身は公共財を作り出す能力はありません。そこで，実際の政府がおこなうことは，租税によって資金を調達して，この資金で公共財を市場部門の生産者から購入し，これを民間部門に開放して無料で使用を認める，という方法をとります。

　たとえば，道路の場合，政府自ら道路を建設する能力はありません。そこで租税によって調達した資金を支払って，建設会社に道路建設を請け負わせ，完成した道路を政府が管理下におき，無料で市場部門の使用に任せるという方法をとっています。また，警察の場合には，租税で調達した資金で警官を雇用し，無料で治安を維持するという方法をとります。

　このように，政府による公共財供給は，政府の課税による資金調達と一体になっています。厚生経済学の範囲では，公共財供給が市場に任せれば失敗することを示せば十分なので，租税の理論までは論じられません。これらをより詳しく論じるのが財政学と呼ばれる政府部門の経済行動の効果を研究する分野です。この理由のために，財政学では公共財と租税の理論とが2大トピックとして議論されます。財政学における租税の理論では，本書においては省略した「公正な課税」という価値判断に基づいた所得分配上の立場からの租税の分析と，パレート最適な資源配分達成を目標とする資源配分上の観点からの租税の分析とがなされます。

　ケインズの「一般理論」以降は，政府部門の行動が経済全体の国民所得や失業率に与える影響が注目されるようになって，いわゆる財政政策と呼ばれる第3の研究分野が財政学の中に含まれることになりました。財政政策は典型的なマクロ経済学の応用分野になります。

財の初期賦存量が $\bar{x}$ であるとし，公共財の初期賦存量は 0 としましょう。

図 6.10 に，横軸に私的財を，縦軸に公共財の数量をとります。私的財の初期賦存量 $\bar{x}$ を基点として，生産関数を左に向かってえがきます。つまり，図 6.10 の BC だけ生産要素である私的財を投入すると，その結果 AC だけの公共財の産出があるとします。初期賦存量 $\bar{x}$ から左へ投入量を増やしていくと，産出量は曲線 BAH のように増えていきます。この曲線は社会にとっての私的財と公共財との間の選択可能な代替関係を示しますので，生産可能性辺境線（フロンティア）と呼ばれます。

初期賦存量 $\bar{x}$ から投入 BC を差し引いた残余の私的財 OC はシンジ君とレイさんとによって分割されて消費されます。その一方で，公共財は非競合性がありますので，産出された公共財 AC はシンジ君によってもレイさんによっても同じ AC だけ消費されます。

シンジ君にとっては，私的財が増えても公共財の量が増えても効用が増えるので，私的財と公共財の間に通常の形状をした無差別曲線がえがけます。そこで，図 6.11 の原点 O から右に向かってシンジ君の私的財消費量をはかり，シンジ君の無差別曲線 UU をえがきましょう。この無差別曲線上のどの組合せを選んでもシンジ君は同じだけの効用を得ることができます。

次にシンジ君の効用を一定に保ったままレイさんの効用を最大にするために，このシンジ君の無差別曲線上のどの一点を選んだら，レイさんの効用が最大になるかを調べましょう。この無差別曲線 UU 上で I 点を選ぶと，シンジ君の私的財消費量は OF，公共財消費量は OG になります。公共財を OG だけ産出するためには，私的財を BC だけ投入しなくてはなりません。これらの結果，レイさんの私的財消費量は FC だけであることがわかります。さて，シンジ君の公共財消費量 OG はレイさんの公共財消費量でもありますので，このようにして，シンジ君の無差別曲線上の一点である I 点を選びますと，それはレイさんの私的財消費量 FC と公共財消費量 OG とを決めることにもなります。

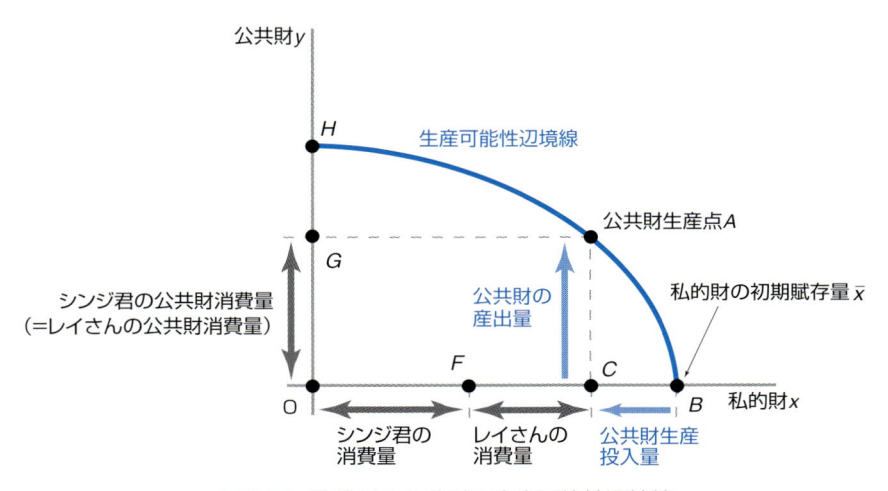

図 6.10　私的財と公共財の生産可能性辺境線

私的財の初期賦存量 $\bar{x}$ から BC だけを公共財生産のために投入すると，公共財 AC だけが産出されます。残りの私的財 OC は 2 人によって分割されて消費されます。

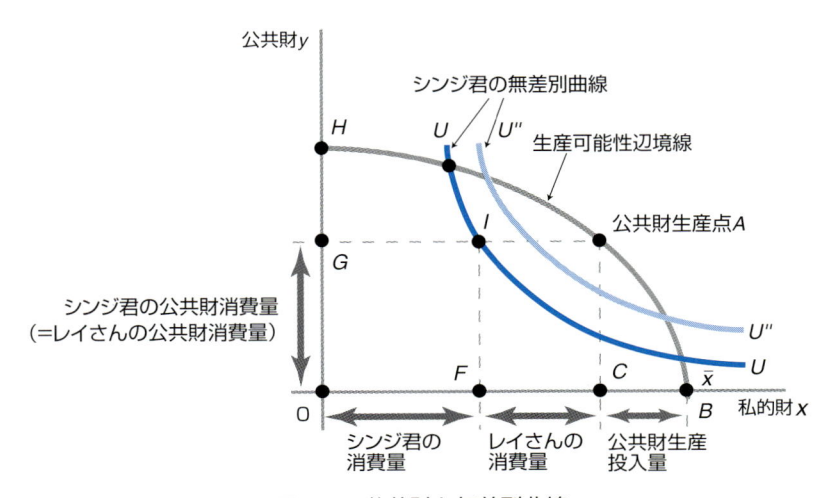

図 6.11　公共財と無差別曲線

シンジ君の無差別曲線 UU 上の I 点を選ぶと，それに対応してレイさんの公共財消費量（＝ IF）と私的財消費量（＝ $FC=IA$）とが決まります。

6.3　公 共 財　247

パレート最適点

さて，以上のレイさんの消費点のみつけ方をまとめておきましょう。シンジ君の消費点が図 6.12 の I 点の場合，レイさんの消費点は原点 O から見て，J 点で与えられます。ただし，J 点は，I 点と公共財 OG の量は等しく，私的財 GJ は線分 IA （＝FC＝レイさんの消費量）に等しくなるようにえがかれています。つまり，J 点は I 点と水平な直線上で IA と等しいように縦軸から距離をとることによってえがかれます。

次に図 6.12 の無差別曲線 UU 上でさまざまにシンジ君の消費点を動かしてみましょう。シンジ君の消費点を無差別曲線 UU 上を上から下へ動かしていくと，I 点の場合と同じ方法でレイさんの消費点が次々に定まります。この結果，図 6.12 の KJM 曲線のように，レイさんの消費可能性曲線がえがかれます。以上から KJM 曲線は，生産可能性曲線からシンジ君の無差別曲線を水平方向に差し引いて，その水平方向の差として得られることがわかります。この曲線がシンジ君の効用を一定に保った場合に，レイさんが消費可能な私的財と公共財の組合せをあらわします。

レイさんの消費可能性曲線は左下の原点 O から計ってえがかれていますので，レイさんの無差別曲線群を図 6.13 のように左下の原点 O から計ってえがくことができます。この結果，消費可能性曲線の中でもっともレイさんの効用が高くなる点は，N 点であることがわかります。ところがレイさんの消費点が N 点になるためには，シンジ君の消費点は R 点でなくてはなりません。この配分はシンジ君の効用を一定に保ちながらレイさんの効用を最大にしているので，パレート最適です。こうしてパレート最適な 2 人の消費点が発見できました。

複数のパレート最適消費点

さて，以上のパレート最適な資源配分は，最初にシンジ君の無差別曲線が図 6.11 の UU として与えられる場合に対して導かれました。しかし，シンジ君の無差別曲線は無数にあります。シンジ君の，図 6.11 より右上にある無差別曲線 $U''U''$ をとりましょう。この無差別曲線に対しても，以上とまったく同じ方法で異なるパレート最適な資源配分を導くことができます。無差別曲線 $U''U''$ は

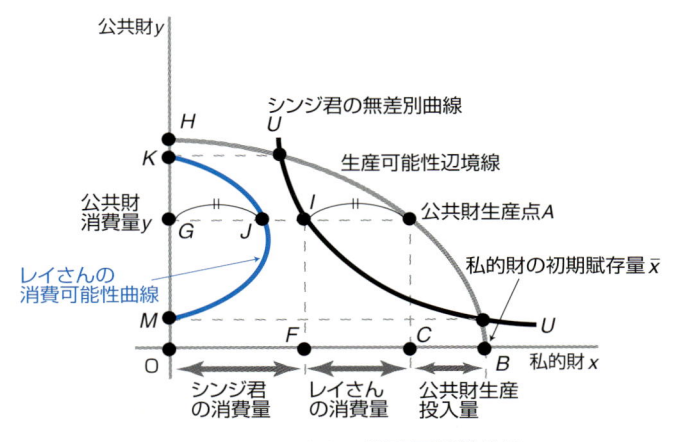

図 6.12　レイさんの消費可能性曲線

シンジ君の消費点が I 点のとき，レイさんの消費点は J 点になります。シンジ君の消費点を無差別曲線 UU 上で動かすと，それに対応してレイさんの消費点が動きます。これらの点をつなぐとレイさんの消費可能性曲線 KJM を得ることができます。

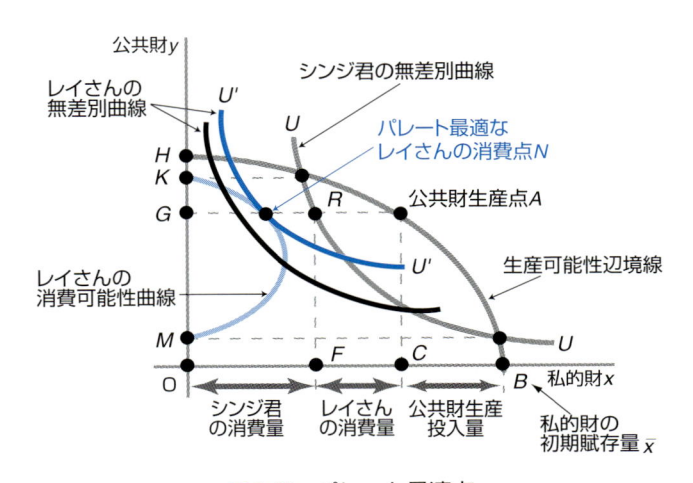

図 6.13　パレート最適点

パレート最適なレイさんの消費点は，レイさんの消費可能性曲線上でレイさんの効用が最大になる N 点であらわされます。

6.3　公共財

無差別曲線 UU の右上にありますので，この新しいパレート最適な資源配分においては，シンジ君の効用は前より高くなっています。このために，この資源配分ではレイさんの効用は前より低下していなくてはなりません（そうでないと，シンジ君の効用もレイさんの効用も前の資源配分より高いことになるので，前の資源配分はパレート最適ではなかったことになってしまいます）。つまり，これら2つのパレート最適な資源配分を比較すると，その2つの資源配分での2人の消費点は違っていることがわかります。

このように，公共財が存在する場合のパレート最適な資源配分といっても唯一ではなく，シンジ君の無差別曲線の数と同じだけあります。これらはどれもパレート最適な資源配分であるため，そのうちのどれがよいかはパレート最適性の基準だけでは申し上げられません。それを最終的に決めるには，社会的厚生関数が必要になります。

公共財の最適供給条件

このようなパレート最適な資源配分において成立する条件とは何でしょうか。図6.14で検討しましょう。パレート最適な資源配分は，シンジ君の消費点が R 点，レイさんの消費点が N 点，生産可能性辺境線での生産点が A 点のときに与えられます。さて，N 点ではレイさんの無差別曲線の傾きは，消費可能性曲線の傾きと一致しています。ところが消費可能性曲線は，水平方向に生産可能性辺境線からシンジ君の無差別曲線を差し引いたものでした。このときには，「N 点での消費可能性曲線の縦軸から見た傾き」は，「A 点での生産可能性辺境線の縦軸から見た傾き」から「R 点での無差別曲線の縦軸から見た傾き」を差し引いたものになります。

図6.15でこれを証明しましょう。G 点から公共財の量を1単位だけ減らして，K 点へ到達したとしましょう。そのとき，
$$GN = RA = GA - GR$$
であり，
$$KF = CB = KB - KC$$
ですから，

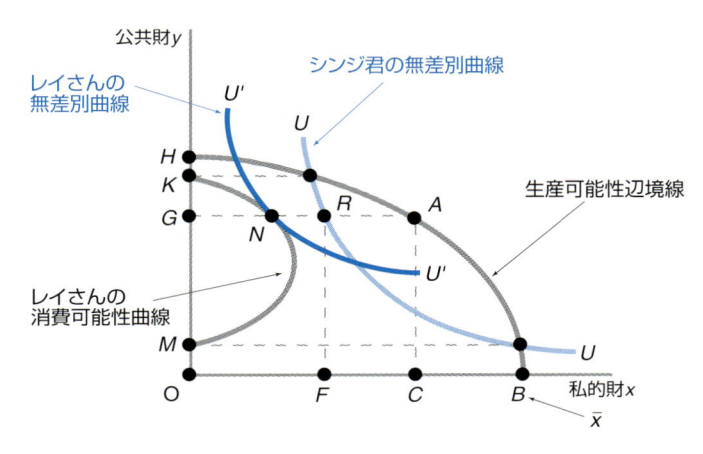

図 6.14 パレート最適の条件

「N 点のレイさんの無差別曲線の縦軸から見た傾き」は，「A 点の生産可能性辺境線の縦軸から見た傾き」から「R 点のシンジ君の無差別曲線の縦軸から見た傾き」を差し引いたものに等しくなります。

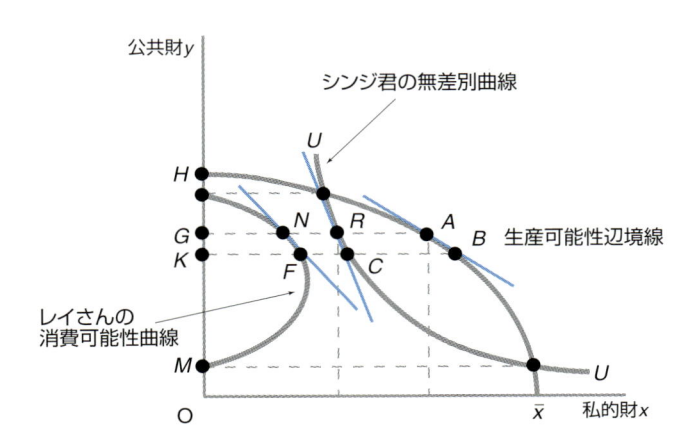

図 6.15 N 点，R 点，A 点の傾きの関係

$GK=1$ となるように，K をとります。すると，$GN-KF$ は，N 点でのレイさんの消費可能性曲線の縦軸から見た傾きです。$GA-KB$ は，A 点での生産可能性辺境線の縦軸から見た傾きです。$GR-KC$ は R 点でのシンジ君の無差別曲線の縦軸から見た傾きです。

6.3 公共財

$$GN - KF = (GA - KB) - (GR - KC)$$

ところが，$GK=1$ ですから，$GN-KF$ は縦軸から見た，N 点での消費可能性曲線の傾きに（近似的に）なります。また，$GA-KB$ は，縦軸から見た A 点での生産可能性辺境線の（近似的な）傾きです。$GR-KC$ は，縦軸から見た R 点でのシンジ君の無差別曲線の（近似的な）傾きです。以上から，

（N 点での消費可能性曲線の傾き）

＝（A 点での生産可能性曲線の傾き）－（R 点での無差別曲線の傾き）

が示されました。さて，N 点での消費可能性曲線の傾きは，N 点でのレイさんの無差別曲線の傾きに一致していました。

以上より，縦軸から見て，R 点でのシンジ君の無差別曲線の傾きと N 点でのレイさんの無差別曲線の傾きとを合計すると，A 点での生産可能性辺境線の傾きに等しくなることがわかります。これがパレート最適の資源配分となるための条件です。無差別曲線の傾きを限界代替率，生産可能性辺境線の傾きを限界変換率と呼びますので，これらの用語を使ってこの条件をいい換えると，**キーポイント6.4**が成立します。

市場による公共財供給の失敗

公共財供給を市場の自由な需給に任せておきますと，パレート最適な水準まで公共財は供給されません。公共財は非排除性がありますので，その費用負担者以外の経済主体も公共財を利用できます。このために，どの家計も他の家計が公共財供給費用を負担するのを待って，自分は無料で供給された公共財を利用しようとするからです。これをフリー・ライダー（ただ乗り）問題といいます。誰もがこのような行動をとりますと，パレート最適な水準に比べて公共財供給量が不足することが理解されます。

しかしながら，では市場に任せた場合，公共財供給は 0 になってしまうのか，というとそれは正しくありません。まったく公共財がない場合より，公共財がある方が自分の効用が高くなるならば，経済主体は自主的に公共財を供給するからです。

たとえば，政府がまったく公道を供給せず，市場に道路の供給を任せたとし

◆ キーポイント6.4　公共財の最適供給条件の公式

シンジ君の限界代替率＋レイさんの限界代替率＝限界変換率

コーヒーブレイク6.1　史上最古（？）の公共財

　史上最古の四大文明が，チグリス，ユーフラテス，ナイル，インダス，黄河などの大河のまわりに発達したことはよく知られています。このために歴史学では，これらの大河の治水のために巨大な統一国家が出現して四大文明を樹立した，という説がたてられているようです。これは公共財の観点からは理解できる仮説です。たとえば，チグリス・ユーフラテス両河の場合，定期的に氾濫がおこり，これは土地を肥やすと同時に，泥濘によって大規模な洪水被害を与えたそうです。このために，チグリス・ユーフラテス両河畔に居住した当時の人々は，一方で大規模な堤防をつくり，他方で灌漑設備をつくりました。ところが，堤防や灌漑設備のような大規模な土木工事の成果は非競合性・非排除性をもちますので，典型的な公共財です（なぜなら，建設費用を負担しない人の家だけを堤防からはずすということは不可能だからです）。ですから，堤防や灌漑設備というような巨大な構築物は市場に任せておいては誰も建設しようとしなかったことでしょう（自分は手をこまねいて，他人が建設してくれるのを待てば，利益は自分に及ぶからです）。適切な規模の堤防・灌漑設備を建設するためには，国家の存在が絶対に必要であったと考えられます。実際，歴史書によりますと，当時のチグリス・ユーフラテス河畔では国家が繁栄すると堤防・灌漑設備が建設され，国家が衰亡しますとなおざりにされたそうです。

　これらの大河の河畔地域では，国家が人々を組織して，堤防と灌漑設備という巨大な構築物を建設し維持することによって，洪水は予防され，その結果農業生産物が劇的に増加したことでしょう。ただ当時の常として，増加した生産力の相当部分は課税増という形で国王以下の支配階級に帰属してしまったことでしょう。これを逆に見れば，支配階級の候補者たちにとって国家建設の利益は大きく，建設への意欲を非常にかき立てたと思われます。こうして，四大文明の発達は治水と関係がある，という説は少なくとも経済学者には十分納得されますし，これらの堤防・灌漑設備は「史上最古の公共財供給」として解釈されるのです。

ましょう。その場合，各家計は最低限の私道をつくるでしょう。私道がないと自らの経済行動が破局的な影響を受けかねないからです。この際，人々はお互いの私道を使い合うことになりますが，多くの人が通るので，私道は十分な広さをもった方が好ましいことでしょう。しかし，誰もが自分自身が使う際の便利さだけを考慮してその範囲の費用で私道をつくるので，十分な広さの私道はうまれません。これが公共財供給の不足としてあらわれる問題です。このように，市場に任せた場合どれほど公共財供給が不足するかの分析は，ゲームの理論のナッシュ均衡という考え方を使って厳密に定式化することが可能です。

政府による公共財最適供給

　以上のような理由で，市場に任せては公共財はパレート最適な状態まで供給されません。したがって，政府が市場に介入して公共財をパレート最適な水準まで供給する必要が生じ，このために，政府の存在が要求されるのです。

　これ以上は財政学の話題になってしまいますが，公共財を最適な水準まで供給するには，政府は各家計の無差別曲線と生産可能性辺境線とを知らなくてはなりません。このような情報は政府はもっていませんから，現実の政府による公共財供給も実は完璧である保証はないのです。

コーヒーブレイク 6.2　神話中の公共財

　日本の古代神話にも，公共財の例は出現します。記紀によりますと，太古の日本では，賢明な姉の天照大御神(あまてらすおおみかみ)が高天原(たかまがはら)を，粗暴な弟の建速須左之男命(たけはやすさのおのみこと)が海原(うなばら)を治めていました。ところが，弟のスサノオは高天原に押し掛けて，姉のアマテラスの営田(つくだ)の畦(あぜ)を切り，溝を埋め，食事をつくる宮殿に糞をまきました。さらには，天(あめ)の斑駒(ふちこま)の皮をはいで，アマテラスが機織りをしているところに投げ込んだので，アマテラスが激怒して天(あま)の岩戸(いわと)に隠れてしまい，天地は真っ暗になってしまったそうです（何しろアマテラスは日の神ですので）。

　この話の途中に出てくる「営田の畦を切り，溝を埋める」という部分ですが，多くの所有者の田の間を走る畦と排水路である溝は，非競合性と非排除性とをもちますから，これらはまさに当時の公共財に他なりません。米が稀少であった当時の社会において，これらの畦や溝はさぞかし重要であったことでしょうから，スサノオの行為は，大罪であったに違いありません。というわけで，古代日本にも公共財は厳然として存在し，その破壊は重大な社会的犯罪であったことが，この神話から確認されるのです。

　ちなみに，神話の後日談を申し上げておきますと，真っ暗になった天地に困った八百万(やおよろず)の神々が天(あめ)の安河原(やすかわら)に集まって相談し，天宇受売命(あめのうずめのみこと)に命じて桶の上で裸踊りをさせました。八百万の神々がこれを囃して大騒ぎしていると，不思議に思ったアマテラスが少し岩戸を開きましたので，天手力男命(あめのたぢからおのみこと)がアマテラスの手をとって岩戸よりひきずりだし，天地は無事再び明るくなったそうです。

レッスン 6.4　消費者余剰

序数的効用・基数的効用

　効用とは財・サービスの生む心理的満足感のことをさしました。財・サービスの組合せ A と B があるとき，A の生む効用と B の生む効用との大小関係を調べて無差別曲線が導かれました。この無差別曲線に基づいて，需要曲線やエッジワースのボックスダイアグラムの分析がなされました。このように，ここまでは効用については，その大小の順序関係さえわかれば，すべての分析には十分でありました。このような大小関係のみが意味がある効用を，序数的効用と呼びます。なお，序数とは順番を示す数のことです。

　しかしながら，序数的効用とは別の効用概念があります。これは人間の心理的満足感は序数的効用のように大小比較できるだけではなく，さらに満足感を数字で表現でき，これらの数字を加えあわせるとまた満足感をあらわす数字になる，という考えです。たとえば，最初の1匹の伊勢エビを食べるとシンジ君は5単位の満足感を感じ，次の1匹の伊勢エビを食べると3単位の満足感を感じるとしましょう。すると，シンジ君のこの2匹全体の消費から感じる満足感は5単位と3単位の和である8単位である，という効用の考え方です。このような考え方の効用を基数的効用といいます。

　基数的効用は，序数的効用に加えて，効用どうしの加法が可能であるとの仮定を付け加えますので，より強い前提であるということができます。その一方で，多くの経済分析ではどちらの効用概念を用いてもほとんど同じ結論に到達します。この2つを考え合わせますと，序数的効用の方が基数的効用よりすぐれた考えであることは確かです。このために，現代の経済学では効用としては序数的効用を使うのが慣例になっています。しかしながら，基数的効用概念には分析がはるかに単純化されるという捨てがたい長所があるのもまた事実なのです。そこで，以下では基数的効用を使って議論をおこないます。これらの分析は序数的効用を用いても同じ結論に至ることが示せます。

🔍 クローズアップ6.15　測定とは何か

　科学基礎論では,「測定」とは何か, という議論があります。ある状態の集合を考えましょう。この集合は, その状態のある性質に基づいて順番に並べることができます。そして, この順番を保つように, 各状態を数字で表現できるとしましょう。この2つのことを合わせて「測定」といいます。

　たとえば, さまざまなひもがあるとしましょう。これが状態の集合にあたります。その状態の性質として「長さ」を考えましょう。長さに従って, これらのひもは順序をつけることができます。そして, 物差しを使って, このひもの長さを調べ, それぞれのひもが何 cm か数字で表現します。すると, 各状態に数字を割り当てたことになります。このそれぞれのひもに割り当てられた数字の順序は, 実際のひもの長さの順序と同じになります。これがひもの長さを測定するという行為に他なりません。

　測定の対象となるものには, 内包量と外延量との区別があります。内包量とは, 測定された数字の大小関係のみに意味があり, 加減を施した数字については無意味なものです。たとえば, 4人の知能指数が 95, 100, 115, 120 であるとしましょう。4人の知能はこの順に高くなるといえます。しかし, これらの数字が, 最初の2人の知能の差（=5）が後の2人の知能の差（=5）と同じであることを意味するとはいえません。つまり, 知能指数はその差については大小の比較は不能なのです。これが内包量に他なりません。本文で語られた序数的効用とは, この内包量の典型に他なりません。

　これに対して, 測定された数字の加減に意味がある場合があります。たとえば, ひもの長さの場合, A, B, C, D の4つのひもがあったとしましょう。そのとき,「A と B の長さの差」と「C と D の長さの差」との大小の比較は可能です。このように, その状態間の順序関係のみならず, それらの差の順序関係までもが意味をもつ測定対象量を, 外延量といいます。

　外延量には, 強い外延量と弱い外延量とがあります。強い外延量とは, 状態と状態との差がまた状態の一つになる場合です。たとえば, 105cm と 100cm との差は 5cm ですが, 5cm はまた長さの一つです。ですから, 長さは強い外延量であることになります。これに対して, 温度の場合には, 摂氏 105 度と摂氏 100 度との差の5度は摂氏5度を意味しません。単なる2つの状態の差としての5度です。ゆえに, 温度については, 状態と状態との差がまた状態になってはいません。ですので, 温度は弱い外延量であるといわれます。

　基数的効用の場合, 効用と効用の差としての限界効用が定義され, 限界効用間の大小の順序関係の比較が可能ですので, 外延量であることになります。しかも, 効用と効用の和が再び効用になりますので, 基数的効用は強い外延量であると考えるのが正しいでしょう。

消費者余剰

　以下の議論はいろいろ説明が積み重なります。焦点がぼやけてしまうおそれがありますので，最初に結論だけを申し上げておきます。以下では伊勢エビ市場の部分均衡分析をおこないます。基数的効用を用いて，シンジ君の伊勢エビ需要曲線を導くことができますが，これを図 6.16 の需要曲線 D_SD_S としましょう。伊勢エビの市場価格を，P とします。これに対応するシンジ君の伊勢エビ需要量は図 6.16 の Q_S になります。このとき，シンジ君の伊勢エビへの支出額は $P \times Q_S$ になります。これは図中の四角形 PBQ_SO の面積になります。

　次に，シンジ君が伊勢エビから受ける基数的効用を金額であらわします。シンジ君が 2 万円の貨幣を一般消費財に支出すると，ある基数的効用を得るでしょう。これと同じだけの大きさの効用をシンジ君が伊勢エビ消費から受ければ，伊勢エビ消費の効用は 2 万円であるといいます。この意味で，シンジ君が Q_S だけの伊勢エビ消費から受ける効用は，図 6.16 の台形 ABQ_SO の面積の金額に等しくなることが証明できるのです。

　この結果，シンジ君は伊勢エビ消費の際に，四角形 PBQ_SO だけの金額を支払い，四角形 ABQ_SO だけの金額に等しい効用を得ますので，差し引きでは三角形 ABP の面積だけの金額で表示される満足感を余分に受けます。そこで，この満足感の過剰分を，シンジ君の消費者余剰と呼びます。

　需要者としてシンジ君とレイさんとがいるとしましょう。図 6.17 において，シンジ君の消費者余剰は，シンジ君の個別需要曲線下の三角形 ABP に等しくなります。レイさんの消費者余剰は，レイさんの個別需要曲線下の三角形 CFP に等しくなります。これら 2 つをたし合わせたものが，需要者全体の消費者余剰になります。ところが，個別需要曲線を横にたし合わせたものが市場需要曲線でしたから，シンジ君の消費者余剰 ABP とレイさんの消費者余剰 CFP とをたし合わせたものは，ちょうど市場需要曲線の下の面積 GIP になります。つまり，需要者全体の消費者余剰は市場需要曲線下の三角形の面積として金額表示できることがわかります。

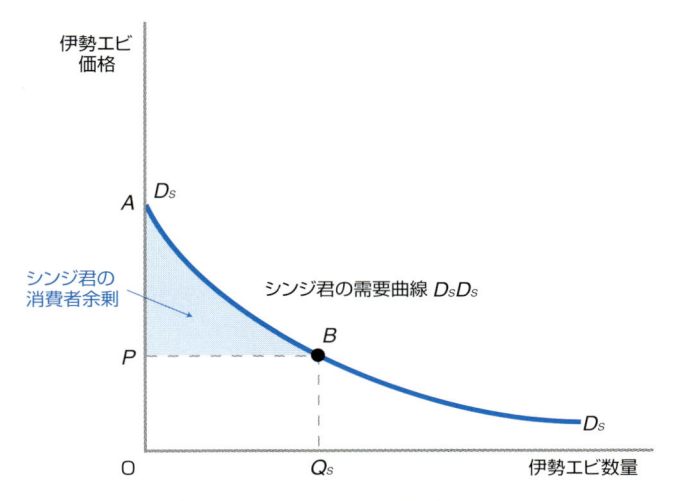

図 6.16　シンジ君の消費者余剰

価格が P のとき，需要量が Q_S になります。このとき，伊勢エビから受けるシンジ君の消費者余剰は，三角形 ABP の面積に等しくなります。

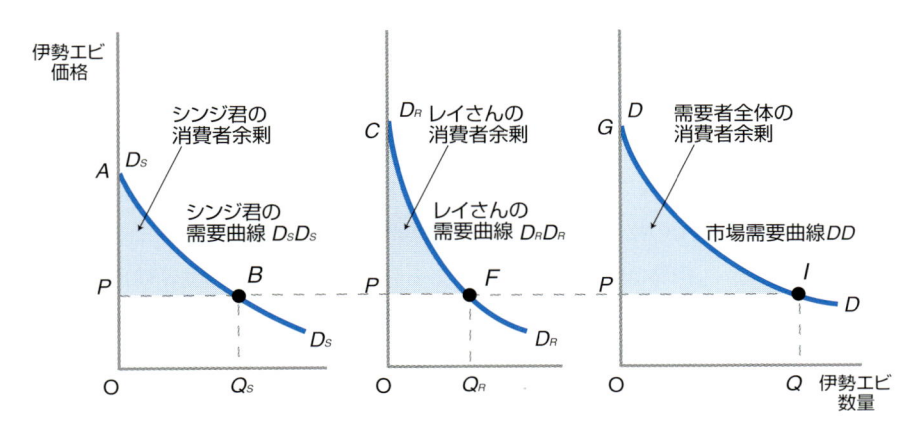

図 6.17　市場需要曲線と需要者全体の消費者余剰

三角形 ABP の面積と三角形 CFP の面積を加えると，三角形 GIP の面積になります。つまり，需要者全体の消費者余剰は，市場需要曲線の下の三角形 GIP の面積に等しくなります。

6.4　消費者余剰

限界効用

さて，それでは以上の結論の論証に移りましょう。最初に説明を必要とするものは限界効用という考えです。経済学では「限界」とは「追加的」という意味で使いますので，限界効用とは追加的な効用という意味です。たとえば，シンジ君が伊勢エビを3匹消費していると，このとき，シンジ君はある効用を感じます。次に，シンジ君が伊勢エビを追加的に1匹余計に消費したとしましょう。すると，前よりさらに大きな効用を感じます。この2つの効用の差は，追加的な伊勢エビ1匹から生まれました。そこで，この効用の差を，伊勢エビの限界効用と呼びます。つまり，

　　　（伊勢エビ消費量が3匹の場合の）限界効用
　　　　　　　＝伊勢エビ4匹の効用 − 伊勢エビ3匹の効用

と定義されます。

限界効用逓減の法則

伊勢エビの消費量をだんだん増やしていきましょう。このとき基数的効用はどのように変化するのでしょうか。前のように，シンジ君の選好については，（1）伊勢エビが増えるほど心理的満足感が高まる，（2）伊勢エビが増えると次第に伊勢エビに飽きる，という2つのことを仮定しましょう。（1）の仮定より，伊勢エビが増えるほど基数的効用は増加することがわかります。（2）の仮定は，伊勢エビ消費量が多いほど，追加的な伊勢エビ1匹によって得られる効用の増加量が少なくなること，と解釈されます。「追加的な伊勢エビ1匹によって得られる効用の増加量」とは，伊勢エビの限界効用に他なりませんから，（2）の仮定は，「伊勢エビの消費量が増えるほど，伊勢エビの限界効用が低下する」といい換えられます。これを限界効用逓減の法則といい，**キーポイント 6.5** とします。法則とはいうものの，実はこれは人間の選好についての「仮定」なのです。

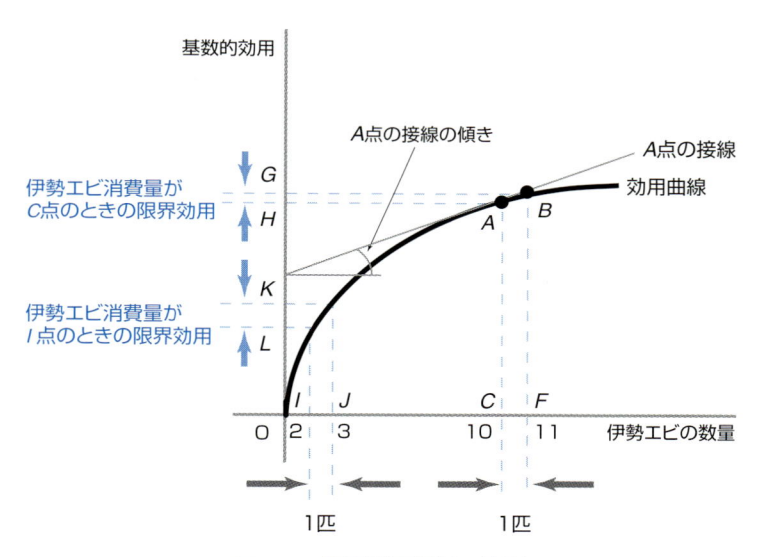

図 6.18 限界効用逓減の法則

伊勢エビの消費量が増えるほど，追加的な1匹がもたらす効用の増加量（＝限界効用）は小さくなっていきます。このため，効用曲線の傾きは小さくなります。

> ◆ *キーポイント 6.5* **限界効用逓減の法則**
>
> 「ある財・サービスの消費量を増やすと，その財・サービスの限界効用は減少する」と選好について仮定します。

6.4 消費者余剰

効用曲線

この2つの仮定をみたす基数的効用をえがきますと，図6.18の効用曲線のようにえがかれます。伊勢エビの数量が増えるほど効用は増えますので，この曲線は右上がりになっているはずです。また追加的な1匹がもたらす効用の増加量（＝限界効用）は，伊勢エビの消費量が増えるほど小さくなります。すると，図6.18のI点とC点のような関係でなくてはなりません。I点よりはC点の方が伊勢エビの消費量が多いので，同じ追加的な1匹に対して得られる効用の増加量（限界効用）であっても，C点のGHはI点のKLより小さくなくてはなりません。このために，効用曲線の傾きは右に行くほど次第に小さくなり，曲線は横軸から見ると上に凹なかたちになります。

効用曲線上のA点，B点，A点の接線の関係を拡大して図6.19に示しました。A点とB点との水平方向の距離AFは1です。A点とB点との垂直方向の距離BFは，A点の限界効用です。AFCは直角三角形であり，線分AFの長さは1なので，線分FCは，A点の接線の傾きと一致します。ところが，図6.19からFCとBFは近似的に一致することが読みとれます。つまり，A点の限界効用（＝BF）はA点の接線の傾き（＝FC）とほぼ同じなのです。両者の間の誤差はBCにすぎません。そこで，実際には経済学者はA点の傾き自体を限界効用と呼びます。

伊勢エビの限界効用の大きさを消費量ごとに縦軸にえがくと，図6.20のような限界効用曲線がえがけます。たとえば，伊勢エビの消費量がI点のときの限界効用はHOですし，消費量がC点のときの限界効用はKOです。限界効用逓減の法則から，消費量が増えるほど限界効用は小さくなるので，限界効用曲線は右下がりになります。

貨幣の限界効用一定の仮定

次に，貨幣の限界効用について説明します。多種類の財があるとしましょう。これを伊勢エビと伊勢エビ以外の財・サービスの2種類に分別し，後者を一括して1つの「消費財」であるとみなします。この消費財の単位を適当にとって，消費財1単位が1円であるとしましょう。すると，貨幣が1円あると，この消

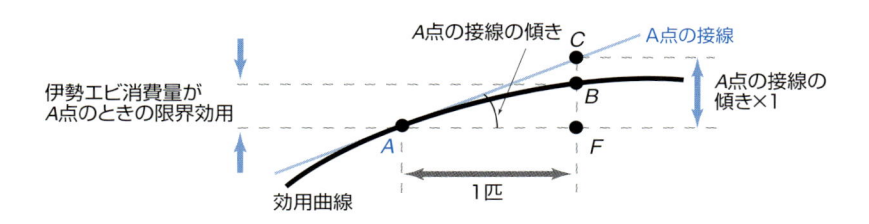

図 6.19　限界効用と接線の傾き
A 点の限界効用は，効用曲線の A 点での接線の傾きで近似されます。

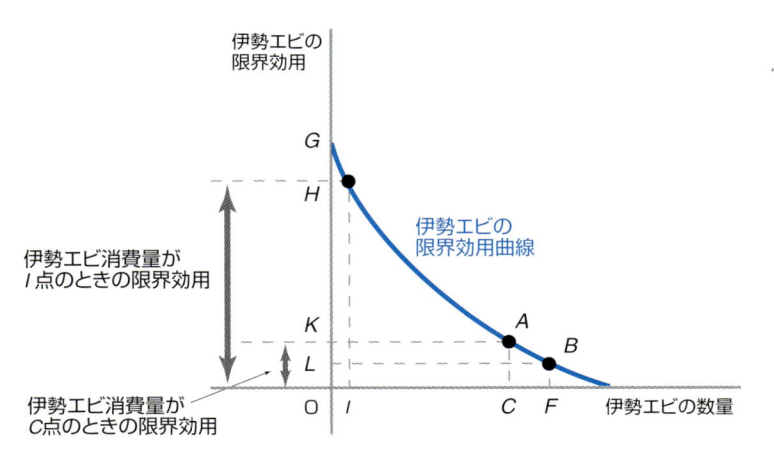

図 6.20　伊勢エビの限界効用曲線
伊勢エビの限界効用曲線は右下がりになります。

6.4　消費者余剰

費財が1単位手に入ります。ゆえに，追加的な貨幣1円がもたらす効用増加量は，追加的な消費財1単位がもたらす効用増加量に等しくなります。「追加的な貨幣1円がもたらす効用増加量」とは貨幣の限界効用であり，「追加的な消費財1単位がもたらす効用増加量」とは消費財の限界効用ですから，両者は等しいことがわかります。

　以下では，どのような伊勢エビ価格に対しても，シンジ君の伊勢エビへの支出額はシンジ君の予算の中でわずかな割合しか占めない，と仮定します（実際のところ，これは仮定というより，そのような財・サービスのみを以下では分析の対象とする，というのが正しいいい方ですが）。この場合には，シンジ君の予算のほとんどは一般消費財に対して支出されますので，伊勢エビ価格がどう変わっても，消費財消費量の変化の割合はわずかになります。たとえば，予算が50万円としましょう。伊勢エビ価格が5000円から4000円に変わったために，伊勢エビへの支出額が5000円から1万円に変ったとします。伊勢エビ消費量の変化の割合は150％ですが，そのときの消費財支出額の変化は49万5000円から49万円なので，消費財消費量の変化の割合は，わずかに約1.01％にすぎません。

　こうして，伊勢エビ価格がどのように変化しても，消費財消費量の変化の割合は極めて小さくなります。たとえば，図6.20でI点とC点とでは限界効用の大きさはたいへん違いますが，C点とF点とでは限界効用の大きさはほとんど変わりません。そこで，以下では「どのような伊勢エビ価格に対しても消費財の限界効用は（＝貨幣の限界効用）一定である」と仮定しましょう。要するに，伊勢エビ価格がどう変化しようと追加的な1円の貨幣のもたらす満足感に変わりはない，ということです。この仮定は，「**貨幣の限界効用一定の仮定**」と呼ばれます。最初に説明しましたように，消費財の限界効用は貨幣の限界効用と一致するからです。これを**キーポイント6.6**にします。

伊勢エビ需要量

　貨幣の限界効用一定の仮定から，シンジ君の個別需要曲線が導かれます。伊勢エビ価格はPで一定であるとしましょう。シンジ君は，伊勢エビをあと1匹

◆ **キーポイント6.6　貨幣の限界効用一定**

　ある財・サービスへの支出額が予算の中で小さいとき，その財・サービスの任意の価格に対して，貨幣の限界効用（＝消費財の限界効用）は一定と近似的に仮定できます。

🔍 **クローズアップ6.16　アダム・スミスの逆説**

　アダム・スミスは以下のような逆説を述べています。水は人間が生きていくためには，不可欠な財です。ところが，これほど有用な水の価格は非常に安価です。次に，ダイヤモンドは生活での有用性はあまりありません。ところが，ダイヤモンドは非常に高価です。なぜ，有用性と価格との間にこのような逆転が生じるのでしょうか。

　限界効用の考えを使うと，この逆説は容易に説明されます。水は有用性が高いので，最初の限界効用は極度に大きいことでしょう。しかし，水は豊富にありますので，水の消費量が増えるにつれ，限界効用は次第に逓減してしまい，最後の1杯の水の限界効用は低いのです。このせいで，水の価格は低いのですが，それは水全体が与える効用が低いことを意味しません。逆に，ダイヤモンドは稀少なので限界効用が高く，その価格は高いのです。しかし，これはダイヤモンド全体のもたらす効用が大きいことを必ずしも意味しないのです。

追加的に買うかどうか悩んでいるとしましょう。そのとき，こう考えることでしょう。「この伊勢エビ1匹を買うと，限界効用分だけ効用が増える。しかし，この1匹を手に入れるためには，その価格である P 円だけ貨幣を支払わなくてはならない。つまり，P 円分だけ消費財の消費量を減らさなくてはならない。消費財消費量の1単位減は，貨幣の限界効用分だけの効用減少をもたらすので，P 単位の消費財消費量の減少は，（貨幣の限界効用）$\times P$ だけ効用を減少させる」。

たまたま，現在の伊勢エビの限界効用の方が，（貨幣の限界効用）$\times P$ より大きかったとしましょう。つまり，

　　　伊勢エビの限界効用＞（貨幣の限界効用）$\times P$ 　　　　　　　　（A）

とします。そうすると，シンジ君は消費財への支出額を P 円だけ減らして，その金額を伊勢エビ1匹の購入にまわします。このとき，消費財が P 単位だけ減少するために，効用が（A）式の右辺分だけ減りますが，伊勢エビ1匹が増えるために（A）式の左辺分だけ効用が増えます。左辺の方が右辺より大きいので，差し引き効用は増加することになります。

こうしてシンジ君の伊勢エビ消費量は1匹増えました（その一方で消費財の消費量は P 単位だけ減りました）。シンジ君は次にまたもう1匹追加的に買うかどうか，検討します。前とまったく同じように考えますが，今度は伊勢エビの消費量が1匹分だけ前より多いので，伊勢エビの限界効用は前より小さくなっています。それでもなお，再び（A）式の不等号が成立すれば，伊勢エビをもう1匹追加的に購入します。

これを繰り返して伊勢エビの追加的購入を繰り返していきますと，伊勢エビの消費量が増えますので，だんだん伊勢エビの限界効用は低下します（その一方で，貨幣の限界効用と P とは一定のままです）。このために，ある伊勢エビの消費量までくると，（A）式の不等号はもう成立しません。つまり，

　　　伊勢エビの限界効用＝（貨幣の限界効用）$\times P$

となります。この伊勢エビの消費量で，シンジ君は伊勢エビの追加的購入を止めます。こうして，伊勢エビ価格が P であるときのシンジ君の伊勢エビの需要量が決まります。

クローズアップ6.17　公共財の余剰分析

公共財を余剰の考え方による部分均衡分析で分析しなおしてみましょう。本レッスンの結論と次のレッスン6.5の冒頭の解説により，社会的余剰を最大化すると，社会の厚生が高まります。公共財は非排除性があるので売買できず価格が存在しないので，「ある価格に対応する需要量・供給量」として定義される需要曲線・供給曲線という用語を使うことはできません。代わりに，限界評価曲線・限界費用曲線という用語を用いて最適量を求めます。右図上に，（公共財の基数的効用から求めた）家計Aの公共財の限界評価曲線をえがきます。同様にして，右図中のような家計Bの公共財の限界評価曲線をえがきます。家計A，Bの公共財限界評価曲線を「垂直に」加えて，右図下の公共財の社会的限界評価曲線をえます。公共財は等量消費ですから，家計Aの公共財消費量と家計Bの公共財消費量とは一致します。この結果，家計Aと家計Bの公共財の基数的効用の金銭表示額の和は，社会的限界評価曲線下の面積に等しくなります。この面積から公共財生産費用を差し引けば，公共財の社会的余剰を得ます。公共財生産費用とは（固定費用を0とすれば）公共財の限界費用曲線下の面積ですから，社会的限界評価曲線と限界費用曲線との交点Eにおいて，社会的余剰は最大化されることが示せます。このとき，家計Aの公共財限界評価と家計Bの公共財限界評価の和は，公共財の限界費用に等しくなっています。

家計Aと家計Bの公共財限界評価曲線を垂直にたし合わせると，公共財の社会的限界評価曲線を得ます。社会的限界評価曲線と公共財の限界費用曲線との交点Eで，公共財の最適供給量は決まります。このとき，公共財の限界費用は家計Aの公共財の限界評価と家計Bの公共財の限界評価との和になっています。

個別需要曲線

以上の議論の結論として，伊勢エビ価格 P が与えられますと，

　　　伊勢エビの限界効用＝（貨幣の限界効用）$\times P$

の式が成立するような点で，伊勢エビ需要量が決まりました。この式から，シンジ君の伊勢エビ需要曲線を導けます。

　伊勢エビ価格 P が下がったとしましょう。シンジ君の伊勢エビ需要量はどうなるでしょうか。改めて前述の式が成立するような消費量まで，シンジ君は伊勢エビの消費量を変えることでしょう。貨幣の限界効用は一定ですから，伊勢エビの限界効用が低下しなくてはなりません。図 6.20 から，これは伊勢エビ消費量が増加したときに起きます。これより，伊勢エビ価格の下落は，伊勢エビ需要量の増加をもたらすことがわかります。こうして，図 6.21 のように通常の右下がりの伊勢エビの個別需要曲線がえがけることがわかります。この需要曲線は伊勢エビの限界効用曲線に比例した形にえがかれます。

　これが基数的効用を前提する場合の需要曲線の導き方です。以上の議論からわかりますように，基数的効用の場合には個別需要曲線が右上がりになる可能性がないのです。つまり，ギッフェン財が生じなくなります。

限界効用の金銭単位による測定

　需要曲線は観察可能ですが，効用は直接には観察不可能です。そこで，シンジ君の需要曲線を利用して，シンジ君の効用を金額で測る方法を考えましょう。

　シンジ君の需要曲線 $D_S D_S$ で，需要量がちょうど 1 匹になるような価格 P_1 を考えましょう。すると，この価格 P_1 で，

　　　（1 匹目の）伊勢エビの限界効用＝（消費財の限界効用）$\times P_1$

が成立していることになります。左辺は，最初の 1 匹の伊勢エビのもたらす効用増加量，右辺は P_1 円の貨幣がもたらす効用増加量です。次に，需要量がちょうど 2 匹になるような価格 P_2 を考えます。すると，この価格 P_2 では，

　　　（2 匹目の）伊勢エビの限界効用＝（消費財の限界効用）$\times P_2$

が成立していることになります。つまり，2 匹目の伊勢エビのもたらす効用増加量は，P_2 円の貨幣がもたらす効用増加量と同じなのです。このように繰り返

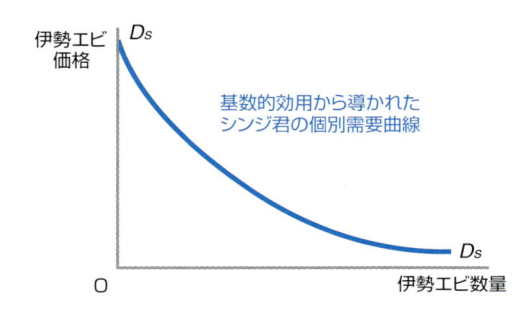

図 6.21　個別需要曲線

伊勢エビの限界効用曲線に比例して，右下がりの個別需要曲線がえがかれます。

🔍クローズアップ6.18　価格支持政策

　レッスン1.3で取り上げた価格支持政策を分析してみましょう。下図の E 点は伊勢エビ市場の均衡点であり，A 点は政府規制が課された場合の，伊勢エビ価格の法定上限です。法的規制がなく伊勢エビが均衡点 E まで供給された場合，消費者余剰は三角形 CEB，（固定費用が0とすると）生産者余剰は三角形 BEF であり，社会的余剰は三角形 CEF になります。法定上限価格 A が課されると，供給量は AH になります。ゆえに，消費者余剰は台形 $CGHA$，生産者余剰は三角形 AHF になり，社会的余剰は台形 $CGHF$ になります。価格支持政策により三角形 GEH だけ社会的余剰が小さくなることがわかります。

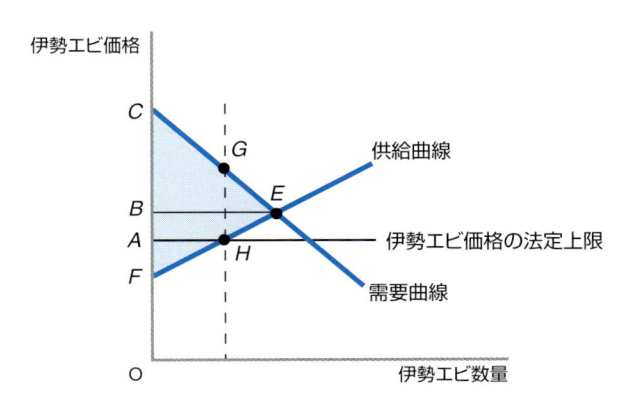

伊勢エビ価格に法的規制による上限が課されますと，会社的余剰は完全競争均衡点に比べ三角形 GEH だけ小さくなります。

していきますと，Q匹目の伊勢エビのもたらす効用増加量は，需要量がちょうどQ匹になるような需要曲線上の価格P_Q円に等しい貨幣がもたらす効用増加量と同じになります。

伊勢エビのもたらす効用

3匹の伊勢エビ消費全体からシンジ君が受ける効用を計算してみましょう。x匹の伊勢エビから受ける効用を$U(x)$，x匹目の伊勢エビのもたらす限界効用を$MU(x)$としますと，限界効用の定義式から，

$$U(3) = MU(3) + U(2) = MU(3) + \{MU(2) + U(1)\}$$
$$= MU(3) + MU(2) + \{MU(1) + U(0)\}$$

結局，伊勢エビ3匹のもたらした効用は，

伊勢エビ3匹の効用$(=U(3))-$伊勢エビ0匹の効用$(=U(0))$
$$= MU(3) + MU(2) + MU(1)$$

となります。つまり，伊勢エビ3匹がもたらす効用とは，最初の1匹がもたらす限界効用，次の1匹がもたらす限界効用，その次の1匹がもたらす限界効用，というふうに，3匹になるまで限界効用を次々に加えたものであることがわかります。これは3匹ではなく，一般にQ尾の場合でも同じです。

以上を利用して，伊勢エビ3匹の効用と同じだけの効用をもたらす貨幣量を計算してみましょう。P_1，P_2，P_3を，それぞれシンジ君の需要曲線$D_S D_S$上で，1匹，2匹，3匹の需要をもたらす伊勢エビ価格としましょう。伊勢エビ3匹目の限界効用は前記の議論より，P_3円の貨幣がもたらす効用増加量と同じです。同様に，2匹目の限界効用は，P_2円の貨幣がもたらす効用増加量と同じです。1匹目の限界効用はP_1円の貨幣がもたらす効用増加量と同じです。

これらの貨幣量をたし合わせて，

$$P_1 + P_2 + P_3$$

は伊勢エビ3匹から受け取る効用と同じだけの効用をもたらします。$P_1 + P_2 + P_3$を$P_1 \times 1 + P_2 \times 1 + P_3 \times 1$と解釈しましょう。$P_1 \times 1$は，縦が$P_1$，横が1の長方形の面積を意味しますので，図6.22の一番左側の四角形の面積を意味します。同様に，$P_2 \times 1$，……は右側のそれぞれの四角形の面積を意味します。これらを

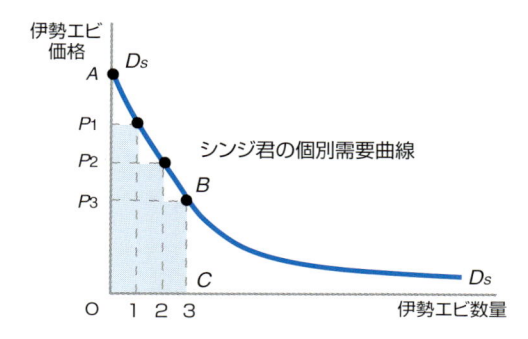

図 6.22　伊勢エビ消費から生まれる基数的効用の金額表示

伊勢エビ消費から生まれる基数的効用の金額表示 $P_1 \times 1 + P_2 \times 1 + P_3 \times 1$ は台形 $ABCO$ の面積と近似的に一致します。

クローズアップ6.19　貿易の利益と関税

　次章では貿易の一般均衡分析について語りますが，ここでは部分均衡分析を用いかつ小国の場合に貿易の利益を調べてみましょう。下図は伊勢エビの国内市場を示します。小国であるので，世界価格は F 点で所与とします。伊勢エビ輸入が禁止されている場合には，伊勢エビ国内市場の均衡点は E 点です。このときの消費者余剰は三角形 AEB，（固定費用を0とした場合の）生産者余剰は三角形 BEG になり，社会的余剰は三角形 AEG に等しくなります。伊勢エビを輸入自由化した場合，消費者余剰は三角形 AMF，生産者余剰は三角形 FJG となり，社会的余剰は $AMJG$ となり，三角形 JEM の分だけ増加します。伊勢エビに関税をかけますと，国内価格は世界価格より関税の税率分だけ高くなり，その結果，消費者余剰は三角形 AIC，生産者余剰は三角形 CHG，関税収入額は四角形 $HILK$ となり，自由貿易の場合に比べて三角形 HKJ と三角形 IML の分だけ社会的余剰が減少します。

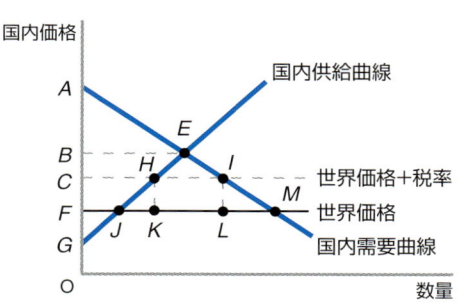

　輸入規制時の社会的余剰は三角形 AEG，輸入自由化時の社会的余剰は $AMJG$，関税がかけられた場合の社会的余剰は三角形 AIC と三角形 CHG と四角形 $HILK$ の和になります。

すべてたし合わせると，図 6.22 の点線部の面積に等しくなります。この点線部の面積は，需要曲線下の台形 $ABCO$ の面積と近似的に一致します。そこで，台形 $ABCO$ 自体が伊勢エビの効用の金額表示と考えることができるのです。

シンジ君の消費者余剰

正確には消費者余剰とは，「それなしで済ますぐらいなら支払ってもよい最大の金額」と定義されます。シンジ君が伊勢エビをまったく購入できない場合と，価格が図 6.23 の P_3 で 3 匹の伊勢エビを消費する場合とを比較してみましょう。後者の場合，これだけの伊勢エビ消費から，台形 $ABCO$ の面積に等しい金額の貨幣をもたらす効用を手に入れます。その一方で，シンジ君はこの効用を手に入れるために，$P_3 \times 3$ 円だけの金額を支払っています。これは四角形 P_3BCO の面積であらわされます。そこで台形 $ABCO$ の面積から四角形 P_3BCO の面積を差し引いた，図 6.23 の三角形 ABP_3 の面積だけが，金額で表示したシンジ君の伊勢エビ取引から差し引きで生まれた効用になります。シンジ君は伊勢エビ取引なしですますくらいなら，これだけの金額を支払ってもよいはずです。そこで，この三角形の面積 ABP_3 を，シンジ君の伊勢エビ取引から生まれる消費者余剰といいます。

需要者全体の消費者余剰

以上のようにして，伊勢エビ価格が P_3 のときのシンジ君の消費者余剰が決まりました。同様にすれば，この同じ価格に対して，レイさんの消費者余剰も決まります。これらの需要者全体の消費者余剰を加えたものが，P_3 に対応する市場の消費者余剰になります。市場需要曲線は，個別需要曲線を横にたしたものですので，市場需要曲線の下の台形が需要者全体の消費者余剰の金額表示になります。このようにして，258 頁で述べた結論が導かれました。改めて，図 6.16 と図 6.17 を参照してみてください。

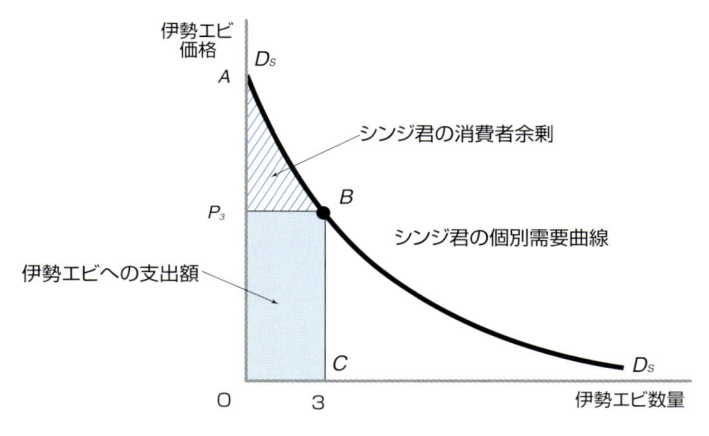

図 6.23 消費者余剰

消費者余剰とは，伊勢エビから受ける効用の金額表示（$ABCO$）から，伊勢エビ購入に支払う金額（P_3BCO）を差し引いたものをいいます。

🔍 クローズアップ6.20　地　代

　レッスン 1.4 で取り上げた土地課税の分析をおこないましょう。右図は新宿区の土地の賃貸市場をあらわします。土地の供給曲線は垂直なので，従量税が税率 t で供給者へ課税されても供給曲線は同じ位置にとどまり，均衡点も変わりません。課税前の消費者余剰は三角形 AEB であり，生産者余剰は四角形 $BEGO$ であり，両者の和の社会的余剰は台形 $AEGO$ です。課税後は，消費者余剰は三角形 AEB であり，税額は四角形 $BEFC$ になり，生産者余剰は四角形 $CFGO$ になるので，これらの和である社会的余剰は台形 $AEGO$ になり，課税前と変わりません。つまり，供給曲線が垂直の場合，供給者への課税は社会的余剰を減らしません。これは需要者へ課税した場合でも同じであることが示せます。

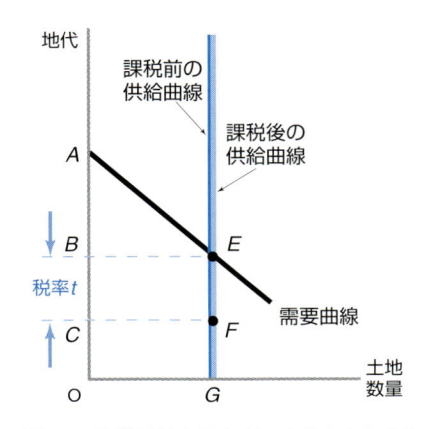

土地への課税は社会的余剰の変化をもたらしません。

レッスン 6.5　独占産業と公益産業

社会的余剰

市場への参加者は家計と企業とからなります。市場取引から，家計は消費者余剰分だけ効用の増加を得ます。同様に，市場取引から企業は利潤分だけの利益を得ます。企業の最終的な所有者は株主としての家計ですから，企業利潤は最終的には配当として家計へ分配され，家計の一般消費財の消費を増やします，つまり，企業利潤は経済の厚生を増加させます。そこで，企業利潤を生産者余剰と呼びます。

以上から，市場取引の結果，消費者余剰と生産者余剰との和が，社会全体の厚生増加をもたらすことがわかります。そこで，この消費者余剰と生産者余剰の和を社会的余剰と呼びます。経済厚生の最大化とは，社会的余剰の最大化であることになります。

生産者余剰と供給曲線

生産者余剰が供給曲線とどのような関係にあるのかを説明しておきましょう。ある企業の生産量が 0 のときでも固定費用だけの費用がかかります。次に，生産量 0 から生産量 1 へ生産量を増やすためには，（生産量が 0 であるときの）限界費用がかかります。つまり，生産量を 1 単位生産するための総費用は固定費用と限界費用との和になります。さらに，生産量を 1 単位増やすためには，次の限界費用がかかります。つまり，生産量を 2 単位生産するための総費用は，固定費用と最初の限界費用と次の限界費用との和になります。これを繰り返していきますと，Q 単位の生産量を生産するためには，固定費用と限界費用を次々に加えて最後の限界費用までの和になります。

つまり一般に Q 匹の伊勢エビを供給するための総費用は，

　　　固定費用 ＋（生産量が 0 の場合の）限界費用 ＋（生産量が 1 の場合の）
　　　限界費用 ＋ …… ＋（生産量が $Q-1$ の場合の）限界費用

🔍 クローズアップ6.21　社長と株主

　企業の社長とはその企業の所有者である，と誤解されることがあります。たしかに，合名会社などの一部の企業では，所有者がそのまま社長であることが普通ですが，現代のほとんどの企業は株式会社形態をとっています。株式会社では会社の所有者は株主であり，社長ではありません。所有者である株主の総会によって取締役会が選任され，取締役会が代表取締役を選任し，その代表取締役の一人が社長である，という形になっています。というわけで，現代の多くの企業の社長とは，あくまで業務の執行を委託されているだけの存在で，決してその企業の所有者ではありません。

　社長や他の取締役の俸給とはこの業務執行への報酬であって，その会社の利潤が社長以下の取締役たちのものとなることではありません。経済学の立場からは，社長も他の従業員と同じように，管理能力をもって株主から雇用された労働者の一人にすぎません。こうして，社長への俸給を含めた賃金を支払い，他の諸費用を支払った残りが企業利潤であると解釈されます。

　この企業利潤は配当として株主へ分配されることもありますし，あるいは企業内に積み立てられて新しい会社運営資金として利用されることもあります。後者の場合，一見株主は配当を受け取れず損をするようですが，必ずしもそうではありません。会社の資金が増え，新しい設備投資をおこないますと，その投資のために将来より多くの利潤があがり，将来の配当が増加します。利潤が企業内に積み立てられますと，将来の配当増加を見越した多くの人々が現在この会社の株式を需要しますので，現在の株式価格があがります。このため，既存の株主は有利になります。

　つまり株主の立場から見れば，企業利潤をその会社が配当として分配しようと，会社内に積み立てることによって現在の株価上昇を導こうと，どちらの場合も同じように，利益を受けます。ですから，会社がどちらの配当政策をおこなおうと株主の利益とは無関係である，というのが経営財務論で有名なモジリアーニ=ミラーの定理と呼ばれるものです。そのために，本書では企業利潤はすべて株主へ配当として分配される，と仮定しておきます。

であることがわかります。図 6.24 にアスカ水産の限界費用曲線をえがきました。図 6.24 の限界費用曲線の下の色つき部分の面積は，上記の各限界費用の合計を示します。この斜線部の面積に固定費用を加えたものが Q 匹を生産するための総費用であることがわかります。以下では，議論を簡単にするために，固定費用は 0 であると仮定して議論をすすめます。固定費用が 0 でない場合でも結論は同じになるからです。

生産者余剰

　費用の理論で説明しましたように，固定費用が 0 の場合には，限界費用曲線は供給曲線と一致します。ですから，Q 匹だけ生産するための総費用は，供給曲線の下の面積に等しい，といい換えることができます。市場供給曲線は個別供給曲線を水平にたし合わせたものですから，市場全体の総費用の和は市場供給曲線の下の部分の面積としてあらわされます。

　図 6.25 の市場供給曲線によれば，伊勢エビ価格が P 円の場合には，市場は Q 匹の伊勢エビを供給します。このときの市場の売上収入は $P \times Q$ 円であり，図の四角形 $PEQO$ の面積に等しくなります。これに対して，Q 匹を生産する総費用は，図 6.25 の四角形 $BOQE$ になります。この結果，生産者余剰（＝企業利潤）は，四角形 $PEQO$ から四角形 $BOQE$ を差し引いた図 6.25 の三角形 PBE に等しくなります。

社会的余剰

　さて，完全競争市場の場合，図 6.25 のように価格 P は需要曲線と供給曲線の交点 E から決まります。このときの均衡需要量と均衡供給量は，図 6.25 の Q 点になります。この Q 点の需要に対応する消費者余剰は斜線部になりますし，生産者余剰は点線部になります。ゆえに，社会的余剰は図の三角形 ABE になります。これを**キーポイント 6.7** としておきます。

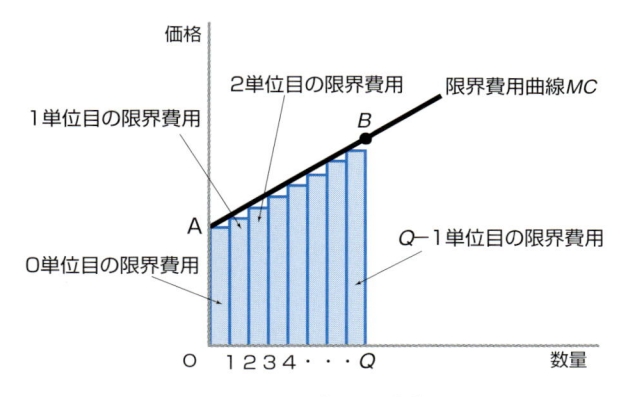

図 6.24 限界費用と総費用

Q 単位生産するための各限界費用の和は，限界費用曲線の下の面積 $AOQB$ になります。Q 単位生産するための総費用は，これに固定費用を加えたものに等しくなります。

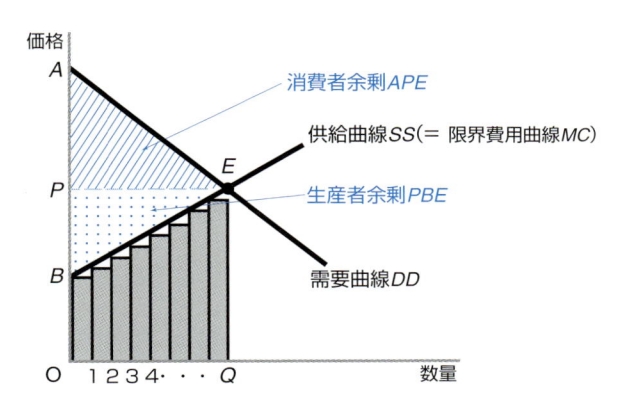

図 6.25 完全競争市場における社会的余剰

固定費用が 0 の場合には，Q 単位生産した場合の社会的余剰は，三角形 ABE の面積になります。

◆キーポイント6.7　社会的余剰

　固定費用が 0 の場合には，社会的余剰は消費者余剰 APE と生産者余剰 PBE とを加えたものであり，図 6.25 の三角形 ABE に等しくなります。

6.5　独占産業と公益産業

独占企業と社会的余剰

 ある企業によって供給が独占されている財市場を考えましょう。独占企業にとって最適な供給量は限界収入曲線と限界費用曲線との交点から決まります。簡単化のために，需要曲線は直線であるとしましょう。すると，図 6.26 のように，独占利潤を最大にする供給量（＝需要量）は OH に決まります。独占価格は図 6.26 の B 点に決まります。このときの消費者余剰は，三角形 ABC になります。生産者余剰は，台形 $BFGC$ になります。両者の和である社会的余剰は，台形 $AFGC$ となります。

 さて，何らかの理由により，この企業の供給量が需要曲線と限界費用曲線との交点 E に対応する I 点まで増え，価格が P_E に定まったとしましょう。このときの消費者余剰は，AP_EE であり，生産者余剰は P_EFE です。両者を加えた社会的余剰は，三角形 AFE になります。独占企業の場合の社会的余剰 $AFGC$ に比べて，三角形 CGE だけ社会的余剰は大きくなります。これを逆に言えば，独占が存在するときには，社会的余剰は最大化されていないことがわかります。これを市場の失敗と呼びます。このように，独占は市場の失敗の要因になり，政府による市場への介入が必要となります。これを理由として，世界各国では独占禁止法が制定されています。独占禁止法に基づいて，公正取引委員会は独占企業や不公正取引に対する規制を不断におこなっています。

費用逓減産業

 当初，完全競争的状態にある，ある財・サービスの市場を考えましょう。この市場の企業では，企業閉鎖点以上の価格に対しては，供給曲線は限界費用曲線と一致します。しかし，価格が企業閉鎖点以上であっても損益分岐点以下であれば，企業には損失が生じます。長期的にこのような状態が続くと，企業はその市場から退出していきます。その結果，最終的にはその市場にはただ一つの企業しか残らない，というような事態が考えられます。このような状態を自然独占と呼びます。

 自然独占の例を考えてみましょう。生産施設を建設するには莫大な費用がかかりますが，一度生産施設を建設してしまうと，その生産施設を用いてほぼ無

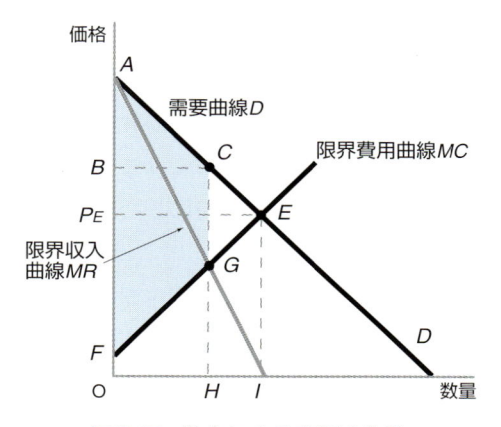

図 6.26 独占による市場の失敗

独占が生じると，社会的余剰は $AFGC$ に等しくなります。このとき，社会的余剰は最大化されていません。

🔍クローズアップ6.22　独占禁止法と公正取引委員会

　市場における独占状態を矯正するために，日本では独占禁止法が制定されています。この独占禁止法に基づいて，私的独占を禁止するために設立されているのが公正取引委員会です。公正取引委員会は，他の行政組織からは独立した職権をもつ委員長以下4名の委員によって運営される，いわゆる行政委員会です。

　公正取引委員会が独占禁止法に基づいておこなう規制の具体的対象には，（1）カルテルの規制，（2）独占・寡占の規制，（3）不公正な取引方法の規制，（4）企業結合・集中の規制，などがあります。（1）の**カルテル**とは，複数の同業者が価格や供給量を申し合わせて販売することをいいます。公正取引委員会は，カルテルがおこなわれた場合にはその排除を命じた上に，カルテル参加企業に課徴金を課すことができます。（2）の独占・寡占とは，単独あるいは少数の企業によって市場が占有されていることをいいます。この場合には，公正取引委員会はそれらの企業に対して営業の一部譲渡を命ずることができます。（3）不公正な取引方法とはさまざまな場合を含みますが，一例をあげますと，大企業がその優越した地位を利用して，取引の相手方に無理要求を押しつける行為がこれにあたります。公正取引委員会は排除措置命令を出してこれを禁止することができますし，また不公正な取引の被害者は損害賠償をその大企業に対して求めることもできます。（4）の企業結合・集中の一例をあげますと，同業種の企業間の合併であり，新会社がこれにより独占的な市場支配力を獲得する可能性がありますと，公正取引委員会はその合併を禁止することができます。

6.5　独占産業と公益産業

料でいくらでも生産物を生産できるというような例を考えます。たとえば、水道の場合、ダム・浄水場・水道管などの建設には莫大な費用がかかりますが、これらが完成してしまうと、その運用によって水道水を供給する作業は安価にできることでしょう。この場合には、水道供給の費用とはダム・浄水場・水道管などの敷設費用がほとんどを占めることになります。これらの敷設費用は水の供給が 0 であろうが、100 トンであろうが同じだけかかりますので、固定費用です。

こうして水道は需要曲線の位置に比べて、固定費用が非常に大きい産業の例といえます。この場合には、U 字形をした平均費用曲線は市場需要曲線と交わる点でもまだ右下がりの状態でいる可能性が生じます。限界費用曲線は平均費用曲線が水平になる最低点で、平均費用曲線と交わりました。このために、平均費用曲線が右下がりである場合には、限界費用曲線はその下方にあります。以上をまとめると、このような産業の費用条件は図 6.27 のようにえがかれます。このように、需要に比して固定費用が大きい場合には、平均費用曲線が右下がりとなっている B 点で、需要曲線と交わるので、このような産業は費用逓減産業と呼ばれます。

費用逓減産業では、企業が当初多数あり完全競争的な状態にあっても、価格が損益分岐点以下に定まり、損失が生じますので、次第に各企業は産業から退出していきます。とうとう最後に残るのは 1 つの企業になってしまうので、自然独占が生じるのです。

独占のときの社会的余剰

このような自然独占産業で、独占企業のなすままに任せておきますと、独占利潤を最大化するように、限界収入曲線と限界費用曲線の交わる図 6.28 の H 点によって供給量を決定します。価格は P_A になりますので、消費者余剰は DP_AA になります。また、面積 P_AIHA は生産者余剰に固定費用を加えたものになります。ゆえに、面積 $DIHA$ は社会的余剰に固定費用を加えたものに等しくなります。

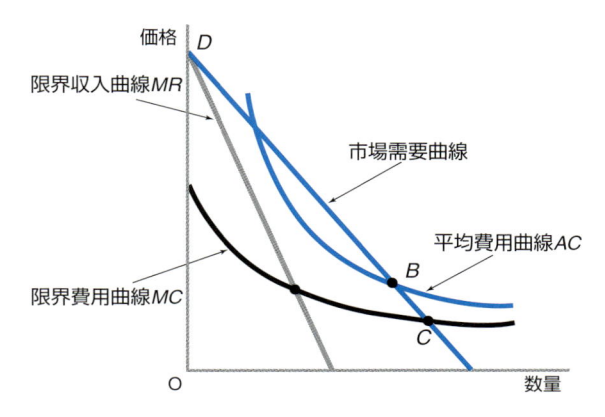

図 6.27　費用逓減産業

固定費用の大きい産業では，平均費用曲線が右下がりである B 点で，平均費用曲線は市場需要曲線と交わります。

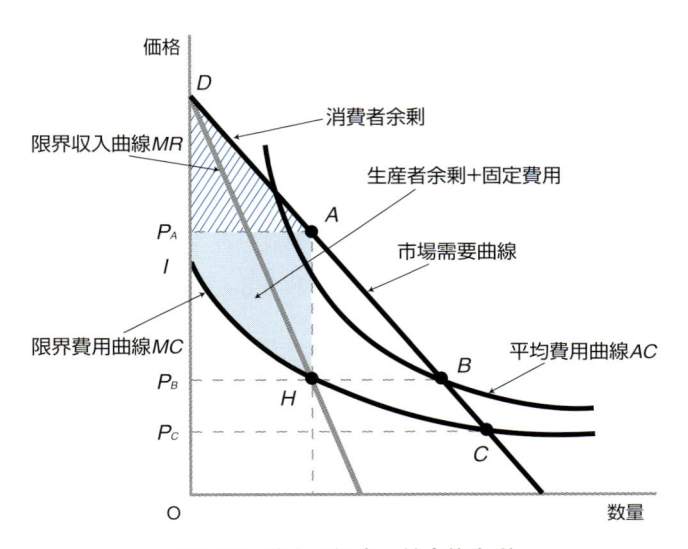

図 6.28　独占の場合の社会的余剰

独占価格 P_A のときの生産者余剰に固定費用を加えたものは，面積 $P_A IHA$ であらわされます。これに消費者余剰 $DP_A A$ をあわせたものが社会的余剰ですから，図の $DIHA$ の面積は社会的余剰と固定費用の和になります。

6.5　独占産業と公益産業

限界費用価格形成原理

もし，この自然独占の市場で政府が価格を規制して図 6.29 の P_C に等しく定めたとしましょう。そのとき，需要は OF だけ生じます。これをみたすべく企業は OF だけ生産するとしましょう。そのときの消費者余剰は三角形 DP_CC に等しくなります。

企業の供給量が OF であれば，その生産のための総費用は，限界費用曲線の下の面積 $IOFCH$ に固定費用を加えたものになります。これに対し，企業の収入は四角形 P_COFC にすぎません。企業利潤はこの四角形 P_COFC から総費用を差し引いたものですから，図 6.29 の色つき部分 IP_CJCH の面積に固定費用を加えただけの損失が生じます。社会的余剰とは，消費者余剰と生産者余剰の和ですが，生産者余剰が負なので，消費者余剰の三角形 DP_CC からこの負の生産者余剰である色つき部分 IP_CJCH と固定費用を差し引く必要があります。すると，図の $DIHCBA$ の面積が社会的余剰に固定費用を加えたものになります。これは，独占価格の場合の社会的余剰と固定費用の和である面積 $DIHA$ より，面積 $AHCB$ だけ大きくなります。

このようにして，限界費用曲線と市場需要曲線の交わる C 点で価格を定めますと，社会的余剰は独占の場合より大きくなることがわかりました。このように規制価格を市場需要曲線と限界費用曲線との交点に定めることを，限界費用価格形成原理と呼びます。限界費用価格形成原理をおこないますと，社会的余剰は最大になります。これをキーポイント 6.8 としておきます。

公益産業

費用逓減産業の場合には，自然独占が生じますので，そのままでは独占価格が成立し，社会的余剰を最大化できません。といって，独占禁止法に基づいて独占企業を分割しても，費用逓減産業では，自然独占によりいずれ独占状態が復活してしまいます。そこで，このような産業に対しては，むしろ政府は独占を公認し，法律によってその独占を保護します。その代償として，独占企業に対して価格規制をおこない，独占価格の形成を妨げます。このような産業を公益産業といいます。水道・郵便・ガス・電気・鉄道などは典型的な公益産業です。

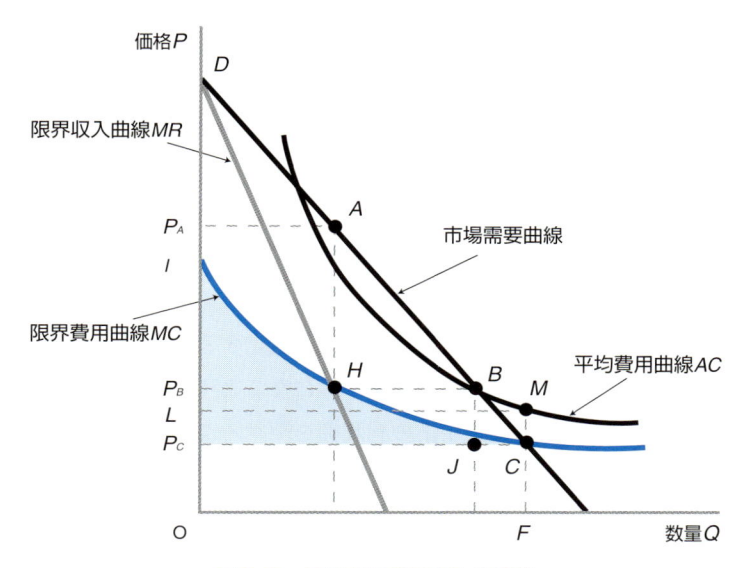

図 6.29 限界費用価格形成原理

限界費用価格形成原理によって規制価格を決めますと，P_C になります。このときの面積 $DIHCBA$ は社会的余剰と固定費用の和になります。

> ◆キーポイント6.8　**限界費用価格形成原理**
>
> 　公益産業において限界費用価格形成原理によって規制価格を定めますと，社会的余剰は最大になります。

例題 6.1

　伊勢エビ市場が完全競争であるとしましょう。このときの社会的余剰を図示しなさい。伊勢エビの供給者に税率 t 円の従量税を課すと，社会的余剰はどのように変化するでしょうか。図示しなさい。簡単化のために，固定費用が 0 であると仮定して，議論しなさい。（→解答は 285 頁）

6.5　独占産業と公益産業

さて，公益産業を規制して社会的余剰を最大にするには，規制価格を限界費用と需要曲線とが交わる P_C に等しくすればよいことを示しました。ところが，規制価格を P_C に定めますと，図 6.29 の四角形 LP_CCM に等しいだけの損失が，この企業に生じます。そのために，この企業が規制価格下で長期的に生産を継続するためには，この損失分を政府が補助金として補填する必要が生じます。

独立採算制度

　実際には限界費用曲線を政府が正確に推定するのは難しく，限界費用価格形成原理に基づいて規制価格と補助金額を正しく決定するのは困難です。このため，次善の方法として，公益企業の利潤が 0 になるように規制価格を決める方法があります。この場合には，企業の利潤額を調べることにより規制価格を決定できるからです。この場合は規制価格は図 6.30 の B 点によって決定されます。これは平均費用価格形成原理（ないしは独立採算制度）と呼ばれます。

　独立採算制度の場合，図 6.30 のように，価格を P_B に等しく定めると OH だけの需要が生じます。企業がこの需要をみたすように OH だけ生産をおこないますと，企業の収入は四角形 P_BOHB となります。また総費用は平均費用 P_BO × 供給量 OH になりますから，やはり同じ四角形 P_BOHB となります。この結果，企業利潤は 0 となります。ゆえに，独立採算制度の場合の規制価格は P_B とすればよいことがわかるのです。

　このときの消費者余剰を求めてみると，三角形 DP_BB になります。生産者余剰（＝企業利潤）は 0 になります。前に説明しましたように，総費用は限界費用曲線の下の面積 $OIFJGH$ に固定費用を加えたものに等しくなります。ところが，この場合，総費用は四角形 P_BOHB でもありますので，面積 IP_BF は，面積 FBG に固定費用を加えたものに等しくなります。したがって，面積 $DIFJGBD$ は消費者余剰に生産者余剰（＝0）と固定費用を加えたものに等しくなり，社会的余剰に固定費用を加えたものになります。これは独占の場合の社会的余剰に固定費用を加えたもの（図 6.28）と，限界費用価格形成原理のときの社会的余剰に固定費用を加えた和（図 6.29）とのちょうど間の大きさになっています。

公益企業が独立採算制度をとるとしましょう。この場合の規制価格は，利潤が 0 となるように，P_B になります。

企業が独占価格をつけた場合の社会的余剰に固定費用を加えたものは，面積 $DIFJA$ でしたから，独立採算制度の場合，面積 $AJGB$ だけ社会的余剰が増えることがわかります。

逆に，限界費用価格形成原理によって価格を決定した場合には，社会的余剰と固定費用の和は，面積 $DIFJGCBA$ でしたから，独立採算制度の場合には面積 $AJGCB$ に等しいだけ社会的余剰が少ないことがわかります。こうして，独立採算制度の社会的余剰の値は，独占の場合の余剰と限界費用価格形式原理の場合の余剰との中間の大きさになることがわかります。

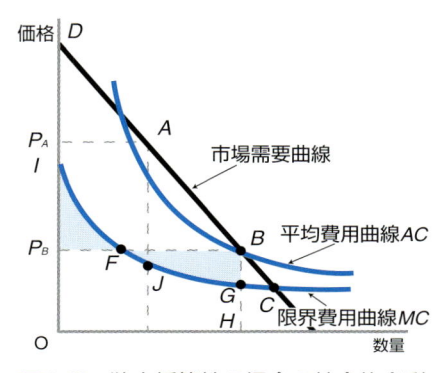

図 6.30 独立採算性の場合の社会的余剰

[例題 6.1 の解答]

　従量税が課される前の市場均衡を，図 6.31 の E 点で示しましょう。このときの消費者余剰は三角形 AP_EE になります。生産者余剰は三角形 P_EFE で示されます。両者の合計の社会的余剰は三角形 AFE で表されます。

　従量税が供給者に対して課された場合，供給曲線は上に税率 t 円分だけシフトします。この結果，均衡点は E' となり，価格は P_E' となります。消費者余剰は三角形 $AP_E'E'$ となります。供給者が OH だけ伊勢エビを供給した場合の供給者の税支払額は，税率 t×供給量 OH である四角形 $P_E'BGE'$ になります。生産者の収入 $P_E'OHE'$ から OH だけ生産するための費用 $FOHG$ を差し引きますと，$P_E'FGE'$ だけが残りますが，これから税支払額 $P_E'BGE'$ を差し引きますと，企業の税引後利潤は，三角形 BGF であることになります。これが生産者余剰になります。政府に納入された税額 $P_E'BGE'$ は，何らかの形で家計に還付されると解釈しますと，社会的余剰は，消費者余剰・生産者余剰にこの税額を加えたものになります。ゆえに，社会的余剰は面積 $AFGE'$ になります。

　以上を比較すると，従量税が課された場合，社会的余剰は三角形 $E'GE$ の分だけ，従量税が課されない場合より減ることになります。この社会的余剰の減少を，**租税の死重的損失**（あるいは**租税の超過負担**）と呼びます。

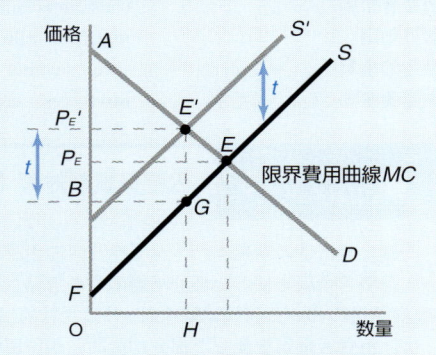

図 6.31 租税の超過負担

従量税が課されると，三角形 $E'GE$ だけ社会的余剰が減少します。

クローズアップ 6.23　キーワード一覧

第 6 章で出てくるキーワードに対応する英語の一覧表を以下にあげておきましょう。

厚生経済学	welfare economics
パレート最適	Pareto optimum
資源配分	allocation of resources
所得分配	distribution of income
社会厚生関数	social welfare function
エッジワースのボックス・ダイアグラム	Edgeworth's box diagram
契約曲線	contract curve
初期賦存量	initial endowment
市場経済・中央計画経済	market economy・central planning economy
プライス・メカニズム	price mechanism
公共財・私的財	public goods・private goods
非競合性	nonrivalness
非排除性	nonexcludability
ただ乗り問題	free rider problem
序数的効用・基数的効用	ordinal utility・cardinal utility
消費者余剰	consumers' surplus・consumer's surplus
限界効用	marginal utility
社会的余剰	social surplus
生産者余剰	producers' surplus・producer's surplus

コーヒーブレイク 6.3　公務員試験対策「厚生経済学」編

　厚生経済学の問題は、エッジワースのボックスダイアグラムを使った一般均衡のものと消費者余剰を使った部分均衡のものとに大別できます。本章の内容は初級公務員試験（難易度の高い公務員試験は別）には比較的出題されにくいのですが、出題頻度からいえば、消費者余剰を使った部分均衡問題が圧倒的に多いでしょう。これは一般均衡の問題は解説が長文にわたるので、出題がしにくいからと思われます。「従量税の超過負担」・「関税の超過負担」・「社会的限界費用と私的限界費用」・「契約曲線」・「独占の負担」・「公益産業」などが出題されやすいでしょう。

第 7 章

国 際 貿 易

レッスン
7.1 開放経済
7.2 貿易の利益
7.3 リカードの比較生産費説

複数の経済の間の現象を研究する経済学の分野を，国際経済学といいます。この国際経済学は，さらに実物経済を研究対象とする国際貿易論と，貨幣的側面を対象とする国際金融論とに分かれます。前者はミクロ経済学の応用であります。後者はマクロ経済学の応用といえます（図7.1）。

本章ではミクロ経済学の応用問題として，このうちの貿易論の序説を解説してみましょう。ミクロ経済学の消費や生産の理論が，応用問題でどのように使用されるか，よくわかるからです。

レッスン 7.1　開放経済

開放経済

まず貿易とは何かについて，説明しましょう。私たちは，これまで市場・消費者・生産者の行動を考える上で，外国が存在しないと，暗黙のうちに仮定してきました。これを閉鎖経済モデルあるいは自給自足モデルといいます。これは単純なモデルをまず分析するという経済学の手法上有益な仮定でした。

しかし，実際には，私たちの日常消費する財のいくつかは，自分の国ではなく，外国で生産されています。それを外国から輸入しているのです。また，そのための購買力を稼ぐために，自国で生産された財を外国に輸出しています。たとえば，日本は外国からチーズなどの食料品を輸入している一方で，自動車などの工業製品を輸出しています。このような自国と外国との財の輸出入のことを指して，貿易といいます。そして，貿易のある経済を開放経済といいます（図7.2）。私たちがより現実に私たちの議論を近づけるならば，私たちは開放経済モデルを議論し，貿易について語らなければなりません。

生産要素と生産物

ここで生産物と生産要素について補足しておきましょう。私たちの経済「全体」に関する生産関数を考えましょう。

生産とは，生産要素から生産物をつくることでした。短期的には存在量が一

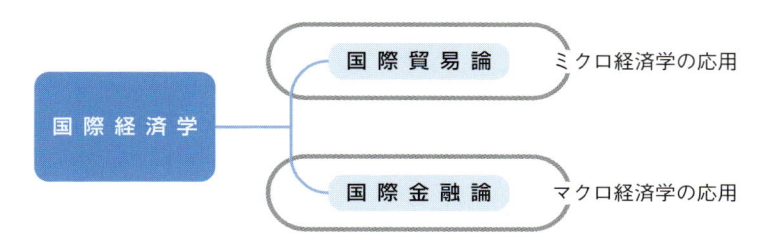

図7.1　国際経済学

```
国際経済学 ─┬─ 国際貿易論　ミクロ経済学の応用
            └─ 国際金融論　マクロ経済学の応用
```

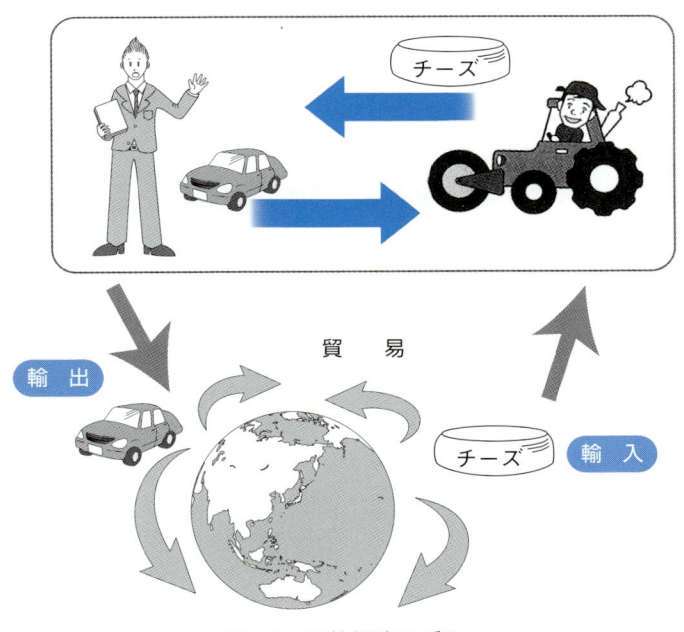

図7.2　開放経済モデル

7.1　開放経済

定と考えられる生産要素があります。土地と労働と資本です。ここで土地というのは，実際の土地そのものではなく，土地を含んだ自然資源をいいます。土地は人間が作り出したものではなく，自然による贈り物です。土地の特徴はその価格がいくらであっても，量は一定である点です。土地所有者は報酬として地代を受け取ります。労働は私たち自身の働く力であります。労働の量は人口何人という形で生物学的要因によって決定されます。その上で，それぞれの人が労働を供給することによって，労働の報酬として賃金を受け取ります。土地と労働を指して本源的生産要素といいます（クローズアップ 4.4 参照）。

　資本というのは，機械・建物などその生産に長い時間がかかる経済財をいいます。資本の所有者は報酬として資本の賃貸料を受け取りますが，これは利子率とも呼ばれます。この土地・労働・資本を生産の 3 要素というわけです（図 7.3）。大局的に見れば，私たちの経済はこの 3 種類の生産要素を投入して，最終的に生産物をつくっていることになります。本章では，簡単化のために，これらをまとめて 1 種類の生産要素として投入される場合を分析します。

生産要素の移動性

　開放経済モデルは閉鎖経済モデルとどこが違うでしょうか。決定的に異なる点は，生産要素の移動性です。開放経済では，生産物と生産要素のうち（輸出入できる性質のものであれば）生産物は輸出入されて，国境を越えて取引されます。これに対して，（いろいろ例外はありますが近似的には）生産要素の方は国境を越えては移動できません。たとえば，麦という生産物は国境を越えて輸出入できます。しかし，麦をつくるための生産要素である労働・土地・資本は，国境を越えては移動できないわけです。このことを指して，開放経済では生産要素の移動性がない，といいます。これに対して，閉鎖経済では，このような制約は存在しません。生産要素は自由に国内産業の間を移動できます。ここが閉鎖経済と開放経済の違うところです（図 7.4）。

　このとき，開放経済ではどのような命題が成立するでしょうか。たとえば，労働・土地・資本の生産要素への国内報酬はどのように決まるでしょうか。また，それらの生産要素は国内産業の間でどのように配分されるでしょうか。さ

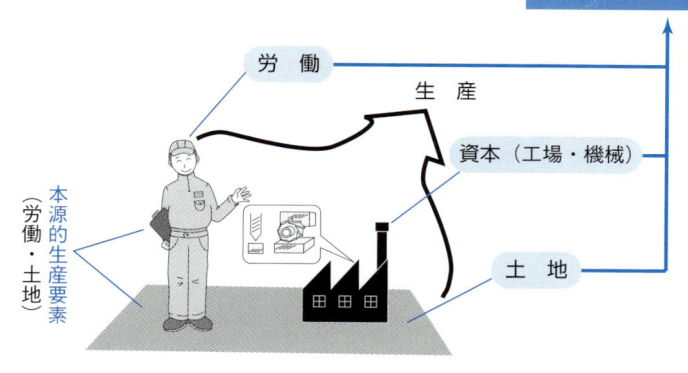

図 7.3 生産の 3 要素

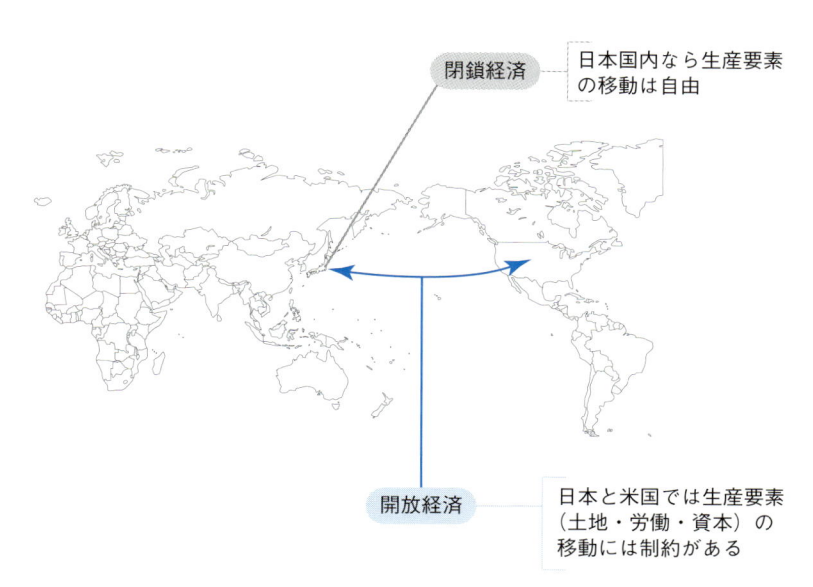

図 7.4 生産要素の移動性

7.1 開放経済

らに，どの生産物がどれだけ外国から輸入され，どの生産物がどれだけ外国に輸出されるのでしょうか。そのとき，外国へ輸出される生産物と外国から輸入される生産物の間の相対価格（交易条件といいます）は，どのように決定されるのでしょうか（図 7.5）。

限りない疑問が湧いてきますが，貿易論はこうした疑問に答えてくれる経済学の分野なのです。ただ残念なことに，本章ではこれらの疑問一つ一つに答える紙幅はありません。これらの質問に答えるには，貿易論の中心的理論をなすヘクシャー・オリーン・モデルについて語らなければなりませんが，そのためには本書の半分くらいの量の解説が必要であり，本章には荷が重すぎるからです。本章で語るのは，あくまで貿易論の「出だし」の部分に限られます。

他の仮定

実際には，議論を簡単にするために他の仮定も要求されます（図 7.6）。たとえば，以下では財の輸送費は一切存在しないものとします。また，貿易をする各国では，生産物・生産要素の市場が完全競争と仮定しましょう。それから生産要素は 1 種類，生産物は 2 種類（米と麦としておきましょう）しかないと仮定しましょう。生産可能性辺境線は，生産要素を 2 倍にしたらどの生産物も 2 倍だけ得られると仮定しましょう（これを，生産可能性辺境線は規模に関して収穫一定であるといいました）。

また，たとえ国が違っても主体の米と麦の無差別曲線は同一であると仮定しましょう。つまり，主体の選好は国と国の間では同じであると考えようということです。以下で論じるように，本章では国と国との違いは生産技術面に求めることにします。

さらに，無差別曲線は相似形であると仮定します。相似形というのは，原点を通る任意の直線上では傾きが等しい曲線群をいいます。図 7.7 のような形です。こう仮定すると，価格が一定であるとすると，所得─消費曲線は直線になります。こうして，無差別曲線の分析がきわめて容易になって，はじめて肝心の生産技術側の分析のみに集中することができるのです。詳しくは後の社会的無差別曲線の説明を読んでください。

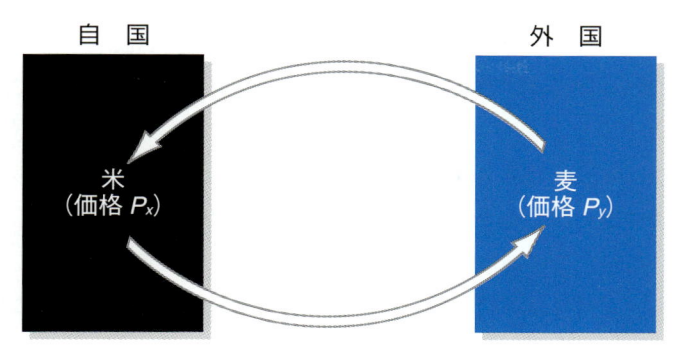

図 7.5 交 易 条 件
たとえば自国で生産される米の価格が P_x, 外国で生産される麦の価格が P_y のとき, 米を基準とした麦の相対価格は $\frac{P_y}{P_x}$ となります。

- 生産物……米と麦の2種類

- 生産可能性辺境線……規模に対して収穫一定

- 無差別曲線……自国と外国で同一

- 無差別曲線……相似形

図 7.6 簡単化の前提
このほかに, 完全競争を仮定し, 財の輸送費は無視します。

さらに、次の点に注意しておきましょう。本章で述べる貿易論のモデルでは、主体の所得 I は保有（生産）する米 X^e と麦 Y^e を売ることにより得られます。そして、この所得 I から最適な量の米 X^* と麦 Y^* を買い直す、という形をとります。このときには、第 6 章 228 頁の「シンジ君の最適消費点」で説明した議論により、米と麦の価格 P_x, P_y ではなく、それらの価格比 P_x/P_y さえわかっていれば最適配分を選べます。それで、以下では価格 P_x, P_y がわかっていることと価格比 P_x/P_y がわかっていることを、同じと見なして議論します。前に述べましたが、この価格比 P_x/P_y のことを交易条件と呼んだのでした。

それから、本章では各国にはあたかも主体が 1 人しかいないように想定して、分析しましょう。生産可能性辺境線が規模に関して収穫一定で、無差別曲線がどの主体も等しく、かつ相似形と仮定しましたので、1 人以上の場合の分析も、まったく同じようにしてできることを示すことができます。

レッスン 7.2　貿易の利益

生産がない小国

貿易の起きるもっともやさしい例を考えましょう。まず自国が小国であると仮定します。小国というのは、第 1 章で説明しましたように、世界に対して自国の大きさが十分小さいので、自国の経済活動は国際価格に影響を与えない、という国をいいます。それから、各財の初期賦存量は所与とします。これは各主体の持っている各財の量が与えられているということです。つまり、生産というものがない、ともいえます。それで、図 7.8 に示されたように、この自国では主体が米を X^e だけ、麦を Y^e だけもっていたとしましょう。

まず、この小国で米や麦が自生して、自給自足の状態にあるものとします。米の価格を P_x、麦の価格を P_y としましょう。この米と麦はこの国の内部で売りに出されます。すると、$P_x X^e + P_y Y^e$ だけの所得が主体に生じます。主体はその所得を用いて、最適な消費選択をします。その結果、最適消費点 X^* と Y^*

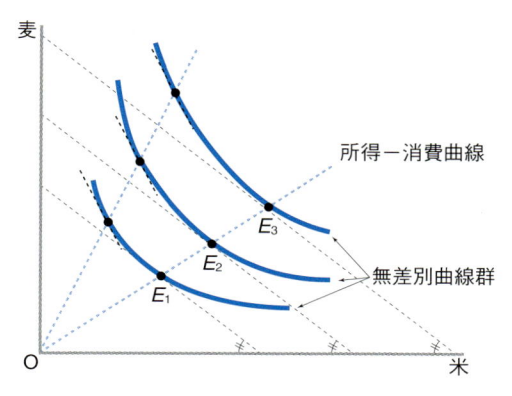

図7.7 相似形

原点からの任意の直線上で，その接線の傾きが同じになるものを，相似形の無差別曲線群と呼びます。相似の無差別曲線群に対しては所得－消費曲線は常に直線になります。

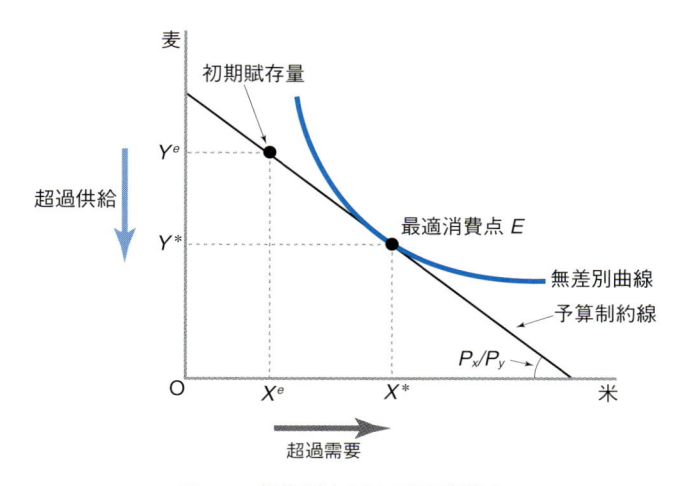

図7.8 初期賦存量と最適消費点

自給自足で，初期賦存量と最適消費点が異なると，片方の財の超過需要ともう片方の財の超過供給が起き，価格が変化します。

7.2 貿易の利益

とが，選ばれたとしましょう。しかし，図 7.8 では，この最適消費点は最初にこの経済の主体がもっていた初期賦存量 X^e, Y^e と違います。このとき，米の市場は超過需要になり，麦の市場は超過供給になります。自給自足ですから，市場が均衡するためには，米の価格 P_x が上昇し，麦の価格 P_y が下落する必要があります。最終的に市場が均衡すると，予算制約式は図 7.9 のようになります。価格比 P_y/P_x は無差別曲線の，初期賦存量 X^e, Y^e での傾きに等しくなります。これが自給自足のときの国内価格になります。このとき，$X^e = X^*$ と $Y^e = Y^*$ です。そして，自給自足のとき，この主体は全体で，この X^e, Y^e 点を通る無差別曲線 U_1 だけの効用を手に入れます。

貿易の導入

次に，この小国が貿易を開始したとしましょう。このとき，米と麦に世界中で成立している国際価格を P_x^w と P_y^w としましょう。この自国は小国なので，この自国が貿易してもしなくてもこの価格 P_x^w と P_y^w は一定です。ここで，国際価格と自給自足国内価格とが異なる場合を考えましょう（もし，国際価格と自給自足国内価格がたまたま一致していたらどうなるか，という問題につきましては後で論じることにしましょう）。これが図 7.10 のように与えられているとしましょう。貿易をおこなうと，この国際価格がこの小国の国内価格にもなります。予算制約線は自給自足の場合に比べ，初期賦存量 X^e, Y^e を中心にして反時計回りに回転することになります。そのとき，最適点は X^*, Y^* になり，これが均衡点になります。このとき，貿易が生じ，$X^* - X^e$ だけの米が輸入され，$Y^* - Y^e$ だけの麦が輸出されます。このとき，主体は全体で X^*, Y^* 点を通る無差別曲線 U_2 だけの効用を手に入れます。

自給自足のときと比べると，効用水準が U_1 から U_2 に上がったことがわかります。この効用の増加分を**貿易の利益**といいます。そして，国内価格はそのとき P_x, P_y から国際価格 P_x^w, P_y^w へ変化しています。

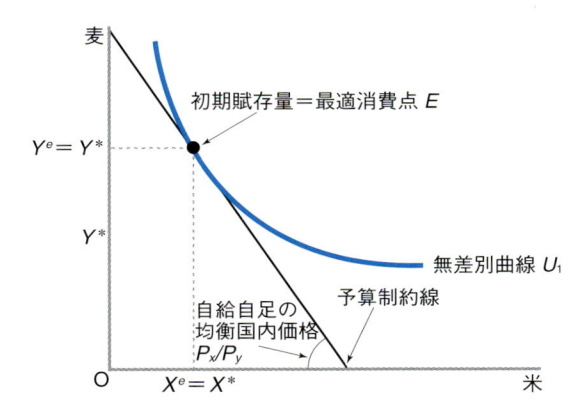

図 7.9　自給自足のときの均衡国内価格
自給自足だと，均衡価格では初期賦存量と最適消費点が一致します。

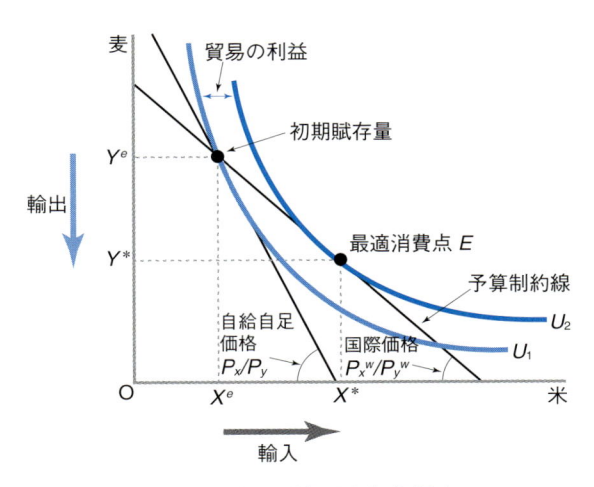

図 7.10　小国が貿易を行う場合
国際価格 P_x^w/P_y^w が与えられると，輸出・輸入が生じます。最適消費点 E を通る無差別曲線 U_2 は初期賦存量を通る無差別曲線 U_1 より高くなります。

生産のある小国

前の例では、あらかじめ米と麦の量が決まっているので、経済には生産がない例をあげましたが、経済に生産がある場合はどのようになるでしょうか。実は、前のモデルを拡張することによって簡単に分析できます。前の例と違うところは、生産要素の量は一定ですが、この生産要素を利用して作った生産物は、米を多めに麦を少なめにつくることも可能ですし、米を少なめに麦を多めにつくることも可能です。その結果、図 7.11 のような、米と麦との間にこの生産要素から作れる可能性がある曲線が引けます。これを自国の生産可能性辺境線といいます。

前のように、自国が自給自足にあるとしましょう。このとき、最適点 E は無差別曲線と生産可能性辺境線との接点である X^*, Y^* で与えられ、その結果、価格比は P_x/P_y で与えられます。そのときの効用は、最適点を通る無差別曲線 U_1 で与えられます。

次に、自国が貿易に乗り出したときに、国際価格が P_x^w, P_y^w としましょう。自国は小国ですので、自国が貿易に乗り出しても国際価格は変わりません。すると、図 7.12 のように、この国際価格の下での最適生産点は生産可能性辺境線の傾きが国際価格比に等しくなる点 X_p^*, Y_p^* で与えられます。すると予算制約線は線分 AB のように与えられるので、最適消費点は X_c^*, Y_c^* で与えられます。この結果、自国は $X_c^* - X_p^*$ だけ米を輸出し、$Y_c^* - Y_p^*$ だけ麦を輸入することがわかります。このとき、価格比は P_x^w/P_y^w に変わっています。消費者の効用は、最適消費点を通る無差別曲線 U_2 で与えられます。自給自足のときと比べると、効用水準が U_1 から U_2 に上がったことがわかります。これが、この場合の貿易の利益です。

2 国モデル

小国の例ばかり分析しているのは面白くありませんので、2 国モデルの分析に進みましょう。2 国モデルというのは、小国モデルとは反対に、自国が何らかの行動を起こすと国際価格が変化してしまうほど自国の経済の規模が大きい場合です。このとき、自国と外国との 2 ケ国が存在するものと仮定して、その 2

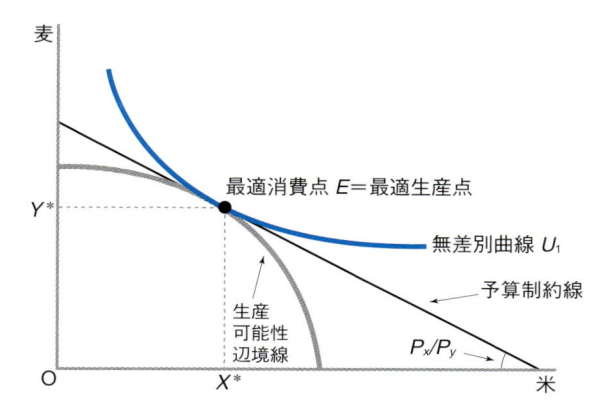

図 7.11　自給自足の場合の無差別曲線と生産可能性辺境線

生産がある経済で，自給自足としましょう。すると，最適消費点と最適生産点が一致し，その点の無差別曲線の傾きに等しい価格比が生じます。

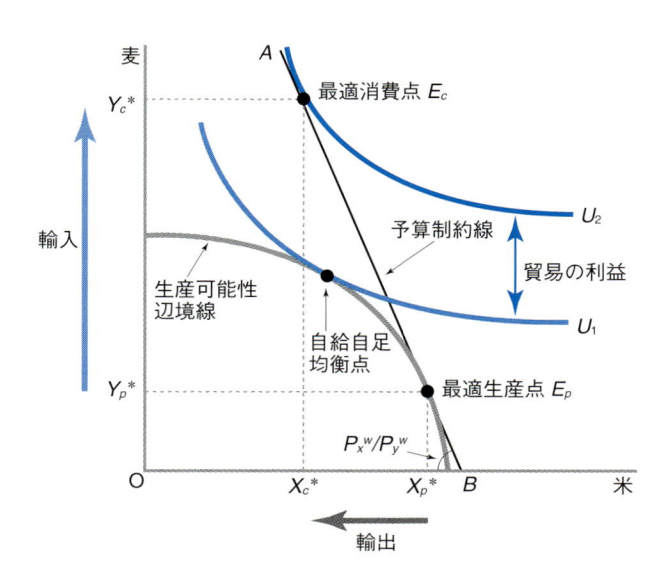

図 7.12　貿易をおこなう場合の最適消費点と最適生産点

生産がある経済で，貿易があったとしましょう。すると，最適消費点と最適生産点が一致しなくなります。その差が輸出・輸入になります。

7.2　貿易の利益

国間の貿易を分析するのを2国モデルといいます。現実の世界では200近くの国がありますので，2国のみの分析といいますと，特殊な例を分析しているように思えるかもしれません。しかし，自国を日本，外国を日本以外の残りの世界，と解釈すれば，2国モデルは十分一般的なものです。

2国モデルの分析は，生産要素が一種類しかない場合には，エッジワースのボックスダイアグラムの分析と全く同じになります。この場合にどのようなことが起きるのかを分析するのも面白いのですが，残念ながら紙幅の都合で割愛します。その代わり，同じ2国モデルでも，もう少し強い仮定を追加して，自国と外国の間でどのような生産の分業が起きるのか，という本質的な問題に迫りましょう。これは，リカードの比較生産費モデルといわれるものです。

レッスン 7.3　リカードの比較生産費説

自国と外国が「全く同じ」

これまでの私たちの分析の筋道を検討してみますと，生産可能性辺境線と無差別曲線によって最適点が決定される，という形をしています。このうち，無差別曲線については，自国と外国でその形状は等しい，と私たちはすでに仮定しています。これに加えて，もし生産可能性辺境線まで自国と外国で同一であると仮定しますと，自国と外国は「全く同じ」になってしまいます。ここで注意してほしいのですが，自国と外国が「全く同じ」だったら貿易は起きないだろう，ということです。

というのは，ある国際価格比のときに，自国が「米を輸出し麦を輸入したい」と思ったとしましょう。そうすると，自国と同じである外国もその国際価格比のときに，「米を輸出し麦を輸入したい」と思います。どちらの国も「米を輸出し麦を輸入したい」と思ったら，取引は起きません。自国と外国が「全く同じ」とは，あらゆる国際価格比で，この状況が起きることに他なりません。そのとき，唯一成立が可能な国際価格比は，その国際価格比では自国も外国も米は輸

クローズアップ7.1　貿易の利益：大陸封鎖令

本章では「貿易の利益」という言葉が出てきます。貿易をすることがいかに大きな収益を生み出すかを指す言葉です。現代に生きる私たちにとって，貿易するということは，あまりに当たり前になってしまって，逆にそれが禁止されたらどうなるかということに注意が行き届きません。ところが，歴史的に見ると，このような例が見つかります。それは1806年のナポレオンの大陸封鎖令です。当時，ナポレオンはほぼ欧州全域を支配下に治めて全盛を誇っておりましたが，イギリスのみは反フランスの旗を降ろしませんでした。ナポレオンとしては，イギリスを占領してこれを黙らせたかったことでしょうが，あいにく前年トラファルガーの海戦に敗れて彼の海軍は壊滅し，イギリス上陸作戦は中止になってしまいました。このため，ナポレオンは支配下の欧州大陸諸国に命じてイギリスとの貿易を禁じたのでした。これを大陸封鎖令といいます。この結果，大陸諸国から切り離されてしまったイギリスは経済的困窮に苦しみ，ついには膝下に屈するようにナポレオンは予想したのです。

ところが，実際には，事態は逆になりました。苦しんだのは，むしろ大陸諸国の方だったのです。たしかに，イギリスでは不況が始まり，経済的不満から暴動が起きるなどしました。しかし，その一方で，大陸諸国ではロシアなどの農業地域，ドイツなどの工業地域，アムステルダムなどの貿易地域などは，皆イギリスとの貿易がなければやっていけませんでした。イギリスに代わってこれらの地域に乗り込んできたフランスは機械化が進んでおらず，十分には代わりたりえませんでした。こうして，大陸諸国はイギリスとの貿易再開を望み，大陸封鎖令への不満が高まりました。

このために，ナポレオンは大陸封鎖令を維持することに苦しみました。スウェーデンが大陸封鎖令を拒否するとロシアに命じてこれを屈服させ，ポルトガルが反対すると兵隊を送り込みました。そして，ついにロシアが1810年に大陸封鎖令をやぶってイギリスと通商を再開すると，ロシアに70万人余の大軍を率いて侵攻しました。この戦争にフランスは大敗してしまい，これがナポレオンの没落を決定したのは有名な話です。

本章の貿易論によりますと，小国ほど貿易の利益を享受できます。逆にいえば，貿易から切り離されると，小国ほどその損失は大きいはずです。つまり，イギリスと大陸諸国との比較では，むしろ圧倒的に人口の多い大陸諸国の方が「小国」であったということになります。なぜ大陸諸国の方が，経済的には小国であったのでしょうか。まだGDP統計の取られる前のことで，完全に客観的な議論は不可能ですが，イギリスの産業革命がその一因であったのはほぼ確かでしょう。イギリスの産業革命は1760年頃に始まったといわれていますので，ほぼ半世紀分の蓄積がイギリスにはあり，生産力が大幅に増加して，欧州の工場になりつつありました。それに対して，フランスその他の大陸諸国の工業化はナポレオン戦争以後といわれます。この間の格差がイギリスの経済的優位を決定したわけです。

出も輸入もしたくなく，麦は輸出も輸入もしたくないようなもの，です。つまり，国際価格は自給自足の場合の国内価格と一致します。前の小国の例で考えてみてください。そこでは，貿易がある場合の国際価格比が自給自足国内価格比とたまたま一致していると，開放経済になっても貿易は起きません。

　もちろん，私たちは現実に貿易があることを知っています。ということは，私たちは自国と外国が「全く同じ」と仮定することは許されないということになります。では，自国と外国で何が違うと仮定するのが適当でしょうか。リカードの比較生産費説によると，それは生産可能性辺境線の方であります。さらに，それを際だたせるために今までよりもう少し強い仮定を入れて，自国にしろ外国にしろ，生産可能性辺境線は直線であってその傾きが2国間で異なるだけ，ということにして議論しましょうということになります。そう仮定するだけで，以下で述べるようなたくさんのことがわかります（リカードについては第1章3頁参照）。

リカードの比較生産費説

　というわけで，ようやく リカードの比較生産費説 の説明に入ります。リカードは2国・1生産要素・2生産物モデルを考えました。つまり，自国と外国があり，1種類の生産要素から2種類の生産物（米と麦）をつくると想定します。リカードの比較生産費説はここで次のような簡単化の仮定を入れる点が特徴です。すなわち，1生産要素から2生産物を作る場合の生産可能性辺境線は自国と外国でどちらも直線ですが，その傾きが自国と外国で違うと仮定するというものです。なぜ直線かといいますと，直線と仮定すると，どちらの国がどちらの生産物を作るのがより適しているか（これを 比較優位 といいます）ということが「常に」はっきりするからです。たとえば，自国と外国とでは，米1単位よけいに生産するときに，麦を何単位あきらめなければならないでしょうか。その量が自国の方が小さいのなら，自国の方が米の生産に適している（そして麦の生産に適していない）ということになります。これが生産可能性辺境線が直線ならば，常に明らかなわけです。図7.13を見てください。自国の方が米の生産に適していれば，自国の生産可能性辺境線の傾き（の絶対値）a は外国のそれ b よ

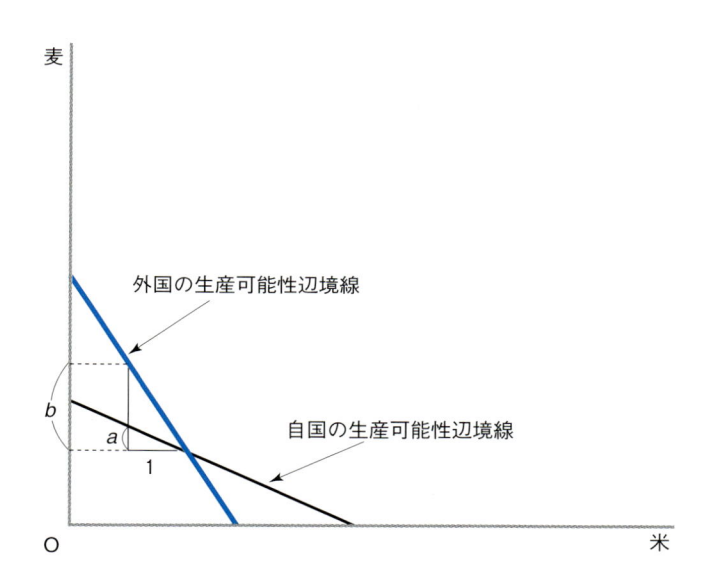

図 7.13　比 較 優 位

米 1 単位をよけいに生産するためには，外国は麦 b 単位をあきらめねばなりません。自国は麦 a 単位をあきらめねばなりません。つねに $b>a$ なので，自国の方が米の生産に適しています。外国の方が麦の生産に適しています。

り小さくなります。

このような状況下で，もし自国と外国が自給自足の状態にあるとしましょう。そのときの自国と外国の最適点は図7.14のように与えられます。2国の国内価格はそれぞれ異なり，自国の自給自足価格比は自国の生産可能性辺境線の傾きに，外国の自給自足価格比は外国の生産可能性辺境線の傾きに，それぞれ等しくなります。

貿易の導入

次に，貿易が導入されたとしましょう。貿易のあるときに，自国と外国とを合わせた世界全体の生産可能性辺境線はどうなるでしょうか。まず，自国の生産要素と外国の生産要素とは1単位ずつあると仮定しましょう（1単位以外と仮定してもかまいません）。この2単位をすべて麦の生産に振り向けたとしましょう。そのときの生産点は図7.15のA点であらわされます。次に，麦の量をわずかに減らして米をつくるとしましょう。このときどちらの国の生産要素を，麦から米の生産のために移したらよいでしょうか。外国より自国の方が米の生産に適している（そして麦の生産に適していない）とすると，自国の生産要素の方を使用するのがよいということがわかります。こうして，自国の生産可能性辺境線に沿って麦の生産が減り，米の生産が増えていきます。自国の1単位の生産要素がなくなるまでこれは続きます（これは線分ABであらわされます）。自国の生産要素がなくなると，やむを得ず，外国の生産要素を投入します。そして，今度は外国の生産可能性辺境線に沿って麦の生産が減り，米の生産が増えていきます。外国の生産要素もなくなると，そこはC点であり，世界のすべての生産要素を米の生産に使用したことをあらわします。こうして，線分ABCが世界全体の生産可能性辺境線であることがわかります。

さて，ここで社会的無差別曲線とは何か，について議論しておきましょう。図7.16を見ながら，理解してください。私たちは簡単化のために自国と外国との無差別曲線は等しく，その形は相似形であると仮定しました（図7.7）。したがって，国際価格が与えられますと，自国の最適消費点E'も外国の最適消費点E''も同一の直線の所得−消費曲線上にあります。したがって，世界合計の

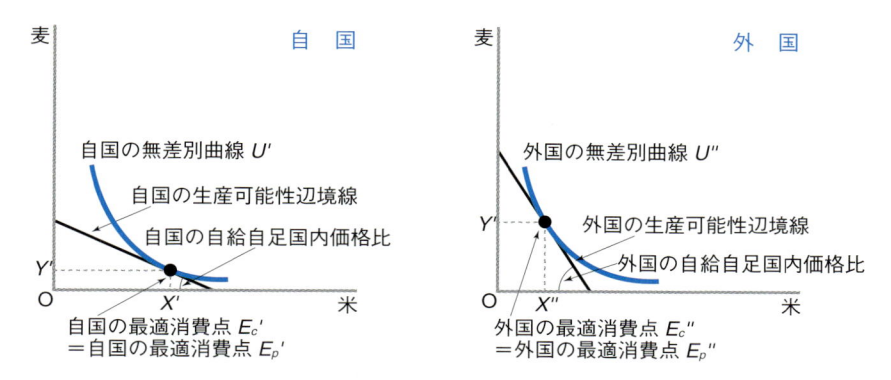

図 7.14　2 国モデルで自給自足の場合

各国が自給自足のときには，各国の均衡点では消費と生産が等しくなります。各国の米麦の自給自足国内価格比は各国の生産可能性辺境線の傾きに等しくなります。

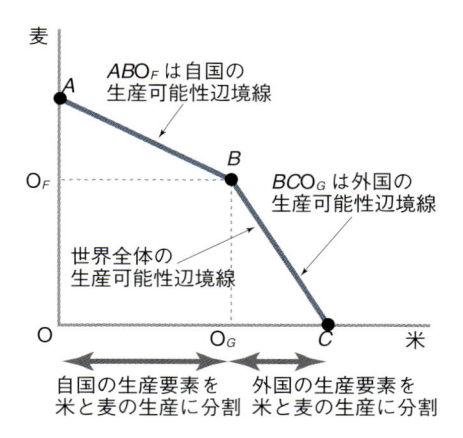

図 7.15　世界全体の生産可能性辺境線

A 点からは，まず自国生産要素を米の生産に向け，次いで B 点を越えると，外国生産要素を米の生産に向けると，世界全体の生産可能性辺境線を得ます。

7.3　リカードの比較生産費説

消費点 E もこの直線上にあります。自国あるいは外国の無差別曲線に沿って，国際価格比を変化させると，この直線は Oa から Ob へ変化して，世界全体の消費点も変化します。この消費点の変化の軌跡を社会的無差別曲線 U と呼びましょう。こうすると，各国の消費点の合計を社会的無差別曲線は示していることがわかります。

さて，図 7.17 のように，世界全体の生産可能性辺境線に対して，この社会的無差別曲線を引きましょう。これから世界の消費点 E が決まります。このときの世界全体の効用は社会的無差別曲線 U であらわされます。このときの国際価格比は E 点での生産可能性辺境線の傾きに等しくなります（図 7.17 では，E 点が線分 AB の上に描かれていますが，社会的無差別曲線の傾きによっては，E 点が線分 BC の上や B 点そのものに来ることもあります）。

完全特化・不完全特化

E 点が線分 AB の上に来たときに，自国と外国では自給自足の場合と比べどのようなことが起こっているでしょうか。まず，E 点が線分 AB 上ということは，自国の生産要素が「米と麦」の生産に振り向けられる一方で，外国の生産要素が「麦」の生産に振り向けられるということです。これを，外国は麦の生産に完全特化し，自国は米と麦の生産に不完全特化する，といいます。自給自足の場合と比べると，外国は麦の生産が増加していますし，外国の米需要をまかなうために自国は米の生産が増加していることになります。このように，生産可能性辺境線が直線であると仮定することにより，両方の国が自分の得意な生産物の生産をおこなうことが明らかになるのです。これが，比較生産費説の特徴です。

世界全体の米麦の供給が世界全体の米麦の需要と等しいと仮定するとどの点が均衡点か，という手法でこの均衡点を求めたわけですが，これは個々の国の最適点と矛盾しないでしょうか。均衡点での国際価格比 $\angle ABO_F$ を見てみると，自国の生産可能性辺境線の傾きと同じになっています。そして自国の生産可能性辺境線の傾きは，自国の自給自足価格比と同じでした。ということは，今の国際価格比は，自国の自給自足価格比と同じであるということです。その結果，

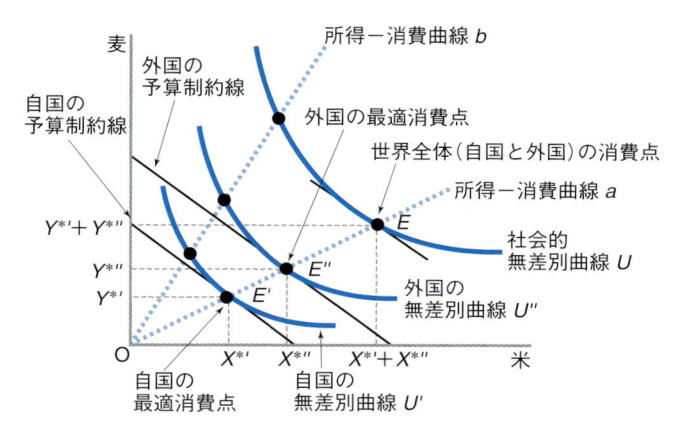

図 7.16　社会的無差別曲線

社会的無差別曲線とは，各国の最適消費点を足しあわせたものです。

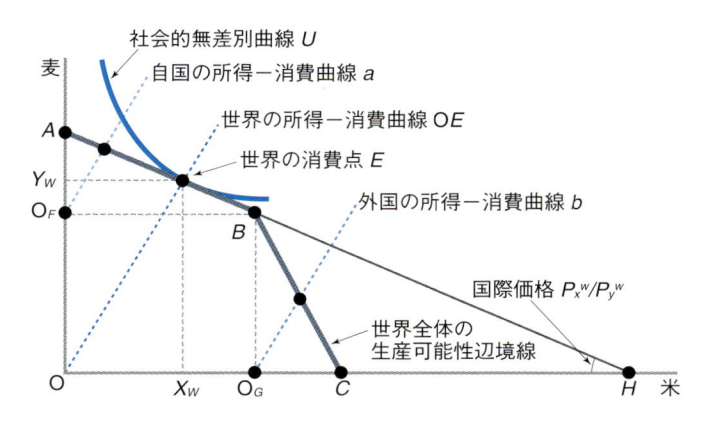

図 7.17　世界の消費点

世界全体の生産可能性曲線と社会的無差別曲線 U から世界の消費点 E が決まります。すると，世界の所得－消費曲線 OE が引けます。OE と平行に O_F，O_G から直線を引くと，自国の所得－消費曲線 O_Fa，外国の所得－消費曲線 O_Gb を得ます。これから，右の BHO_G であらわされる外国を詳しく描いたのが，図 7.18 の右図です。左の ABO_F であらわされる自国を詳しく描いたのが図 7.18 の左図です。

7.3　リカードの比較生産費説

自国は貿易がある現在の場合でも，貿易のない場合と同じ予算制約線上にあることになります。そのため，達成できる無差別曲線の位置も変わりません。つまり，貿易の利益はゼロということになります（図 7.18 を見てください）。しかし，自国は少なくとも損はしていません。ゆえに，この均衡点は自国の利益と矛盾していないのです。

外国の方は国際価格比 $\angle ABO_F$ と外国の自給自足価格比 $\angle BCO_G$ とが異なるので，U_1'' から U_2'' へ貿易の利益を享受します。国際価格比と外国の生産可能性辺境線の傾きとが異なっているので，麦に完全特化することが有利であることがわかります。このように，比較生産費説のように生産可能性辺境線が直線だと，片方の国のみが有利になりえます。しかし，両方の国とも少なくとも損はしていないので，これが世界の均衡だとわかります。

両国完全特化

以上は，図 7.17 で E 点が線分 AB の上に描かれた場合について論じました。しかし，社会的無差別曲線の形によっては，図 7.17 で線分 BC の上に E 点が来るということもありえます。このときには，結論はちょうど逆になります。つまり，自国が米の生産に完全特化し，外国が米と麦に不完全特化します。そして，自国が貿易の利益を独占し，外国はまったく享受できません。

最後に，社会的無差別曲線の形によっては，図 7.17 で E 点が B 点と一致する場合があります。図 7.19 を見てください。B 点は自国が米の生産に完全特化し，外国が麦の生産に完全特化した点です。このとき，国際価格比は B 点での社会的無差別曲線の傾きによって与えられます。これを見ると，国際価格比は自国の生産可能性辺境線の傾きより大きく，外国の生産可能性辺境線の傾きより小さいことがわかります。つまり，国際価格比は自国自給自足価格より大きく，外国自給自足価格より小さいということです。自国自給自足価格とも外国自給自足価格とも国際価格は異なりますので，両方の国とも貿易によって利益を受けることがわかります。

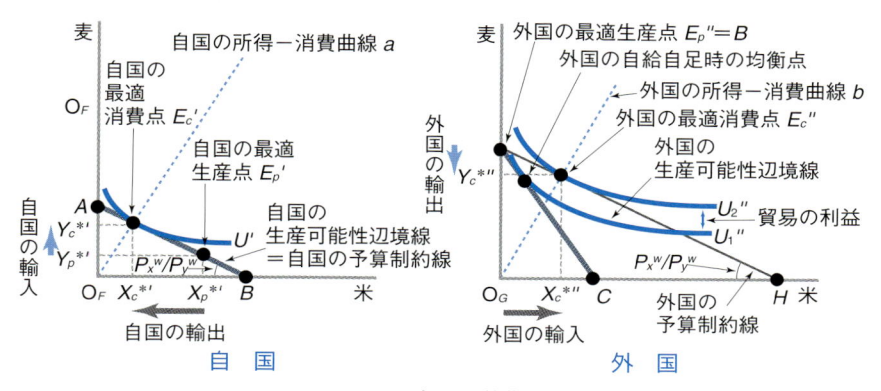

図 7.18 各国の均衡点

各国別に整理すると，上のようになっています。国際価格 P_x^w/P_y^w は両国とも自国の生産可能性辺境線の傾きに等しくなります。

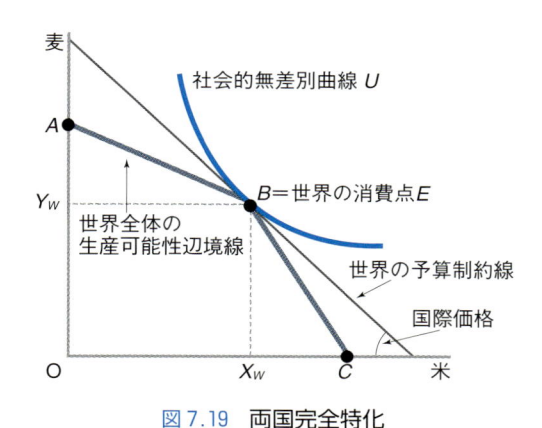

図 7.19 両国完全特化

B 点で社会的無差別曲線と世界全体の生産可能性辺境線が交わると，両国は完全特化します。そのとき，両者は貿易の利益を分割して享受します。

小国の利益

大国と小国があるとき，どちらの方が貿易の利益を受けやすいでしょうか．小国の方が利益が大きいことは直感的にわかります．なぜなら，小国は自給自足国内価格と国際価格が異なるので，貿易があった方が必ず効用が増加する（つまり貿易の利益がある）のに対し，大国の方は貿易があってもなくても自給自足国内価格と国際価格は同じなので，効用が増えることはありません．

この間の事情を，リカードの比較生産費説を用いて検討してみましょう．最初，自国が図 7.17 のような状態にあったとしましょう．すると，自国は貿易の利益は入手できません．そこで，突然の気候の変化により自国が米も麦も今までより作る条件が悪化したとしましょう．つまり図 7.17 の ABO_F が小さくなったわけです．すると，世界全体の生産可能性辺境線は左側によっていきます．これに対して社会的無差別曲線の方はシフトしません．十分，生産可能性辺境線が左側にシフトすると，E 点は B 点と一致します．すると，自国は貿易の利益の一部を享受できるようになります．もし，さらに世界全体の生産可能性辺境線が左側にシフトすると，E 点は線分 BC の上に乗ることになります．すると，貿易の利益はすべて自国によって享受されます．つまり，自国の生産の条件が悪化して小国に近づくほど貿易の利益が大きくなることがわかります．

最 後 に

本章では国際貿易論の基本的な考え方を紹介しました．さらに本格的には国際貿易論はこれからヘクシャー・オリーン・モデルの叙述に入ります．ヘクシャー・オリーン・モデルというのは，2 国・2 生産要素・2 生産物モデルで，各生産物の生産関数が各生産要素に関して凸であり，かつ 2 生産要素全体については規模に関して収穫一定な場合をいいます．そのときに，たとえ生産技術が 2 国間で全く同じであっても，各生産要素の賦存量が各国間でことなれば，これがために貿易が起きるのだ，ということを論じたものがヘクシャー・オリーン・モデルといえるでしょう．

🔍 クローズアップ 7.2　　黄金の国ジパング

　日本は江戸時代に鎖国政策をとっていたのは有名ですが，それを明治時代直前に廃止しました。この際に，ある経済的な悲劇があったことはあまり知られていません。江戸時代の日本は鎖国政策（自給自足体制）をとっていたせいで，国内の金と銀との交換比率は，国際的な交換比率と大きく違っておりました。交換比率の違いは，だいたい日本で金1単位に対し銀5単位くらいだったのに対し，国際的には金1単位に対し銀15単位くらいといわれます。鎖国の間は別にこれで問題ありません。しかし，鎖国が廃止されると，日本にいる外国人商人がこれに目をつけました。彼らは銀を外国から日本に輸入して日本で金と交換し，その金をまた外国に輸出するだけで，莫大な差益を手にしたのです。たとえば，銀5単位を日本に持ってくると，それは日本の交換比率で金1単位と交換されます。その金1単位を外国に持って帰ると，外国の交換比率で銀15単位と交換できるわけです（この結果として，日本には銀が流入し，外国へは金が流出します。日本は小国なので，金が外国に流失しても外国の交換比率は変わりません）。最初の銀5単位が最後に銀15単位に変わったわけです。少々の輸送費を払っても余りある，もうけだったことでしょう。この結果，日本国内の金と銀との交換比率が国際的な交換比率に結局等しくなるまでの期間に，日本は大損害をこうむりました。

　この現象は理論の立場からどのように説明されるでしょうか。金や銀は掘削するには時間がかかるので，逆に言えば，短期的にはその量は一定と見なし得ます。これはちょうど，鎖国のときは図7.9の場合にあたりますし，鎖国廃止後は図7.10の場合にあたります。鎖国の場合（図7.9）には，金（縦軸）と銀（横軸）の初期賦存量と最適消費点は一致しています。そして，2財の交換比率は初期賦存量での無差別曲線の傾きに一致しています。これに対して，鎖国廃止後（図7.10）は，本来ならば小国としての日本に国際価格が適用されるわけです。そして，初期賦存量と最適消費点は一致せず，日本は金を輸出し，銀を輸入して最適消費点に達することになります。

　しかし，図7.9と図7.10では，日本の効用が違っていて，鎖国廃止後の図7.10の方がむしろ高くなっています。では，日本は経済的損害は受けなかったのでしょうか。実は，図7.10は自国が正しく国際価格を知っているという前提の下に書かれています。もし，当時の日本人が国際価格を知っていて，かつ国内価格はそれに一致していくと正しい予想を持ったならば，この図の通り日本の効用は増えたことでしょう。そのときには国内価格は直ちに上昇して，国際価格に等しくなり，日本に損失は生じ得ませんでした。しかし，鎖国体制になれた当時の日本人にそのような知識は望むべくもありません。旧来の国内価格が永遠に続くものとして行動したのです。すると，図7.10の旧来の価格比率のままで，鎖国廃止後銀を金と交換することになります。すると，任意の交換後の点を通る無差別曲線はそれまでよりも効用が悪化しています。こうして，折角のもうけをすべて外国人にとられてしまった上に，損害までこうむってしまったのでした。

クローズアップ7.3　キーワード一覧

第7章で出てくるキーワードに対応する英語の一覧表を以下にあげておきましょう。

貿易	trade
開放経済・閉鎖経済	open economy・closed economy
自給自足	autarky
本源的生産要素	generic factor of production
生産要素の移動性	factor mobility
交易条件	terms of trade
相似形	homothetic
貿易の利益	gains from international trade
比較生産費説	comparative advantage theory
比較優位・絶対優位	comparative advantage・absolute advantage
完全特化・不完全特化	complete specialization・incomplete specialization

クローズアップ7.4　絶対優位

　2つの国の生産可能性辺境線の傾きが異なる場合，片方が必ず米に比較優位を持ち，他方が必ず麦に比較優位をもちます。この場合を私たちは分析しました。では2つの国の技術水準が違いすぎるので，両方の国が同じ量の生産要素を投入しているにもかかわらず，片方の国が米も麦も他方の国よりたくさん作れるときに，貿易はどのようになるでしょうか。つまり，図7.20のように，2つの生産可能性曲線が交わらない場合です。このような場合を，自国が絶対優位にあるといいます。実は，この場合も「比較優位」に基づいて貿易はおこなわれます。それは，この場合の自国と外国とを合わせた世界全体の生産可能性辺境線を描いてみれば，全く前と同じ論理で描けることからわかります。絶対優位はこうして貿易の論理とは無関係であることがわかります。

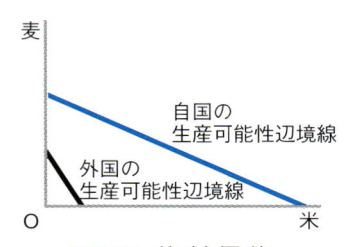

図7.20　絶 対 優 位

絶対優位とは，たとえば自国が外国と同じ生産要素をもっているにもかかわらず，米を作っても麦を作っても，外国より優れていることをいいます。

索　引

●あ 行

一次同次　135
一物一価の法則　16
一般均衡分析　34
一般不可能性定理　217

エッジワースのボックスダイアグラム　218

オファーカーブ　233

●か 行

開放経済　235, 236
価格　12
　　――支持政策　44, 269
　　――弾力性　62
　　――支配力　195
　　――変化の効果　102
下級財　100
家計　80
課税の転嫁　56
寡占　195
　　ガリバー型――　195
価値判断　6, 214
貨幣の限界効用一定の仮定　264
可変費用　158, 159, 179
可変的生産要素　130
カルテル　279
関税　271
完全競争　16
　　――市場　18

完全代替財　85
完全特化　311
完全補完財　93

機会費用　111
企業　80, 128
企業閉鎖点　180, 181, 182
基数的効用　256
期待効用理論　241
ギッフェン財　102
規模に関して収穫一定　134, 135
規模に関して収穫逓減　134, 138
規模に関して収穫逓増　134, 136
規模の利益（不利益）　134
供給者　12
供給量　12
均衡価格　28
均衡分析　34

蜘蛛の巣定理　72, 76
クールノーの均衡　206

計画経済　226
　　――盛衰　227
契約曲線　222, 225
結合生産　133
ゲームの理論　208
限界価値生産物　151
限界原理　173
限界効用　260
　　――曲線　262
　　――逓減の法則　260

索　引　313

限界収入　172，173
　　――曲線　198
限界生産性逓減の法則　140
限界生産物　140
限界代替率　252
　　――均等化　223
　　――逓減の法則　91
限界費用　164
　　――価格形成原理　166，282，283
　　――曲線　166
限界評価曲線　267
限界変換率　252
現在期　116
現在財　118
原点に対して凸　88

公益産業　282
交易条件　292
公共財　240，267
厚生経済学　6
　　――の第1定理　226，237
効用　80
　　――最大化　92
国際貿易　50
固定係数型生産関数　137
固定的生産要素　130
固定費用　156，169，179
コブ=ダグラス生産関数　135
個別供給曲線　26，180
個別需要曲線　20，106
個別物品税　52

● さ　行

財・サービス　12
最終生産物　175
財政学　5，245
最低賃金法　44
最適消費点　98
差別価格　204
産業　129

参入障壁　201
参入の自由　14

自給自足　235，288
資源配分　216
事実判断　6
市場　12
　　――供給曲線　28
　　――の失敗　240，278
　　――の理論　12
市場均衡　32
　　――点　28
　　――の安定性　34
市場経済　226
市場需要曲線　22
自然独占　278
実質所得　118
実質賃金率　112
実質変数　120
実質利子率　120
実証経済学　6
私的財　240
ジニ係数　215
シフト　36
社会厚生関数　216
社会的無差別曲線　304
社会的余剰　274，277
従価税　52
自由財　46
囚人のジレンマ　210
シュタッケルベルク解　207
従量税　52
需要者　12
需要の0次同次性　231
需要量　12
収入　128
純粋公共財　250
上級財　100
小国　62，294
消費者余剰　258
情報の完全性　141

情報の経済学　25
情報の非対称性　239
将来期　116
将来財　118
初期賦存量　216, 296
初期保有量　218
序数的効用　256
所得　92
　——効果　98, 99
　——分配　216

スルツキー分解　104

生産　128
　——可能性曲線　138
　——可能性辺境線　246, 298
　——関数　132
生産者余剰　274
生産物　128, 298
生産要素　128
　——の移動性　290
正常利潤　205
絶対優位　314
セテリス・パリブス　34

操業停止点　186
相似形　292
総費用　156
　——曲線　156
双方独占　195
租税の死重的損失　285
租税の超過負担　285
損益分岐点　178, 181

● た　行

退出の自由　14
代替効果　104
短期　130
弾力的　66

小さな政府　3
地価　40
地代　40, 273
超過供給　30
超過需要　32
長期　130, 184
　——限界費用曲線　188, 191
　——個別供給曲線　190
　——総費用曲線　188
　——平均費用曲線　184, 189
貯蓄　116
賃金率　42

等費用線　152
等利潤線　142
等量曲線　148
等量消費　244
独占価格　200
独占禁止法　19, 278
独占採算制度　284
独占市場　194
独占的競争　195
独占度　202
独占利潤　200

● な　行

ナッシュ均衡　212

2国モデル　62, 298

● は　行

派生需要　147, 175
パレート最適　216
反応関数　206

比較優位　302, 314
非競合性　240
非弾力的　68
非排除性　242

費用　128
費用逓減産業　280

不確実性　241
不完全競争　18, 237
　　——市場　18, 195
不完全特化　313
複占　206
物価　112
部分均衡分析　34
プライス・メカニズム　236
フリー・ライダー　252
プレイヤー　208
分割不可能性　136
分業の利益　136, 139

ペイオフ　208
平均可変費用　160, 167
　　——曲線　163
平均費用　160
　　——価格形成原理　284
　　——曲線　160
閉鎖経済　235, 288
ヘクシャー・オリーン・モデル　292, 310
ベルトラン均衡　207
ベンサムの基準　224

貿易の利益　235, 271
補助金　284
本源的生産要素　175, 290

● ま　行

マーシャル的安定　35

無差別曲線　84

名目所得　118
名目賃金率　110
名目変数　120
名目利子率　120

● や　行

余暇　108
予算　92
　　——制約式　94
　　——制約線　94

● ら　行

リカードの比較生産費説　302
利潤　128, 170, 176
　　——最大化産出量　202
　　——率　206
利得行列　208
理論模型（あるいは理論モデル）　8
レモンの市場　239
レント　40

労働市場　42
ロールズ基準　224
ローレンツ曲線　215

● わ　行

ワルラス的安定　35
ワルラスの法則　243

著者紹介

金谷　貞男（かなや　さだお）
1975年　東京大学経済学部卒業
1987年　アメリカ・ロチェスター大学経済大学院Ph.D.
現　在　日本大学経済学部教授

主要著書
『金融論』（共著，新世社，1989）
『貨幣経済学』（新世社，1992）

吉田　真理子（よしだ　まりこ）
1976年　慶應義塾大学経済学部卒業
1983年　慶應義塾大学大学院経済学研究科博士課程修了
現　在　武蔵大学経済学部教授

主要著書
『ゼミナール　マクロ経済学　基礎と実際』
　　（共著，東洋経済新報社，1993）

●グラフィック［経済学］— 3

グラフィック　ミクロ経済学　第2版

1999年1月10日 ©	初　版　発　行
2008年7月25日 ©	第　2　版　発　行
2016年11月10日	第2版第7刷発行

著　者　金　谷　貞　男　　　発行者　森　平　敏　孝
　　　　吉　田　真　理　子　　印刷者　杉　井　康　之
　　　　　　　　　　　　　　　製本者　米　良　孝　司

【発行】　　　　　　　株式会社　新世社
〒151-0051　東京都渋谷区千駄ヶ谷1丁目3番25号
☎(03)5474-8818(代)　　　　サイエンスビル

【発売】　　　　　　　株式会社　サイエンス社
〒151-0051　東京都渋谷区千駄ヶ谷1丁目3番25号
営　業☎(03)5474-8500(代)　　振替00170-7-2387
FAX☎(03)5474-8900

印刷　ディグ　　　　　　　製本　ブックアート
　　　　　　　《検印省略》

本書の内容を無断で複写複製することは，著作者および出版者
の権利を侵害することがありますので，その場合にはあらかじ
め小社あて許諾をお求め下さい。

サイエンス社・新世社のホームページのご案内
http://www.saiensu.co.jp
ご意見・ご要望は
shin@saiensu.co.jp　　まで

ISBN 978-4-88384-126-4

PRINTED IN JAPAN

演習新経済学ライブラリ 1
演習 ミクロ経済学

一橋大学名誉教授
武隈愼一 著

A5判・304頁・**本体2400円**

豊富な問題を内容別に易から難に配列し，さらに例題と練習問題に振り分け，例題には丁寧でくわしい解答がつけられています．図解をできるかぎり多く採り入れ，レイアウト上の工夫とともに視覚的にも理解しやすくなっています．公務員試験受験生必読の演習書．

主要目次 ミクロ経済学とは何か
消費者行動　企業行動　競争経済の均衡
経済厚生　不完全競争　公共経済
不確実性

演習新経済学ライブラリ 2
演習 マクロ経済学
第2版

日本大学教授
金谷貞男 著

A5判・352頁・**本体2550円**

本書は大学生を主な対象とした，マクロ経済学演習書の改訂版です．改訂にあたっては用語や概念等について古くなった部分を更新し，議論の進展を考慮した説明を補足しました．また経済の国際化に合わせ，為替レートや外為市場，マンデル=フレミング・モデルといった国際金融についての解説を加えました．論点が的確にわかる例題と丁寧な解答を充実させた構成で，講義の復習や期末試験対策だけでなく，大学院受験や経済専門職の上級公務員試験対策にも最適です．

主要目次　GDPの概念　GDPの決定
GDPの安定　消費　投資　貨幣供給
貨幣需要　マクロ経済の一般均衡
インフレーション　景気循環　経済政策
経済成長　開放マクロ

発行　新世社　　　　発売　サイエンス社

表示価格はすべて税抜きです．